JN042792

新しい日商簿記3級

テキスト＆問題集

滝澤ななみ著

The Official
Business Skills
Test in
Bookkeeping,
3rd grade

はしがき

　私がはじめて簿記3級に合格してから約20年、簿記の書籍を執筆するようになってから約12年経ちました。「テキスト」という部門ではこれが3シリーズ目になります。ですから、独学者の目線に立って、初学者のための本を書き続けていた……と思っていました。

　でも今回、初心に返って、「本当の簿記初学者が合格までするために必要な要素はなんだろう?」とよくよく考えました。試験会場にも行き、実際に受験をして、まわりの雰囲気なども見てきました。そしたら、いろいろなことがわかりました。

　その「いろいろわかったこと」を盛り込んで、**初学者が簿記を嫌いにならずに、最後まで迷うことなく学習を続けられ、そして合格できる本＝本書**を作りました。

　どうぞ本書を活用して、簿記検定に合格してください。なんらかの形でみなさんのお役に立てたら幸いです（あ、これをきっかけに、簿記が好きになって簿記オタクになったよ!……なんていう人が増えてくれたら、とてもうれしいです! 簿記オタク談話、しましょうね）。

本書の特徴

❶ 勘定科目をキャラ化

前著までに、かなり初学者向けに読みやすいテキストを作ったと思っていましたが、まだ3級の学習者には「勘定科目」がとっつきにくい、と。

だから、勘定科目をキャラ化しました。なお、勘定科目キャラのうち、ホームポジション（後述）が借方（左側）のものは「さん」付け、貸方（右側）のものは「くん」付けにしています（その他は「ちゃん」付けにしています）。かわいがってあげてくださいね。

ピンク	水色	むらさき	オレンジ	みどり	ベージュ
資産	負債	資本（純資産）	収益	費用	その他

勘定科目の色の見分け方

❷ 簡単な場面設定

最初に非常に簡単な場面設定の内容を入れています。これから学ぶ内容をイメージしながら読み進めてくださいね。

レッスン34／償却債権取立益

ホームポジションが
左側のものは
「さん」付け

売掛金さん

ホームポジションが
右側のものは
「くん」付け

買掛金くん

❸ テーマの末尾にそのテーマのまとめと仕訳一覧

どのテーマも見開き2ページにおさまるように、そのテーマで学んだ仕訳等が一覧できるようになっています。復習にお役立てください。

❹ テキスト＆問題集

テキストの1テーマを読んだら、対応する問題がすぐに解けるようにテキストと問題集を1冊にまとめました。……ちゃんと問題まで解いてくださいね！

❺ 本試験レベルの問題も収載…その①

問題を解いているとき、「この問題は本試験の何問目で出題される！」とか書かれていると、やる気が出ませんか？

本書の問題編のテーマ別問題では、テキストの内容を確認する基本問題はもちろんのこと、本試験でもよく出題される問題や本試験レベルの問題にはマークをつけています。このマークがついている問題は、必ず、しっかり解けるようにしておきましょう。

本試験対策マーク

❻ 本試験レベルの問題も収載…その②

簿記といったら仕訳というくらい、仕訳は重要です。

また、本試験では第1問（配点20点）で仕訳問題が5題出題されます。そのため、問題編に「**本試験レベルの仕訳問題 完全攻略30題**」として、本試験レベルの第1問で出題される問題を6回分、全30題（5題×6回分）入れました。本試験レベルなので、これらの問題がしっかり解ければ本試験でも8割以上、得点できると思いますよ。

本書の効果的な使い方

1：テキストを読む

まずはテキストを読みます。最初に場面設定がありますので、取引をイメージしてみるといいでしょう。また、取引例が出てきますので、取引の仕訳もいったんは自分で考えてみましょう。

2：問題編の問題（テーマ別問題）を解く

テキストを読んだら、それに該当する問題（テーマ別問題）を解きます。1つのテーマを学習し終えたら、それに対応する問題を解いてください。知識があやふやな問題については1、2日中に再度解くようにしてください。

3：問題を全部解く

1→2を繰り返して、本書の内容をすべて学習し終えたら、今度は再度、問題編の問題を全部解きます。ここで間違えた問題は印をつけておき、テキストを読みなおすとともに、あとで再度解きなおしておいてください。

4：本試験レベルの仕訳問題 完全攻略30題を解く

最後に、問題編の「本試験レベルの仕訳問題 完全攻略30題」を解きます。本試験の第1問は仕訳問題が5題出題されますが、「本試験レベルの仕訳問題 完全攻略30題」では、6回分（5題×6回分＝30題）の本試験と同レベルの問題が、本試験と同様の形で入っているので、これらの問題が完璧にできれば、本試験の第1問はほぼ制覇です。なお、問題は易しい問題から順番に出題しています。

5：過去問題集や予想問題集を解く

本試験の出題形式や本試験と同様の環境に慣れるため、過去問題集や予想問題集を解いておきましょう。本書の同シリーズ「**新しい日商簿記3級 過去＆予想問題セレクション（別売）**」がおススメです。なお、問題を解く際には、必ずA4サイズの下書用紙（計算用紙）を準備して、時間（2時間）を計って解くようにしてください。

日商簿記検定3級の概要

日商簿記3級の受験概要

受験資格	特になし
試験日	6月第2日曜日、11月第3日曜日、2月第4日曜日
申込方法	申込期間（試験の約2か月前から）は各商工会議所によって異なります。各商工会議所にお問い合わせください。
受験料	¥2,850（一部の商工会議所では事務手数料がかかります。）
試験科目	商業簿記
試験時間	2時間（午前9時開始）
合格基準	70％以上
問い合わせ	各商工会議所　検定試験ホームページ：https://www.kentei.ne.jp/

3級の出題傾向と配点

		配点
第1問	仕訳問題が5題出題されます。	20点
第2問	帳簿に関する問題や勘定記入などが出題されます。	約10点
第3問	主に試算表を作成する問題が出題されます。	約30点
第4問	伝票や仕訳、勘定記入などが出題されます。	約10点
第5問	精算表や財務諸表の作成が出題されます。	約30点

本書を読む前に…
簿記の1年を
かる～く見ておこう！

❶ 取引があったら仕訳（または伝票に記入）する

会社は日々、いろいろな活動（取引）をしています。その取引の内容は、**仕訳帳**という帳簿（ノートみたいなもの）に**仕訳**という形（簿記独特の記入方法）で記録します。

ちなみに、仕訳帳ではなく、**伝票**に記入する方法もあります。

仕訳帳がノートみたいなもので、伝票は単語カードみたいなものです。

❷ 仕訳をしたら転記する

仕訳は取引を日付順にメモしたものなので、なにがいくらあるのか把握しづらいです。そこで、**総勘定元帳**という帳簿に、項目（簿記では**勘定科目**といいます）ごとに金額を集計しておきます。これを「総勘定元帳に**転記**する」といいます。

①で伝票に記入した場合も総勘定元帳に転記します。

❸ 補助簿に記録する…こともある

取引が生じたつど、必ず❶（仕訳）→❷（転記）をしますが、項目によっては詳しく管理したいものもあります。商品の管理を目的とした商品有高帳、仕入や売上の状況の把握には仕入帳や売上帳といった帳簿（**補助簿**といいます）があり、必要に応じて補助簿を作成します。

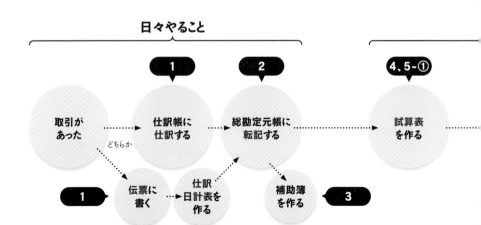

簿記のくわしい内容は本編で
しっかり説明しますが、
ここで全体の流れをかるく把握して
おいてくださいね

❹ 試算表を作成する

　会社は日々、❶(仕訳)→❷(転記)をしますが、転記ミスを発見するため、試算表という表を作成します。試算表は決算で作成するほか、月末ごとに作成することもあります(3級の試験の第3問で出題される試算表は月次で作成するものです)。

❺ 決算手続きをする

　決算日(会社の締め日)になったら、会社の儲けや財産の状況をまとめるため、決算という手続きをします。

　決算手続きは、①試算表の作成(上記❹)→②決算整理→③精算表の作成→④損益計算書や貸借対照表の作成という流れで行い、最後に「今年の帳簿記入はここまで!」として⑤勘定(帳簿)を締め切ります。

　ちなみに損益計算書は会社がいくら儲けたかを表す表で、貸借対照表は会社の財産がどのくらいあるかを表す表です。また、精算表は試算表から決算整理を経て、損益計算書や貸借対照表を作成するまでの過程をまとめた一覧表です。

❻ 会社の儲けを株主に配当する

　❺の決算手続きをすることによって、会社の儲けが計算できます。この儲け(の一部)は、会社の出資者である株主に配当という形で分配されます。

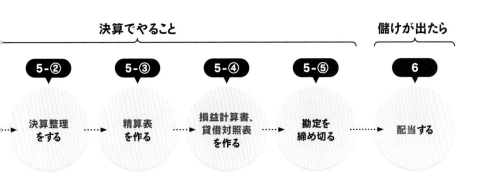

目次

STAGE 1 簿記の基礎 » P. 14

テーマ1

簿記の基礎で学ぶ内容

STAGE 2 いろいろな取引❶ » P. 38

テーマ2

商品売買❶で学ぶ内容

テーマ3

商品売買❷で学ぶ内容

STAGE 3 いろいろな取引❷ » P. 84

テーマ4

現金と預金で学ぶ内容

STAGE 4 いろいろな取引❸ » P. 158

STAGE 5 帳簿の記入

» P. 230

STAGE 6 伝票制度、試算表

» P. 278

STAGE 7 決算とその後

» P. 324

問題編

目
次

STAGE 1

| 簿記の基礎 |

日々やること

こんにちは!
これから簿記について学習していきます。
……が、具体的な取引・処理・内容を見る前に
簿記の基礎知識を身につけておきましょう。

テーマ

» P. 016

1 簿記の基礎

ここ、すっごく大切だから、
しっかり読んで
おいてくださいね

決算でやること				儲けが出たら
決算整理 をする	精算表 を作る	損益計算書、 貸借対照表 を作る	勘定を 締め切る	配当する

STAGE 1 テーマ 1

テーマ 1 簿記の基礎 で学ぶ内容

Lesson 1 簿記とは

そもそも簿記は
なんのためにやるものなのか？

Lesson 2 簿記の基本用語

「会計期間」「期首」「期末」「仕訳」
「勘定科目」「借方」「貸方」「転記」
といった簿記独特の用語の意味を
知っておこう！

Lesson 3 仕訳の作り方

仕訳の材料は
「勘定科目」と「金額」。
そしてなにがどうなったら借方
または貸方に記入するのか
をおさえよう！

こんな内容を
学習します

基礎は大切！
ゆっくりていねいに読もう！

Lesson

4

簿記の5要素と
貸借対照表、
損益計算書

仕訳に出てくる5つのグループを
2チームに分ける！

Lesson

5

転記の仕方

5/8 (備品)100 (現 金)100
5/10 (仕 入)200 (買掛金)200
5/15 (現 金)500 (売掛金)500
⋮
5/31 (買掛金)150 (現 金)150

仕訳のあとは転記する！
……転記の仕方を軽く見ておこう。

1　簿記とは

会社の活動を帳簿に記録する
なんのために？

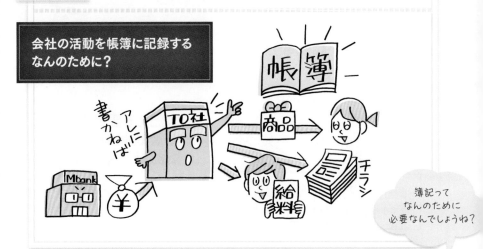

簿記って
なんのために
必要なんでしょうね？

1　簿記とは

簿記ってなあに？

　企業は、日々、いろいろな活動をしています。このような企業の日々の活動を**帳簿**(ノート)に記入する手続きを**簿記**といいます。

語句
企業（きぎょう） 会社やお店のこと

2　簿記の目的

なんのために簿記が必要なの？

　日々の活動を帳簿に記入することにより、一定期間における企業の儲けやある時点における企業の財産の状況を把握することができます。
　そして、儲けは**損益計算書**、財産の状況は**貸借対照表**という書類にまとめられ、利害関係者に開示されます。

語句
利害関係者（りがいかんけいしゃ） その企業の関係者。銀行や株主、税務署など

3 損益計算書と貸借対照表 …ってどんなもの?

損益計算書は、一定期間にいくら使って、どれだけ儲けたかといった、企業の**経営成績**を表す書類です。

損益計算書は英語で
Profit & Loss Statement
というので、

略して「P/L（ピー・エル）」
ということもあります

語句

経営成績（けいえいせいせき）

一定期間に企業がどれだけ利益を上げたかという指標

また、貸借対照表は、一定時点における企業の**財政状態**(財産の状況)を表す書類です。

貸借対照表は英語で
Balance Sheetというので、

略して「B/S（ビー・エス）」
ということもあります

語句

財政状態（ざいせいじょうたい）

一定時点における企業の財産の状況

なお、損益計算書と貸借対照表を合わせて、**財務諸表**といいます。

まとめ

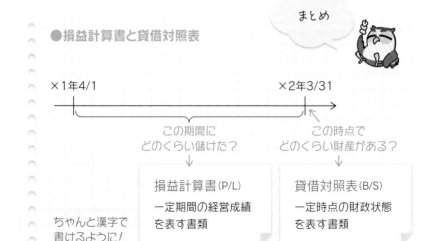

● **損益計算書と貸借対照表**

×1年4/1 　　　　　　　　　　×2年3/31

この期間に
どのくらい儲けた?

この時点で
どのくらい財産がある?

損益計算書(P/L)
一定期間の経営成績
を表す書類

貸借対照表(B/S)
一定時点の財政状態
を表す書類

ちゃんと漢字で
書けるように!

STAGE 2
STAGE 3
STAGE 4
STAGE 5
STAGE 6
STAGE 7

2 簿記の基本用語

「会計期間」「決算日」「次期」「借方・貸方」
「勘定科目」……それってなに？

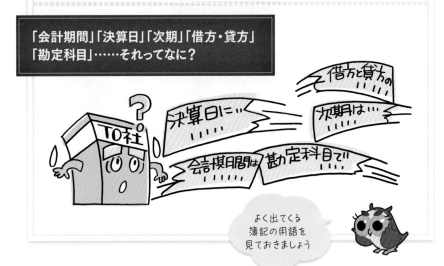

よく出てくる
簿記の用語を
見ておきましょう

1 簿記の基本用語①

期間に関する用語

　基本的に、企業は永遠に続くと考えられます。したがって、一定期間の儲けを計算するためには、ある期間で区切らなければなりません。

　このように、一定期間の儲けを計算するために区切った期間を**会計期間**といいます。

　この会計期間のはじめの日を**期首**、おわりの日を**期末**とか**決算日**といいます。

会計期間は
一般的に
1年間です

だから
一会計期間の儲けが
損益計算書に記載され、

期末（決算日）における
財産の状態が貸借対照表に
記載されるということになります

20

また、現在の会計期間のことを**当期**、前年度の会計期間のことを**前期**、次年度の会計期間のことを**次期**といいます。

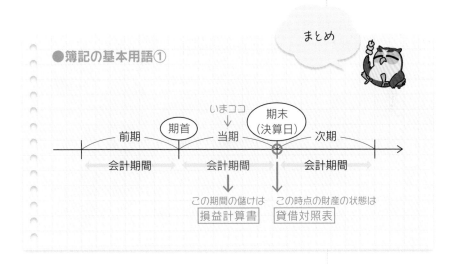

●簿記の基本用語①

まとめ

いまココ

期末
（決算日）

前期　　　期首　　　当期　　　　　　　次期

会計期間　　　会計期間　　　会計期間

この期間の儲けは　この時点の財産の状態は

| 損益計算書 | 貸借対照表 |

2　簿記の基本用語②

実はここからが本番！

企業の日々の活動（取引）は、**仕訳**という、**勘定科目**と**金額**の形で記録します。

たとえば、「100円の備品を買って現金を支払った」という取引の仕訳は次のようになります。

（備　　　　品）　100（現　　　　金）　100

勘定科目は、取引を処理するための、簡単な簿記上の用語です。

「お金」は「現金」、「パソコン」は「備品」というように、

だれが処理しても同じ仕訳になるように決められた簿記上の用語が勘定科目です

STAGE 2
STAGE 3
STAGE 4
STAGE 5
STAGE 6
STAGE 7

さきほどの仕訳を見てもわかるように、簿記では左側と右側に分けて記入する、というルールがあります。
そして、簿記では左側のことを**借方**、右側のことを**貸方**といいます。

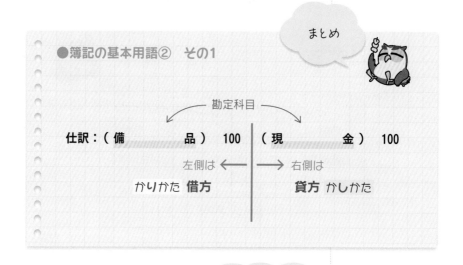

●簿記の基本用語② その1

まとめ

勘定科目

仕訳：（備　　　　品）100 （現　　　　金）100

左側は ←　　→ 右側は

かりかた **借方**　　　　**貸方** かしかた

「借方」「貸方」って
言いながら紙に5回書いて
すぐ覚えるように！

仕訳をしたら、勘定科目ごとに次のような表に金額を記入します。

現	金

この表を**勘定口座**といいます。そして、仕訳から勘定口座に記入することを**転記**といいます。

まとめ

●簿記の基本用語② その2

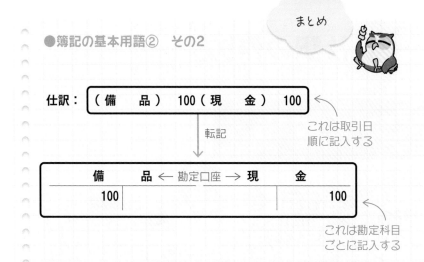

仕訳： （備　品）100（現　金）100

↑ これは取引日
順に記入する

転記

備　品 ← 勘定口座 → 現　金	
100	100

↖ これは勘定科目
ごとに記入する

具体的な記入方法は
あとで説明するから
いまはわからなくていいですよ

左に書くか、右に書くか、それだけの話なんです……

3 仕訳の作り方

パソコンを買って 現金を支払った。
どう考えて仕訳するの?

「簿記といったら仕訳」です。
ここはしっかり読んでくださいね

1 簿記の5要素　　　まずは5つのグループに分類する

　簿記では、取引によって増えたり減ったりした要素をまずは**資産**、**負債**、**資本**（純資産）、**収益**、**費用**の5つの要素（グループ）に分類してから処理していきます。

　5つの要素は、ホームポジション（借方属性か貸方属性か）があり、それらの要素が増えたらホームポジションと同じ側に記入し、減ったらホームポジションの逆側に記入するというルールがあります。

● 資産

現金や預貯金、土地や建物など、一般的に財産といわれるものは簿記上、資産に分類されます。また、人にお金を貸したときの「あとで返してもらえる権利」なども資産に分類されます。

あったら
うれしいものが
資産！

資産の主な勘定科目	
現金	紙幣、硬貨など
売掛金	代金を後払いで商品を販売したときの、あとで代金を受け取れる権利
商品	売り物
貸付金	他者にお金を貸したときの、あとで返してもらえる権利
建物	本社ビルや倉庫など
備品	商品陳列棚、パソコンなど
土地	敷地など

資産のホームポジションは借方なので、資産が増えたら仕訳の借方、減ったら仕訳の貸方に記入します。

資　産

ホームポジション 増加ならこっち	減少ならこっち

（資産の増加）　×××（資産の減少）　×××

STAGE 2

STAGE 3

STAGE 4

STAGE 5

STAGE 6

STAGE 7

● 負債

銀行からお金を借り入れたときの、「あとでお金を返さなければならない義務」などは簿記上、負債に分類されます。

負債の主な勘定科目	
買掛金	代金を後払いで商品を購入したときの、あとで代金を支払わなければならない義務
借入金	他者からお金を借りたときの、あとで返さなければならない義務

負債のホームポジションは貸方なので、負債が増えたら仕訳の貸方、減ったら仕訳の借方に記入します。

負　　債

減少ならこっち	ホームポジション 増加ならこっち

（負債の減少）　×××（負債の増加）　×××

● 資本（純資産）

株式会社を設立するにあたって、株主から会社の活動資金（元手）を出資してもらいます。そしてこの資金をもとに活動して、儲けを出します。

このように、会社の元手となるものや会社の儲けは、簿記上、資本（または純資産）に分類されます。

資本（純資産）の主な勘定科目

資本金	出資額。株式会社では株主から払い込まれた金額
繰越利益 剰余金	会社が過去に儲けた金額のうち、まだ使い道が決まっていない金額

なお、資産から負債を差し引いた金額が資本（純資産）になります。

公式

資本（純資産）＝資産－負債

資本のホームポジションは貸方なので、資本が増えたら仕訳の貸方、減ったら仕訳の借方に記入します。

資本（純資産）

減少ならこっち	ホームポジション 増加ならこっち

（資本の減少） ×××（資本の増加） ×××

● 収益

商品を販売すると、お金を受け取るので現金等が増えます。また、銀行にお金を預け入れておくと利息がつき、預金が（少し）増えます。

STAGE 2

STAGE 3

STAGE 4

STAGE 5

STAGE 6

STAGE 7

このようにお金が増える要因となるものは、簿記上、収益に分類されます。

儲けの源泉となるものが収益！

収益の主な勘定科目	
売上	お客さんに商品を販売したときの収入
受取利息	銀行等に預け入れたお金に対してついた利息
受取家賃	建物を貸し付け、賃料を受け取ったときの収入

収益のホームポジションは貸方なので、収益が増えたら仕訳の貸方、減ったら仕訳の借方に記入します。

収　　　益

減少ならこっち	ホームポジション 増加ならこっち

（収益の減少）　×××（収益の増加）　×××

● 費用

売上という収益を上げるためには、従業員の力が必要です。また、広告費を支払って商品の広告をする必要もあります。

このように収益を上げるために必要な支出（給料や広告宣伝費など）は、簿記上、費用に分類されます。

収益を上げるために必要な努力が費用！

費用の主な勘定科目

仕入	商品の購入額
給料	従業員に支払う給与や手当
広告宣伝費	広告や宣伝にかかった支出
支払利息	銀行等から借り入れたお金に対してかかる利息
支払家賃	事務所等を借りて、賃料を支払ったときの支出

　費用のホームポジションは借方なので、費用が増えたら仕訳の借方、減ったら仕訳の貸方に記入します。

費　　　用

ホームポジション 増加ならこっち	減少ならこっち

（費 用 の 増 加）　×××（費 用 の 減 少）　×××

2　仕訳の作り方

では仕訳をしてみよう！

　以上のように、それぞれの要素が増えたか減ったかによって、仕訳の借方と貸方に分けて記入します。

STAGE 2
STAGE 3
STAGE 4
STAGE 5
STAGE 6
STAGE 7

ためしにひとつ
やってみましょう

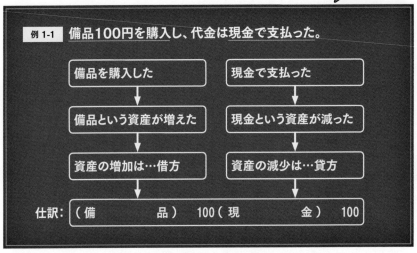

例 1-1 備品100円を購入し、代金は現金で支払った。

備品を購入した	現金で支払った
備品という資産が増えた	現金という資産が減った
資産の増加は…借方	資産の減少は…貸方

仕訳：（備　　　　品）　100（現　　　　　金）　100

3　仕訳のルール

2つのルールをおさえよう

仕訳は1つの取引を借方と貸方に分けて記入するため、借方合計と貸方合計は必ず一致します。

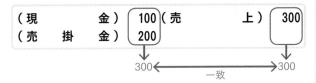

（現　　　　金）　100（売　　　　上）　300
（売　掛　金）　200

300 ←─── 一致 ───→ 300

また、仕訳の借方または貸方が複数行となることもありますが、どの勘定科目を上に書かなければならないといった勘定科目の順番はないので、わかる順番に記入していきましょう。

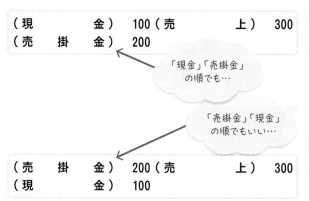

（現　　　　　金）100（売　　　　　上）300
（売　掛　金）200

「現金」「売掛金」
の順でも…

「売掛金」「現金」
の順でもいい…

だけど
勘定科目と金額の
組み合わせが
違ったらダメ！

（売　掛　金）200（売　　　　　上）300
（現　　　　　金）100

まとめ

●仕訳の作り方

①取引の要素を資産、負債、資本（純資産）、収益、費用の
　5要素に分ける
②それらの要素が増えたのか減ったのかを考えて、
　借方と貸方のいずれに記入するかを決める

資　　産	
ホーム ポジション 増加	減少

負　　債	
減少	ホーム ポジション 増加

資本（純資産）	
減少	ホーム ポジション 増加

収　　益	
減少	ホーム ポジション 増加

費　　用	
ホーム ポジション 増加	減少

③適切な勘定科目を選択して、仕訳を完成させる

（備　　　　　品）100（現　　　　　金）100

STAGE 2

STAGE 3

STAGE 4

STAGE 5

STAGE 6

STAGE 7

簿記の5要素と
貸借対照表、損益計算書

5要素のホームポジションって なにで決まるの?

B/SチームとP/Lチームに分かれます!

1　簿記の5要素と貸借対照表、損益計算書　形をおさえて!

　レッスン3で、「資産のホームポジションは借方なので……」などと説明しましたが、このホームポジションは、貸借対照表と損益計算書の記載場所となります。

2　貸借対照表に記載されるもの　資産、負債、資本（純資産）です

　貸借対照表(B/S)は、借方と貸方に分けられ、借方には資産、貸方には負債と資本（純資産）が記載されます。

だから資産のホームポジションは借方、
負債と資本（純資産）の
ホームポジションは貸方となるのです

貸借対照表
×2年3月31日

資　　　産	金　　額	負債・資本（純資産）	金　　額
現　　　　　金	1,000	買　　掛　　金	3,000
売　　掛　　金	5,000	借　　入　　金	6,000
備　　　　　品	10,000	資　　本　　金	20,000
建　　　　　物	20,000	繰越利益剰余金	7,000
	36,000		36,000

3　損益計算書に記載されるもの　　収益と費用です

　損益計算書（P/L）は、借方と貸方に分けられ、借方には費用、貸方には収益が記載されます。また、収益と費用の差額から当期純利益（または当期純損失）を計算します。

だから費用の
ホームポジションは
借方、収益の
ホームポジションは
貸方となるのです

損　益　計　算　書
自×1年4月1日　至×2年3月31日

費　　　用	金　　額	収　　　益	金　　額
売　上　原　価	16,000	売　　上　　高	30,000
給　　　　　料	7,000		
広　告　宣　伝　費	2,000		
当　期　純　利　益	5,000		
	30,000		30,000

当期に儲けた金額

●貸借対照表と損益計算書の形

この形、すごく重要だから、
いますぐ紙に3回書いて
覚えてしまって！

貸借対照表

資　産	負　債
	資　本 （純資産）

損益計算書

費　用	収　益
当期純利益	

仕訳のあとは、勘定科目ごとに金額を集計する！

5 転記の仕方

仕訳のままだと いまの現金の残高がわかりづらい
……どうしたらいい？

5/8 (備 品)100 (現 金)100
5/10 (仕 入)200 (買掛金)200
5/15 (現 金)500 (売掛金)500
　　　　　　　：
5/31 (買掛金)150 (現 金)150

仕訳したら
転記です

1　仕訳のあとにすること

総勘定元帳への転記です

取引が発生したら、仕訳をしますが、このままだと
「いま現金の残高はいくらあるのか」など、勘定科目ご
との金額の増減を把握することができません。
　そこで、仕訳をしたら、**総勘定元帳**に**転記**します。

▶語句

総勘定元帳(そうかんじ
ょうもとちょう)
取引の金額を勘
定科目ごとに集計
する帳簿

2　転記の仕方

相手科目を書くっていうのがややこしい！

仕訳の借方に記載された勘定科目については、そ
の勘定口座の借方に日付、相手科目、金額を記入し
ます。
　また、仕訳の貸方に記載された勘定科目について
は、その勘定口座の貸方に日付、相手科目、金額を
記入します。

転記はあとで
もう一度説明するので、
ここはあっさり
読んでおけば
いいですよ

まとめ

●転記の仕方

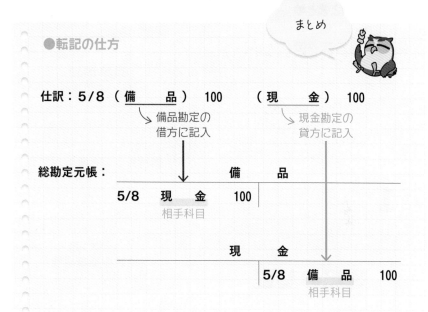

仕訳：5/8 （備　　品）　100　（現　　金）　100
　　　　　　　↘ 備品勘定の　　　↘ 現金勘定の
　　　　　　　　 借方に記入　　　　 貸方に記入

総勘定元帳：　　　　　　　　　 備　　品
　　　　5/8　現　　金　100
　　　　　　　相手科目

　　　　　　　　　　　　　　　 現　　金
　　　　　　　　　　　　　　　5/8　備　　品　100
　　　　　　　　　　　　　　　　　　相手科目

STAGE 2
STAGE 3
STAGE 4
STAGE 5
STAGE 6
STAGE 7

35

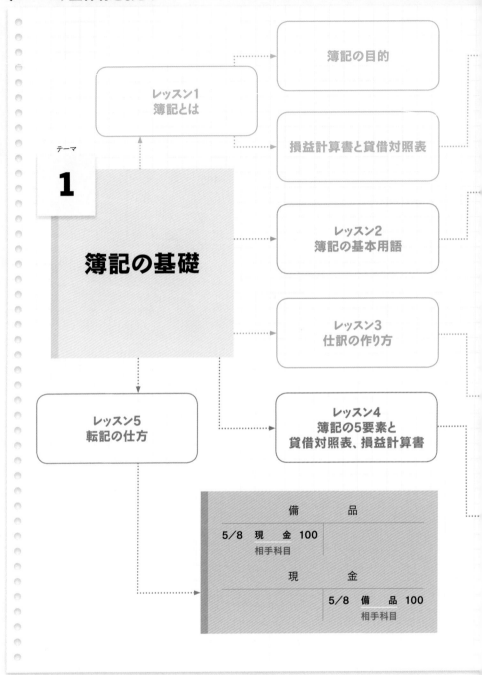

テーマ
1

簿記の基礎

レッスン1
簿記とは

簿記の目的

損益計算書と貸借対照表

レッスン2
簿記の基本用語

レッスン3
仕訳の作り方

レッスン5
転記の仕方

レッスン4
簿記の5要素と
貸借対照表、損益計算書

備　　品	
5/8 現　金 100 相手科目	

現　　金	
	5/8 備　品 100 相手科目

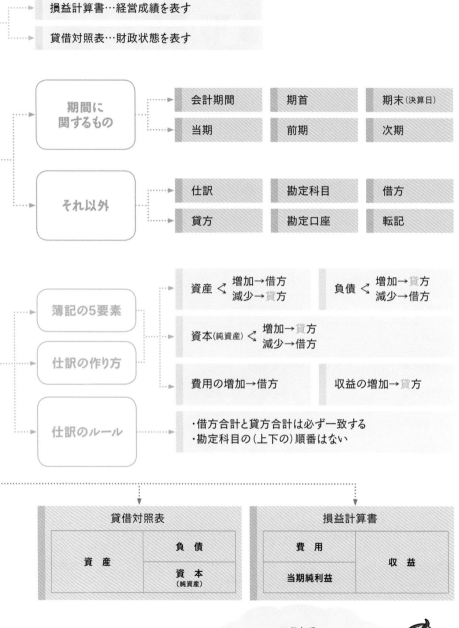

損益計算書…経営成績を表す

貸借対照表…財政状態を表す

期間に
関するもの

| 会計期間 | 期首 | 期末(決算日) |
| 当期 | 前期 | 次期 |

それ以外

| 仕訳 | 勘定科目 | 借方 |
| 貸方 | 勘定口座 | 転記 |

簿記の5要素

仕訳の作り方

資産 < 増加→借方
減少→貸方

負債 < 増加→貸方
減少→借方

資本(純資産) < 増加→貸方
減少→借方

費用の増加→借方　　収益の増加→貸方

仕訳のルール

・借方合計と貸方合計は必ず一致する
・勘定科目の(上下の)順番はない

貸借対照表

| 資　産 | 負　債 |
| | 資　本
(純資産) |

損益計算書

| 費　用 | 収　益 |
| 当期純利益 | |

これで
テーマ1の内容はおしまい！
問題編(巻末)の
問題を解いておこう

STAGE 2

｜ いろいろな取引 ❶ ｜

日々やること

ここ

取引が
あった → 仕訳帳に
仕訳する → 総勘定元帳に
転記する → 試算表
を作る

どちらか

伝票に
書く → 仕訳
日計表を
作る

補助簿
を作る

まずは売り物を買ってこなければ！
それに利益をのっけて売る！
……という商売の根幹
である取引の処理を学習します。

ここから
本格的に
「取引の処理」
を学びます

決算でやること   儲けが出たら

ここの内容も一部含まれます

決算整理
をする → 精算表
を作る ⋯→ 損益計算書、
貸借対照表
を作る ⋯→ 勘定を
締め切る ⋯⋯→ 配当する

STAGE 2

テーマ

2　商品売買❶ で学ぶ内容

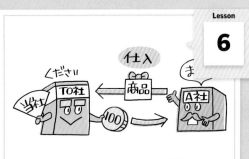

こんな内容を
学習します

商品を買ってきて、売る!

Lesson

9 クレジット払い による売上げ

「支払いはカードで」
といわれたときの
売り手側の処理は?

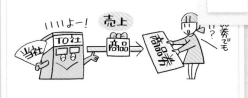

Lesson

10 商品券による売上げ

商品を売り上げて
商品券を受け取った!
……どんな処理する?

商品 さん

売掛金 さん

受取商品券 さん

クレジット売掛金 さん

買掛金 くん

仕入 さん

支払手数料 さん

売上 くん

こんな勘定科目が出てきます（ホームポジションが借方→「さん」、貸方→「くん」）

まずは売り物を買ってこなくては！

6 商品の仕入れ（分記法と三分法）

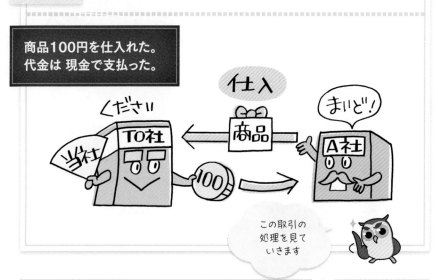

商品100円を仕入れた。
代金は 現金で支払った。

この取引の
処理を見て
いきます

1 分記法と三分法　　　　3級の出題の多くは三分法！

　商品を仕入れたり、売り上げたりしたときの処理方法には、**分記法**と**三分法**の2つがあります。

　それぞれどんな方法かの説明はあとでまとめてしますが、処理方法だけさきに見てしまいましょう。

2 商品の仕入れ（分記法）　　　商品が増えるから…

　商品を仕入れたときは、手許には商品というモノ、資産が増えます。だから、分記法では、商品を仕入れたときに、**商品[資産]**の増加として処理します。

語句

仕入れ（しいれ）
商品（売り物）を買ってくること

語句

売上げ（うりあげ）
商品（売り物）をお客さんに売ること

STAGE 1

STAGE 2 ── ステージ2…いろいろな取引❶ ── テーマ2…商品売買❶ ──

STAGE 3

STAGE 4

STAGE 5

STAGE 6

STAGE 7

資産のホームポジションは借方
だから資産の増加は借方に記入します

（ 商　　　品 ）　xxx（　　　　　　）　xxx

資産が
増えた

商品 さん

また、商品と引き換えに代金を支払わなければなりません。商品代金を現金で支払った場合は、**現金**[**資産**]**の減少**ですね。そうすると、貸方は**現金**[**資産**]となります。

資産の減少は貸方
（ホームポジションの逆側）
に記入！

（ 商　　　品 ）　xxx（ 現　　　金 ）　xxx

資産が
減った

3　商品の仕入れ（三分法）

商品を仕入れた
→そのまんま「仕入」で！

ふつうに考えると、商品を仕入れたときの仕訳は前記のようになりますが、三分法では商品を仕入れたときの借方は**仕入**[**費用**]で処理します。

費用のホームポジションは借方
だから費用の増加は借方に記入！

（ 仕　　　入 ）　xxx（ 現　　　金 ）　xxx

費用が
増えた

仕入 さん

取引例で確認
してみましょう

例 6-1　A社から商品100円を仕入れ、
　　　　代金は現金で支払った。

分記法：（商　　　　品）100（現　　　　金）100

三分法：（仕　　　　入）100（現　　　　金）100

44

STAGE 1

STAGE 2

ステージ2…いろいろな取引❶ — テーマ2…商品売買❶ —

STAGE 3

STAGE 4

STAGE 5

STAGE 6

STAGE 7

Lesson

7

仕入れた商品に儲けをのせて販売するよ！

商品の売上げ（分記法と三分法）

100円で仕入れた商品を 150円で売り上げた。
そして 現金150円を受け取った。

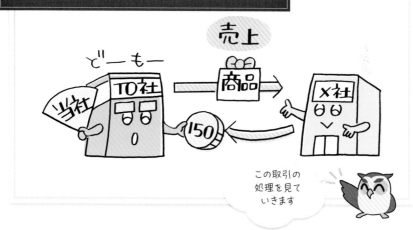

この取引の
処理を見て
いきます

1 商品の売上げ（分記法）

商品をお客さんに渡す
→会社にある商品が減る！

分記法の場合、商品を売り上げたときは、手許から商品という資産が減るので、仕訳の貸方は**商品[資産]**となります。

そのときの金額は、商品の**原価**（仕入れたときの価格→100円）です。

( ) （商 品） 100

資産が
減った

また、商品と引き換えに代金を現金で受け取ったときは、手許の**現金[資産]**が増加するので、借方は**現金[資産]**となります。このときの金額は売価（販売価格→150円）で計上します。

語句

原価（げんか）
商品を仕入れたときの価格。ここでは100円

語句

売価（ばいか）
商品の販売価格。ここでは150円

（現　　　　金）	150	（商　　　　品）	100

資産が
増えた

そして、原価と売価の差額である利益は、**商品売買益**[収益]で処理します。

▶語句

利益（りえき）
売価と原価の差額。儲けのこと。ここでは50円（150円－100円）

収益のホームポジションは貸方
だから収益の増加は貸方に記入します

（現　　　　金）	150	（商　　　　品）	100
		（商品売買益）	50

収益が
増えた

2　商品の売上げ（三分法）

商品を売り上げた
→そのまんま「売上」で！

三分法の場合、商品を売り上げたときは、**売価**で**売上**[収益]を計上します。

（現　　　　金）	150	（売　　　　上）	150

収益が
増えた

売上 くん

STAGE 1

STAGE 2

STAGE 3

STAGE 4

STAGE 5

STAGE 6

STAGE 7

ステージ2…いろいろな取引❶ ― テーマ2…商品売買❶ ―

取引例で確認
してみましょう

> **例 7-1** X社に原価100円の商品を150円で売り上げ、
> 代金は現金で受け取った。
>
> 分記法：（現　　　　金）150（商　　　　品）100
> 　　　　　　　　　　　　　　（商 品 売 買 益）　50
>
> 三分法：（現　　　　金）150（売　　　　上）150

●分記法

・仕入時…**原価**で**商品**[資産]の増加として処理

・売上時…**原価**で**商品**[資産]の減少として処理＆売価と
　　　　　原価の差額を**商品売買益**[収益]で処理

●三分法 ←一般的な処理方法!

・仕入時…**原価**で**仕入**[費用]を計上

・売上時…**売価**で**売上**[収益]を計上

・決算時…残っている商品の原価を**仕入**[費用]から**繰越商品**
　　　　　[資産]に振り替える ←レッスン62で学習

売上くん

儲けの源泉。
会社の稼ぎ頭。
つねにトップスターで
いてもらわないと
困る存在。

仕入さん

←そんな売上くんの
ために日々がんばっている。

代金はあとでまとめて支払う（受け取る）よ

8 掛け取引

① 商品を仕入れた。
　　代金はあとで（月末に）支払うことにした。

② 商品を売り上げた。
　　代金はあとで（月末に）受け取ることにした。

この取引の
処理を
見ていきます

ここからは
三分法を前提に
説明します

代金は
月末ね！

仕入　　当社　　売上
　　　　TO社

A社　商品　　　　　　商品　X社

---

1 掛けとは

「あとでまとめて払うよ！」ってやつ

　レッスン6やレッスン7で見たように、商品の仕入や売上のたびに、いちいち現金で支払ったり、現金を受け取ったりするのはメンドウです。

　そこで、同じ取引先から頻繁に商品を仕入れているなら、「一定期間の仕入代金をあとでまとめて支払う」としたほうが、お互い手間が省けていいですよね。

　このように、「代金をあとで支払う・代金をあとで受け取る」ことを**掛け**といいます。

語句

掛け （かけ）
代金をあとで支払う・受け取ること

STAGE 1

STAGE 2 — ステージ2…いろいろな取引❶ — テーマ2…商品売買❶ —

STAGE 3

STAGE 4

STAGE 5

STAGE 6

STAGE 7

2 　掛け仕入 　「あとで支払わなければならない義務」が発生！

商品を仕入れ、代金を後払いとしたときは、商品代金をあとで支払わなければならない義務が生じます。この「あとで仕入代金を支払わなければならない義務」は**買掛金[負債]**で処理します。

買掛金 くん

（仕　　　　入）　xxx（買　掛　金）　xxx

負債が
増えた

そして後日、仕入先に掛け代金を支払ったときは、**買掛金[負債]**の減少として処理します。

（買　掛　金）　xxx（現　金　など）　xxx

負債が
減った

語句

仕入先（しいれさき）
商品を仕入れてくる相手先

取引例で
確認しましょう

例 8-1　① 　**仕入先A社から商品100円を仕入れ、代金は月末に支払うこととした。**

（仕　　　　入）　100（買　掛　金）　100

② 　**月末になり、買掛金100円を現金で支払った。**

（買　掛　金）　100（現　　　金）　100

3　掛け売上

「あとで受け取れる権利」が発生！

　商品を売り上げ、代金はあとで受け取るとしたときは、商品代金をあとで受け取ることができる権利が生じます。この「あとで売上代金を受け取ることができる権利」は**売掛金[資産]**で処理します。

（売　掛　金）　×××（売　　　　上）　×××

↑
資産が
増えた

　そして後日、得意先から掛け代金を受け取ったときは、**売掛金[資産]**の減少として処理します。

（現　金　な　ど）　×××（売　掛　金）　×××

↑
資産が
減った

売掛金 さん

▶ 語句

得意先（とくいさき）
商品をひんぱんに
売り上げる相手先。
お得意様

今度は
掛け売上！

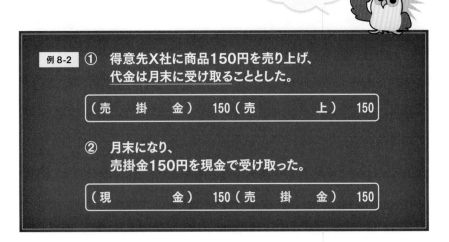

例8-2　① 得意先X社に商品150円を売り上げ、
　　　　　代金は月末に受け取ることとした。

（売　掛　金）　150（売　　　　上）　150

② 月末になり、
　売掛金150円を現金で受け取った。

（現　　　金）　150（売　掛　金）　150

●掛け取引

・商品を仕入れ、代金を後払いとしたとき
　→**買掛金**[負債]で処理

・商品を売り上げ、代金をあとで受け取るとしたとき
　→**売掛金**[資産]で処理

買掛金 くん

商品を仕入れ、
代金を後払いとしたときの、
あとで代金を
支払わなければならない義務
仕入さんとともに
よく出てくる勘定科目。
買→K、掛け→×　だから
説明上、買掛金を
「K×」と略して書くこともアリ。

売掛金 さん

商品を売り上げ、
代金をあとで受け取るとしたときの、
あとで代金を受け取ることができる権利
売上くんとともに
よく出てくる勘定科目。
売→U、掛け→×　だから
説明上、売掛金を
「U×」と略して書くこともアリ。

STAGE 1

STAGE 2 ── ステージ2…いろいろな取引❶── テーマ2…商品売買❶──

STAGE 3

STAGE 4

STAGE 5

STAGE 6

STAGE 7

支払いはカードで！……ってやつ
売掛金さんの仲間です

クレジット払いによる売上げ

商品を売り上げた。
代金はクレジット払いとした。
信販会社に対する決済手数料が発生した。

この取引の
処理を
見ていきます

1 クレジット払いによる売上げ
信販会社に対する手数料が
発生するよ！

　商品を売り上げ、代金の支払いがクレジットカード
で行われた場合の、（クレジットによる）あとで代金を受け
取る権利は**クレジット売掛金**[資産]で処理します。
なお、信販会社に支払う決済手数料は、**支払手数料**
[費用]で処理します。

クレジット売掛金 さん

資産が
増えた

（クレジット売掛金）	×××（売	上）	×××
（支 払 手 数 料）	×××		

費用が
増えた

支払手数料 さん

STAGE 1

STAGE 2 ― ステージ2…いろいろな取引❶ ― テーマ2…商品売買❶ ―

STAGE 3

STAGE 4

STAGE 5

STAGE 6

STAGE 7

なお、後日、信販会社から商品代金が入金された
ときは、**クレジット売掛金**[資産]の減少として処理します。

（現　金　な　ど）　×××（クレジット売掛金）　×××

> 資産が減った

取引と仕訳を
見ておきましょう

例 9-1 ① 商品200円をクレジット払いの条件で売り上げた。
なお、信販会社に対する手数料は販売代金の1%とし、
販売時に計上する。

支払手数料：200円×1%＝2円
クレジット売掛金：200円－2円＝198円

（クレジット売掛金）　198（売　　　　上）　200
（支 払 手 数 料）　　2

**例 9-1
つづき** ② 上記①の商品代金が信販会社から入金され、
現金として処理した。

（現　　　　金）　198（クレジット売掛金）　198

●クレジット払いによる売上げ

・クレジット払いのときは→**クレジット売掛金**[資産]で処理

・信販会社に対する手数料→**支払手数料**[費用]で処理

クレジット売掛金 さん

商品を販売して
お客さんがクレジットカードで
支払いをしたときの、
あとで代金を受け取ることが
できる権利。
売掛金さんの仲間だけど、
区別して処理してね。

支払手数料 さん

会社間の取引で生じる
手間賃を支払ったもの。
これを受け取った側だと
受取手数料[収益]となる。

STAGE 1

STAGE 2 — ステージ2…いろいろな取引❶ — テーマ2…商品売買❶ —

STAGE 3

STAGE 4

STAGE 5

STAGE 6

STAGE 7

Lesson

商品券でもモノを買えるよね？

10 商品券による売上げ

商品を売り上げた。
代金は商品券で受け取った。

この取引の
処理を
見ていきます

1 商品券による売上げ

商品券を「使う側」ではなく、
「受け取る側」の処理

　商品を売り上げ、商品券（他社が発行したものや自治体等
が発行したものなど）を受け取ったときは、**受取商品券**[**資産**]で処理します。

| （受取商品券） | ××× | （売　　　　上） | ××× |

資産が
増えた

受取商品券 さん

　なお、受け取った商品券は、あとで発行者に買い
取ってもらうことができます。商品券を買い取ってもら
ったときは、**受取商品券**[**資産**]を減少させます。

（現　金　な　ど）　×××（受 取 商 品 券）　×××

資産が減った

取引と仕訳を見ておきましょう

例 10-1　①　商品200円を売り上げ、
　　　　　　　代金は全国共通商品券を受け取った。

（受 取 商 品 券）　200（売　　　　　　上）　200

②　上記①の商品券を精算し、
　　現金を受け取った。

（現　　　　　金）　200（受 取 商 品 券）　200

まとめ

●商品券による売上げ

・（他者が発行した）商品券を受け取ったときは
　　　　　　　　　　　　　　　→受取商品券[資産]で処理

受取商品券 さん

商品を売り上げ、
他者が発行した商品券を
受け取ったときに
使う勘定科目。

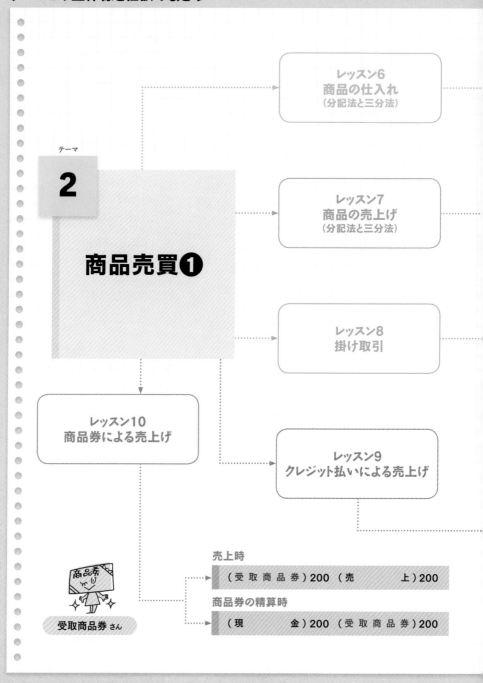

テーマ

2

商品売買❶

レッスン6
商品の仕入れ
（分記法と三分法）

レッスン7
商品の売上げ
（分記法と三分法）

レッスン8
掛け取引

レッスン10
商品券による売上げ

レッスン9
クレジット払いによる売上げ

受取商品券 さん

売上時

（受 取 商 品 券）200 （売　　　　　上）200

商品券の精算時

（現　　　　　金）200 （受 取 商 品 券）200

分記法

▶ （商　　　　品）100　（現　　　　金）100

三分法

▶ （仕　　　　入）100　（現　　　　金）100

分記法

▶ （現　　　　金）150　（商　　　　品）100
　　　　　　　　　　　（商 品 売 買 益）　50

三分法

▶ （現　　　　金）150　（売　　　　上）150

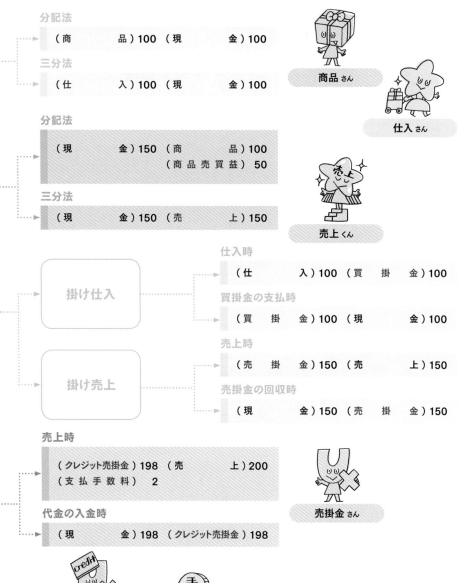

商品 さん

仕入 さん

売上 くん

　　仕入時

▶ （仕　　　　入）100　（買　掛　金）100

買掛金の支払時

▶ （買　掛　金）100　（現　　　　金）100

掛け仕入

　　売上時

▶ （売　掛　金）150　（売　　　　上）150

売掛金の回収時

▶ （現　　　　金）150　（売　掛　金）150

掛け売上

売上時

▶ （クレジット売掛金）198　（売　　　　上）200
　（支 払 手 数 料）　2

代金の入金時

▶ （現　　　　金）198　（クレジット売掛金）198

売掛金 さん

クレジット売掛金 さん

支払手数料 さん

では問題編で
会いましょう！

テーマ 3 商品売買❷ で学ぶ内容

Lesson 11 返 品

商品を仕入れたものの、
注文したものと違うものが届いた
というときの処理は？

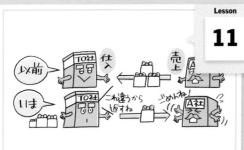

Lesson 12 諸掛り

商品を仕入れたり、
売り上げたりするときに
支払った運送料って
どんな処理をしたらいい？

Lesson 13 前払金と前受金

商品の仕入（売上）に先立って、
支払った（受け取った）
内金や手付金ってどうするの？

こんな内容を
学習します

商品売買のちょっと応用編

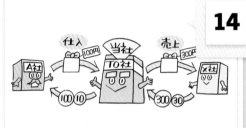

Lesson

14 消費税

商品代金のほかに支払ったり、
受け取った消費税って
どう処理する?

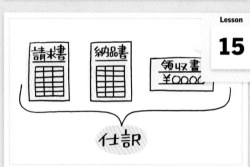

Lesson

15 商品売買に関する
証ひょうの読み取り

請求書、納品書、領収書など
から仕訳をしてみよう!

立替金 さん   前払金 さん   前受金 くん

発送費 さん

仮払消費税 さん   仮受消費税 くん   未払消費税 くん

↖ こんな勘定科目が出てきます (ホームポジションが借方→「さん」、貸方→「くん」)

11　返　品

> **[TO社]**
> 商品を仕入れたが……
> 品違いにつき、一部を返品した。

> **[A社]**
> 商品を売り上げたが……
> 品違いにつき、一部が返品された。

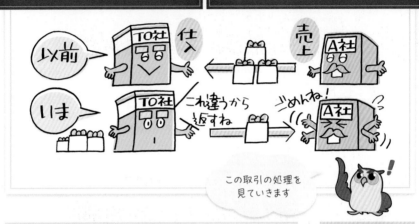

この取引の処理を
見ていきます

1　仕入戻し

仕入時の逆の仕訳！

　仕入れた商品が注文した商品と違う場合、まちが
えて届いた商品を返品します。この場合、以前に行っ
た仕入の処理を、返品分だけ取り消します。

> **語句**
>
> **仕入戻し**
> 仕入れた商品を
> 返品すること

仕入れたときの
逆仕訳をします

2　売上戻り

売上時の逆の仕訳！

　同様に、売り上げた商品が返品された場合、以前
に行った売上の処理を、返品分だけ取り消します。

> **語句**
>
> **売上戻り**
> 売り上げた商品が
> 返品されること

今度は
売り上げたときの
逆仕訳！

STAGE 1

STAGE 2 ── ステージ2…いろいろな取引❶ ── テーマ3…商品売買❷ ──

STAGE 3

STAGE 4

STAGE 5

STAGE 6

STAGE 7

では、取引例で
確認しましょう

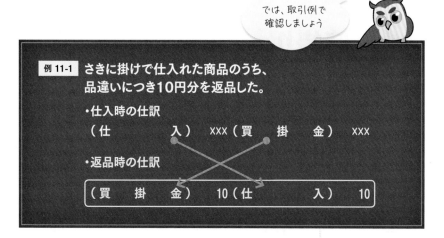

例 11-1 さきに掛けで仕入れた商品のうち、
品違いにつき10円分を返品した。

・仕入時の仕訳

（仕　　　　　入）×××（買　掛　金）×××

・返品時の仕訳

（買　掛　金）　10（仕　　　　　入）　10

売上戻りも
同様に…

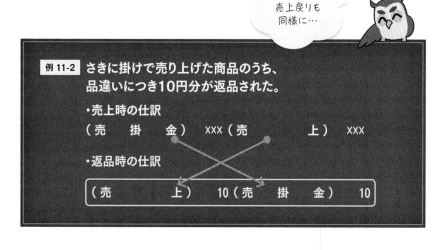

例 11-2 さきに掛けで売り上げた商品のうち、
品違いにつき10円分が返品された。

・売上時の仕訳

（売　掛　金）×××（売　　　　　上）×××

・返品時の仕訳

（売　　　　　上）　10（売　掛　金）　10

まとめ

●返品

・返品分だけ、仕入時または売上時の逆仕訳をする!!

当社負担の送料は費用、相手負担の送料は資産

12 諸掛り

① 商品を仕入れた。
送料を支払った。

② 商品を売り上げた。
送料を支払った。

この取引の処理を
見ていきます

1 仕入諸掛り

運送料とかそういうものの処理

　商品の仕入れの際、運送料や保険料、手数料などがかかることがあります。このような商品の仕入に係る諸費用を**仕入諸掛り**といいます。

　仕入諸掛の金額は、**通常、仕入金額に含めて処理**します。

　ただし、運送料等を支払ったものの、それは**相手（仕入先）が負担すべきものである**場合には、立替金[資産]で処理します。

立替金 さん

STAGE 1

STAGE 2 ｜ ステージ2…いろいろな取引❶ ｜ テーマ3…商品売買❷ ｜

STAGE 3

STAGE 4

STAGE 5

STAGE 6

STAGE 7

本来、仕入先が
支払うべき運送料を
当社が立て替えている…

立て替えているんだから
あとで支払ってもらえる！

だから
立替金は資産！

また、**立替金**[資産]で処理するほかに、**買掛金**[負債]を減額してもらうこともあります。

「当社が立て替えた
金額をあとで
受け取る」なら

「あとで当社が
支払わなければ
ならない金額を
減らしてもらっても
同じだよね？」

と考える
わけですね

…というわけで
仕訳はこうなります

まずは
当社負担の場合

> **例 12-1** A社より商品100円を掛けで仕入れた。
> 当社負担の運送料10円を現金で支払った。
>
> ・当社負担の場合
>
> | （仕 入） | 110 | （買 掛 金） | 100 |
> |---|---|---|---|
> | ↑ | | （現 金） | 10 |
>
> └─ 仕入に含める！

例 12-2　A社より商品100円を掛けで仕入れた。
　　　　A社負担の運送料10円を現金で支払った。
　　　　運送料は<u>立替金</u>で処理する。

・相手負担＆立替金で処理する場合

| （仕　　　　入） | 100 | （買　　掛　　金） | 100 |
| （立　　替　　金） | 10 | （現　　　　金） | 10 |

↑
立替金で処理！

例 12-3　A社より商品100円を掛けで仕入れた。
　　　　A社負担の運送料10円を現金で支払った。
　　　　運送料は<u>買掛金から減額</u>した。

・相手負担＆買掛金から減額する場合

| （仕　　　　入） | 100 | （買　　掛　　金） | ↗90 |
| | | （現　　　　金） | 10 |

買掛金から減額（100円－10円）

STAGE 1

STAGE 2 ― ステージ2…いろいろな取引❶ ― テーマ3…商品売買❷ ―

STAGE 3

STAGE 4

STAGE 5

STAGE 6

STAGE 7

まとめ

●**仕入諸掛り**

↙ 指示がない場合にはコレ!!

・当社負担 ────→ **仕入**[費用]に含めて処理

・仕入先負担 ╲ **立替金**[資産]で処理

╲ **買掛金**[負債]を減額

どの方法によるかは、問題文の指示にしたがう!

2 売上諸掛り

今度は売上にかかる運送料などの処理

商品の売上げに係る発送運賃などを**売上諸掛り**といいます。

売上諸掛りは、**当社が負担する場合は発送費[費用]で処理**します。

また、**得意先(相手)が負担する場合は、立替金[資産]で処理するか、売掛金[資産]に含めて処理**します。

発送費 さん

「当社が立て替えた金額を
あとで受け取る」なら、
「売掛金に含めてしまっても
同じだよね?」

と考える
わけですね

…というわけで
仕訳はこうなります

まずは
当社負担の場合

例 12-4　X社に商品200円を掛けで売り上げ、
運送料20円を現金で支払った。
運送料は当社が負担するものである。

・当社負担の場合

（売 掛 金）	200	（売 上）	200
（発 送 費）	20	（現 金）	20

↑
発送費で処理

相手負担で
立替金の場合

例 12-5　X社に商品200円を掛けで売り上げ、
運送料20円を現金で支払った。
運送料はX社が負担するものであり、立替金で処理する。

・相手負担＆立替金で処理する場合

（売 掛 金）	200	（売 上）	200
（立 替 金）	20	（現 金）	20

↑
立替金で処理！

STAGE 1

STAGE 2

ステージ2…いろいろな取引❶ ― テーマ3…商品売買❷ ―

STAGE 3

STAGE 4

STAGE 5

STAGE 6

STAGE 7

相手負担で
売掛金に
含める場合

例 12-6 X社に商品200円を掛けで売り上げ、
運送料20円を現金で支払った。
運送料はX社が負担するものであり、
売掛金に含めて処理する。

・相手負担＆売掛金に含める場合

| （売 掛 金） | 220 | （売 上） | 200 |
| | | （現 金） | 20 |

↑
売掛金に含める

まとめ

●**売上諸掛り**

・当社負担 ――――――→ **発送費**[費用]で処理

・得意先負担 ――→ **立替金**[資産]で処理

　　　　　　　＼→ **売掛金**[資産]に含める

どの方法によるかは、問題文の指示にしたがう!

売上、仕入の計上は、モノ（商品）とともに……

13 前払金と前受金

[TO社] 商品を注文した。
手付金として 代金の一部を支払った。

この取引の
処理を
見ていきます

[A社] 商品の注文があった。
手付金として 代金の一部を受け取った。

1 前払金　　　　　代金の一部を支払っただけ!

商品の仕入れに先立ち、商品代金の一部を、手付
金や内金として現金等で支払うことがあります。

このとき支払った手付金や内金は、**前払金[資産]**
で処理します。

前払金 さん

（ 前 払 金 ）　xxx（　　　　　　　　）　xxx

資産が
増えた

まだ仕入さんは
出てきませんよ〜

STAGE 1

STAGE 2

ステージ2…いろいろな取引❶ — テーマ3…商品売買❷ —

STAGE 3

STAGE 4

STAGE 5

STAGE 6

STAGE 7

また、実際に商品が手許に届いたときは、さきに支払った前払金が商品代金に充当されるので、**前払金**[資産]の減少として処理します。

ここで
仕入さんが登場!

（仕　　　　　入）	×××（前　　払　　金）	×××
	（買 掛 金 な ど）	×××

資産が
減った

…というわけで
仕訳はこうなります

例 13-1 ① 商品100円を注文し、
手付金10円を現金で支払った。

注文時：（前　　払　　金）　10（現　　　　金）　10

② ①で注文した商品100円を受け取り、
さきに支払っていた手付金10円を減額した残額
（100円−10円＝90円）は月末に支払うこととした。

仕入時：（仕　　　　　入）　100（前　　払　　金）　10
　　　　　　　　　　　　　　　　　（買　　掛　　金）　90

---

2 前受金

代金の一部を受け取っただけ!

前受金 くん

商品の売り上げに先立ち、商品代金の一部を、手付金や内金として現金等で受け取ったときは、**前受金**[負債]で処理します。

（　　　　　　　）	×××（前　　受　　金）	×××

負債が
増えた

まだ売上くんは
出てきませんよ〜

また、実際に商品を得意先に渡したときは、さきに受け取った前受金が商品代金に充当されるので、**前受金[負債]の減少**として処理します。

ここで売上くんが登場!

負債が減った

| （前　受　金） | xxx | （売　　　　上） | xxx |
| （売 掛 金 な ど） | xxx | | |

…というわけで仕訳はこうなります

例13-2 ① 商品100円の注文を受け、手付金として10円を現金で受け取った。

注文時： （現　　　　金） 10 （前　受　金） 10

② ①で注文を受けた商品100円を発送し、さきに受け取っていた手付金10円を減額した残額（100円－10円＝90円）は月末に受け取ることとした。

売上時： （前　受　金） 10 （売　　　　上） 100
　　　　 （売　掛　金） 90

STAGE 1

STAGE 2

ステージ 2…いろいろな取引❶ ― テーマ3…商品売買❷ ―

STAGE 3

STAGE 4

STAGE 5

STAGE 6

STAGE 7

まとめ

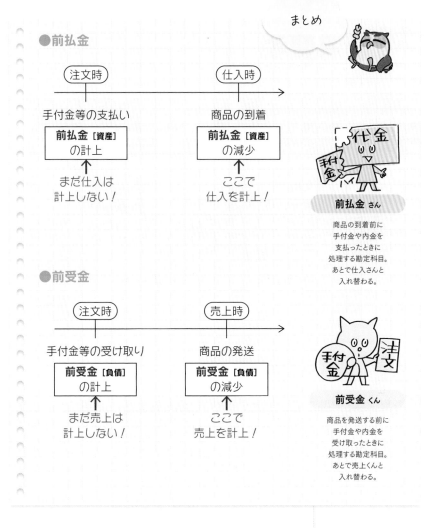

●前払金

| 注文時 | 仕入時 |

手付金等の支払い　　　　　商品の到着

| 前払金 [資産]
の計上 | 前払金 [資産]
の減少 |

まだ仕入は
計上しない！

ここで
仕入を計上！

前払金 さん

商品の到着前に
手付金や内金を
支払ったときに
処理する勘定科目。
あとで仕入さんと
入れ替わる。

●前受金

| 注文時 | 売上時 |

手付金等の受け取り　　　　商品の発送

| 前受金 [負債]
の計上 | 前受金 [負債]
の減少 |

まだ売上は
計上しない！

ここで
売上を計上！

前受金 くん

商品を発送する前に
手付金や内金を
受け取ったときに
処理する勘定科目。
あとで売上くんと
入れ替わる。

14 消費税

① 商品を仕入れ 代金と消費税を支払った。	② 商品を売り上げ 代金と消費税を受け取った。

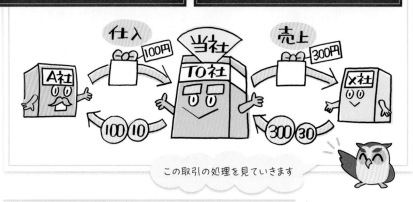

この取引の処理を見ていきます

1 消費税のしくみ　なじみ深い税金だけど仕組みまで知っていた？

　消費税は、商品の販売やサービスの提供に対してかかる税金で、消費者が負担する税金です。

たとえば
商品を仕入れたときに
消費税10円を支払い、

商品を売り上げたときに
消費税30円を
受け取った場合、

会社はその差額20円を
税務署に納付する
ことになります

2 消費税の処理方法　2つの処理方法がある

　消費税の処理方法には、**税抜方式**と**税込方式**が
ぜいぬきほうしき　ぜいこみほうしき
ありますが、3級で学習するのは税抜方式です。
　以下、税抜方式の処理方法を説明します。

STAGE 1

STAGE 2 ｜ ステージ2…いろいろな取引❶ ｜ テーマ3…商品売買❷ ｜

STAGE 3

STAGE 4

STAGE 5

STAGE 6

STAGE 7

3 商品を仕入れたときに支払った消費税 「仮払い」の状態

商品を仕入れたときに支払った消費税（たとえば10円）は、**仮払消費税[資産]**で処理します。

```
（ 仕      入 ）  ×××（ 買 掛 金 な ど ）  ×××
（ 仮 払 消 費 税 ）   10
                 資産が
                 増えた
```

仮払消費税 さん

4 商品を売り上げたときに受け取った消費税 「仮受け」の状態

商品を売り上げたときに受け取った消費税（たとえば30円）は、**仮受消費税[負債]**で処理します。

```
（ 売 掛 金 な ど ）  ×××（ 売      上 ）  ×××
                  （ 仮 受 消 費 税 ）   30
                             負債
                             が増えた
```

仮受消費税 くん

5 決算時の処理 「仮払い」と「仮受け」を精算するよ〜

決算になったら、**仮払消費税[資産]**と**仮受消費税[負債]**を相殺します。
　　　　　　　　　　　10円　　　　　　　　　　30円

```
（ 仮 受 消 費 税 ）   30（ 仮 払 消 費 税 ）   10
              負債が                    資産が
              減った                    減った
```

そして、差額を**未払消費税[負債]**で処理します。
　　　　30円－10円＝20円

語句

相殺（そうさい）
帳消しにすること

| （仮受消費税） | 30 | （仮払消費税） | 10 |
| | | （未払消費税） | 20 |

税務署に納付
しなければ
ならない金額
→負債！

未払消費税 くん

6　消費税を納付したときの処理　「未払い」がなくなるね

消費税を納付したとき（未払いとなっている消費税を納付したとき）は、**未払消費税[負債]**の減少として処理します。

| （未 払 消 費 税） | ××× | （現 金 な ど） | ××× |

負債が
減った

一連の取引で
仕訳を見てみましょう

例14-1　① 商品100円（税抜価額）を仕入れ、
代金は消費税（税率は10%）とともに
現金で支払った。
消費税：100円×10%＝10円

仕入時：
| （仕　　　　入） | 100 | （現　　　　金） | 110 |
| （仮 払 消 費 税） | 10 | | |

② 商品300円（税抜価額）を売り上げ、
代金は消費税（税率は10%）とともに
現金で受け取った。
消費税：300円×10%＝30円

売上時：
| （現　　　　金） | 330 | （売　　　　上） | 300 |
| | | （仮 受 消 費 税） | 30 |

STAGE 1

STAGE 2 ｜ステージ2…いろいろな取引❶｜テーマ3…商品売買❷｜

STAGE 3

STAGE 4

STAGE 5

STAGE 6

STAGE 7

その後…

例14-1 つづき	③	決算日を迎えた。			

決算時：（仮 受 消 費 税） 30 （仮 払 消 費 税） 10
　　　　　　　　　　　　　　　（未 払 消 費 税） 20

④　③で計算した<u>未払消費税</u>を<u>現金で納付した。</u>

納付時：（未 払 消 費 税） 20 （現　　　　金） 20

まとめ

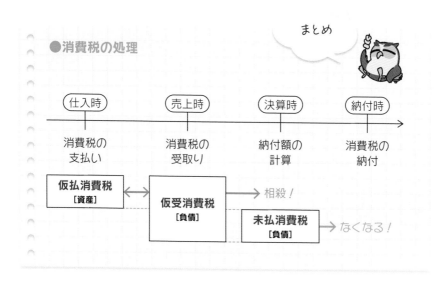

●消費税の処理

仕入時	売上時	決算時	納付時
消費税の支払い	消費税の受取り	納付額の計算	消費税の納付

仮払消費税 [資産] ⟷ **仮受消費税** [負債] → 相殺！

未払消費税 [負債] → なくなる！

請求書や領収証などから取引を読み取ろう!

15 商品売買に関する証ひょうの読み取り

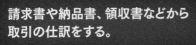

請求書や納品書、領収書などから
取引の仕訳をする。

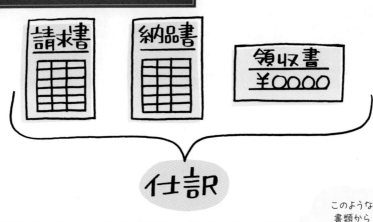

このような
書類から
仕訳してみましょう

1 証ひょうとは

いろいろあるよ〜

証ひょうとは、請求書や納品書、領収書など、取引
の事実を表す書類のことをいいます。

2 証ひょうから仕訳の作成

どこを見て仕訳するか、
確認しよう!

試験では、証ひょうから仕訳をする問題が出題さ
れることもあるので、いくつか見ておきましょう。

STAGE 1

STAGE 2 — ステージ2…いろいろな取引❶ — テーマ3…商品売買❷ —

STAGE 3

STAGE 4

STAGE 5

STAGE 6

STAGE 7

まずはコレ！

例 15-1 商品を仕入れ、品物とともに次の納品書を受け取った。
なお、代金は後日支払うこととした
（三分法、消費税は税抜方式）。

納 品 書

ABC商事株式会社御中

❶税抜価額：500円

XYZ㈱

品　　物	数量	単価	金　額
黒色ボールペン（30本入り）	5	30	¥150
青色ボールペン（30本入り）	10	25	¥250
シャープペン（30本入り）	10	10	¥100
❷消費税額 →		消費税	¥50
❸税込価額(後払い) →		合　計	¥550

…の仕訳は
こうなりますね

**例 15-1
の仕訳**

（仕　　　　　入）❶ 500（買　　掛　　金）❸ 550
（仮 払 消 費 税）❷　50

つづいてコレ

例15-2 商品を売り上げ、品物とともに次の請求書を送付した。
代金は全額、掛けとした（三分法）。
また㈱DOGへの請求額と同額の送料を現金で支払った。

請 求 書

株式会社DOG御中　　　　　　　❶商品代金：500円
　　　　　　　　　　　　　　　　　　　　　　　ABC商事株式会社

品　　物	数量	単価	金　額
ミートソース	10	30	¥300
ナポリタン	10	20	¥200
❷㈱DOGに請求している→相手負担の売上諸掛り → 送　料			¥ 40
❸請求金額（あとから振り込まれる）→ 合　計			¥540

×2年4月30日までに下記口座へお振込みください。
太陽銀行新宿支店　普通　1028125　エービーシーショウジ（カ

…の仕訳は
こう！

**例15-2
の仕訳**

（売　　掛　　金）❸ 540（売　　　　　上）❶ 500
　　　　　　　　　　　　　　（現　　　　　金）❷ 40

さいごにコレも
見ておきましょう

STAGE 1

STAGE 2

ステージ2…いろいろな取引❶ テーマ3…商品売買❷

例15-3 ×2年5月1日の売上の集計結果は次のとおりであった。合計額のうち500円はクレジットカード、残額は現金による売上であった（三分法、消費税は税抜方式）。

売上集計表

❶税抜価額：700円

×2年5月1日

品　物	数量	単価	金額
マグカップ	10	30	¥300
コーヒーカップ	20	20	¥400
❷消費税額 →		消費税	¥ 70
		合　計	¥770

❸500円→クレジットカード
❹270円（770円−500円）→現金

この仕訳は
こうですね

例15-3
の仕訳

（クレジット売掛金）❸ 500 （売　　　上）❶ 700
（現　　　金）❹ 270 （仮受消費税）❷ 70

STAGE 3

STAGE 4

STAGE 5

STAGE 6

STAGE 7

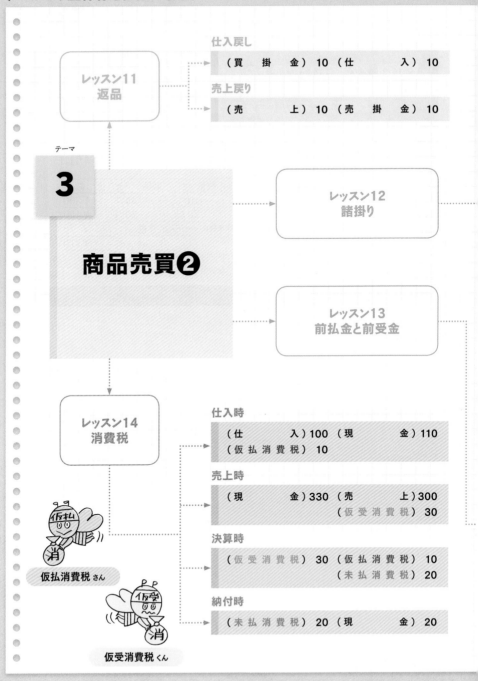

仕入戻し

（買　掛　金）10（仕　　　入）10

売上戻り

（売　　　上）10（売　掛　金）10

テーマ

3

商品売買❷

レッスン11
返品

レッスン12
諸掛り

レッスン13
前払金と前受金

レッスン14
消費税

仕入時

（仕　　　入）100（現　　　金）110
（仮払消費税）10

売上時

（現　　　金）330（売　　　上）300
（仮受消費税）30

決算時

（仮受消費税）30（仮払消費税）10
（未払消費税）20

納付時

（未払消費税）20（現　　　金）20

仮払消費税 さん

仮受消費税 くん

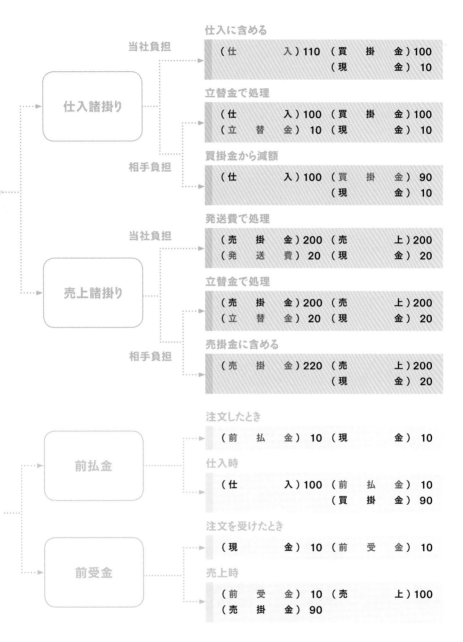

仕入諸掛り

当社負担 → 仕入に含める

（仕　　　入）110　（買　　掛　　金）100
　　　　　　　　　（現　　　　　金）　10

相手負担 → 立替金で処理

（仕　　　入）100　（買　　掛　　金）100
（立　替　金）　10　（現　　　　　金）　10

買掛金から減額

（仕　　　入）100　（買　　掛　　金）　90
　　　　　　　　　（現　　　　　金）　10

売上諸掛り

当社負担 → 発送費で処理

（売　掛　金）200　（売　　　　　上）200
（発　送　費）　20　（現　　　　　金）　20

立替金で処理

（売　掛　金）200　（売　　　　　上）200
（立　替　金）　20　（現　　　　　金）　20

相手負担 → 売掛金に含める

（売　掛　金）220　（売　　　　　上）200
　　　　　　　　　（現　　　　　金）　20

前払金

注文したとき

（前　払　金）　10　（現　　　　　金）　10

仕入時

（仕　　　入）100　（前　払　金）　10
　　　　　　　　　（買　掛　金）　90

前受金

注文を受けたとき

（現　　　金）　10　（前　受　金）　10

売上時

（前　受　金）　10　（売　　　　　上）100
（売　掛　金）　90

はい、問題編に行くよ～！

83

STAGE 3

| いろいろな取引 ❷ |

いろいろな
取引が
出てきますよ！

日々やること

ここ

取引が
あった → 仕訳帳に
仕訳する → 総勘定元帳に
転記する → 試算表
を作る

どちらか

伝票に
書く → 仕訳
日計表を
作る

補助簿
を作る

84

現金を引き出したり、お金を借りたり、
従業員に給料を支払ったり……
会社はさまざまな取引をしています。
ここでは商品売買以外の、
ソコソコよくある取引の処理について見ていきます。

テーマ

4 現金と預金

>> P. 086

テーマ

5 手形と電子記録債権（債務）

>> P. 118

テーマ

6 貸付けと借入れ、仮払いと仮受け

>> P. 130

テーマ

7 立替金と給料の支払い

>> P. 148

決算でやること　　　　　　　　　　　　　　　　儲けが出たら

ここの内容も一部含まれます

決算整理
をする → 精算表
を作る → 損益計算書、
貸借対照表
を作る → 勘定を
締め切る ┄┄> 配当する

STAGE 3

テーマ

4 現金と預金 で学ぶ内容

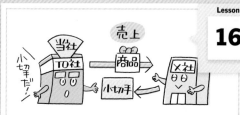

Lesson

16 簿記上の現金

商品を売り上げて、代金は小切手や送金小切手などで受け取った！
……というときの処理は？

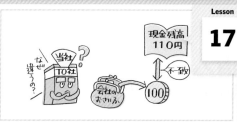

Lesson

17 現金過不足

帳簿上の現金残高と実際の現金残高が一致しない！
そんなとき、どういう処理をしたらいい？

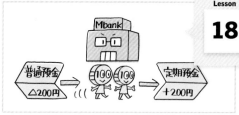

Lesson

18 普通預金と定期預金

普通預金口座から定期預金口座に預け替えた。
このとき、どんな処理するの？

Lesson

19 当座預金

小切手を振り出したとき、
どんな処理するの？

こんな内容を
学習します

会社における現金と預金の取引！

Lesson
20

当座借越

当座預金残高を超えても
小切手を振り出すことが
できるの？

Lesson
21

小口現金

日々のこまごまとした支払いをする
ときは、部署ごとに少額の現金を
準備しておいたほうが便利だよね。

Lesson
22

現金・預金に関する
証ひょうの読み取り

当座勘定照合表から
仕訳をしてみよう！

現金 さん

借入金 くん

旅費交通費 さん

普通預金 さん

定期預金 さん

当座借越 くん

現金過不足 ちゃん

こんな勘定科目が出てきます

87

他人が作成した小切手なども簿記だと「現金」となる！

16 簿記上の現金

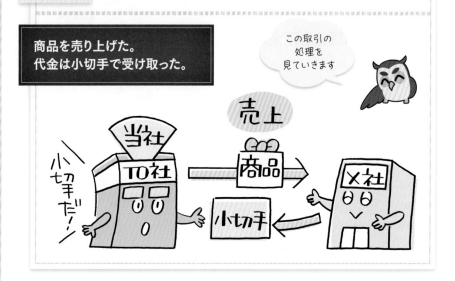

商品を売り上げた。
代金は小切手で受け取った。

この取引の
処理を
見ていきます

1 簿記上の現金　　一般的な「現金」よりも範囲が広い！

　一般的に「現金」というと、紙幣や硬貨をいいますが、簿記では次のものも「現金」として処理します。

簿記上の現金（一例）

❶ 他人振出小切手……他人が振り出した小切手
❷ 送金小切手……銀行が送金手段として振り出す小切手
❸ 郵便為替証書……郵便局が送金手段として振り出す小切手

> 語句
>
> **振り出す**（ふりだす）
> 小切手などに必要事項を記入して、相手に渡すこと

2　他人振出小切手を受け取ったとき <small>現金の増加は借方！</small>

　他人が作成した小切手（他人振出小切手）を受け取ったときは、**現金[資産]**の増加で処理します。

> 受け取った小切手を
> 銀行等にもっていけば、
> すぐに現金に
> 換えてくれるので、

> 他人振出小切手は
> 現金と同様に
> 扱うのです

現金 さん

| （現　　　　　金） | xxx | （売　上　な　ど） | xxx |

<small>資産が増えた</small>

3　送金小切手などを受け取ったとき <small>これも現金の増加！</small>

　送金小切手や郵便為替証書を受け取ったときも、**現金[資産]**の増加で処理します。

> では　取引例で
> 確認しましょう

例 16-1　① **X社に商品100円を売り上げ、
代金はX社振出の小切手で受け取った。**

| （現　　　　　金） | 100 | （売　　　　　上） | 100 |

② **Y社の売掛金100円の回収として、
郵便為替証書を受け取った。**

| （現　　　　　金） | 100 | （売　掛　　金） | 100 |

STAGE 1

STAGE 2

STAGE 3

ステージ3…いろいろな取引❷ ― テーマ4…現金と預金 ―

STAGE 4

STAGE 5

STAGE 6

STAGE 7

まとめ

●簿記上の現金

・他人振出小切手、送金小切手、郵便為替証書などは
　　現金[資産]で処理

☆<u>自分</u>が振り出した小切手は「現金」ではなく、
　　「当座預金」で処理する！　←レッスン19で学習

現金 さん

千円札や壱万円札などの紙幣、
百円玉や10円玉などの
硬貨のほか、簿記では
すぐに現金化できるもの（上記参照）も
現金で処理する。
たくさんあると、うれしいよね！
資産の代表者です。

STAGE 1
STAGE 2
STAGE 3 ｜ ステージ3…いろいろな取引❷ ｜ テーマ4…現金と預金 ｜
STAGE 4
STAGE 5
STAGE 6
STAGE 7

Lesson

17

家計簿とお財布の中の金額が一致しない！
よくあるよね……

現金過不足

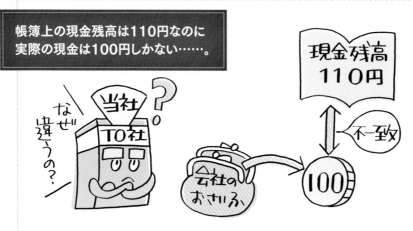

帳簿上の現金残高は110円なのに
実際の現金は100円しかない……。

この取引の
処理を
見ていきます

1 現金過不足とは　　　　帳簿と実際が一致していないこと！

　帳簿上の現金残高（**帳簿残高**）と実際の現金残高（**実際有高**）が一致しない場合の、不一致を**現金過不足**といいます。

2 現金過不足が生じたとき　　　「実際」に合わせる！

　現金過不足が生じたときは、帳簿残高が実際有高になるように、**帳簿上の現金[資産]を調整**します。
　仮に現金の帳簿残高が110円、実際有高が100円であったとした場合、実際有高のほうが10円少ないので、帳簿上の**現金[資産]**を10円減額します。

	（現 　　金）	10

資産が
減った

そして相手科目は**現金過不足**で処理します。

（現 金 過 不 足）	10	（現 　　金）	10

現金過不足 ちゃん

また、仮に現金の帳簿残高が150円、実際有高が200円であったとした場合、実際有高のほうが50円多いので、帳簿上の**現金**[資産]を50円増額します。

（現 　　金）	50

資産が
増えた

「現金過不足」は
不一致の原因が
わかるまでの
一時的な
勘定科目です

そして相手科目は**現金過不足**で処理します。

（現 　　金）	50	（現 金 過 不 足）	50

では 取引例で
確認しましょう

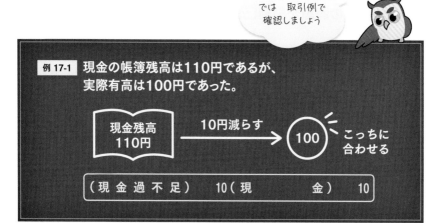

例17-1 現金の帳簿残高は110円であるが、
実際有高は100円であった。

現金残高
110円 → 10円減らす → 100 こっちに
合わせる

（現 金 過 不 足）　10（現　　　金）　10

今度はどう?

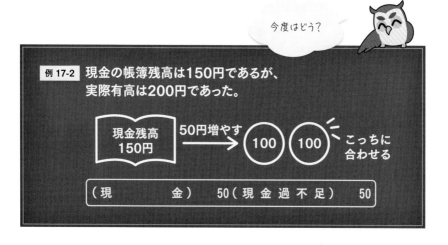

例17-2 現金の帳簿残高は150円であるが、
実際有高は200円であった。

現金残高
150円 → 50円増やす → 100 100 こっちに
合わせる

（現　　　金）　50（現 金 過 不 足）　50

3 不一致の原因が判明したとき

正しい勘定科目に
チェンジ！

▶語句

振り替える
ある勘定科目の金
額を、ほかの勘定
科目に移すこと。
具体的には、ある
勘定科目の金額
を減らし、ほかの
勘定科目の金額
を増やす

　後日、現金過不足の原因がわかったときは、現金
過不足を正しい勘定科目に振り替えます。

　したがって、借方に現金過不足が生じていて、その
原因がわかったときは、借方の現金過不足を減らし
て（貸方に記入して）、相手科目は正しい勘定科目で処理
します。

さっそく
やってみましょう

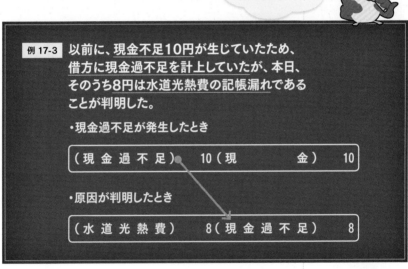

| 例17-3 | 以前に、現金不足10円が生じていたため、借方に現金過不足を計上していたが、本日、そのうち8円は水道光熱費の記帳漏れであることが判明した。 |

・現金過不足が発生したとき

（現金過不足）　10（現　　　金）　10

・原因が判明したとき

（水道光熱費）　8（現金過不足）　8

　また、貸方に現金過不足が生じていて、その原因
がわかったときは、貸方の現金過不足を減らして（借
方に記入して）、相手科目は正しい勘定科目で処理しま
す。

水道光熱費さん

STAGE 1

STAGE 2

STAGE 3　ステージ3…いろいろな取引❷　テーマ4…現金と預金

STAGE 4

STAGE 5

STAGE 6

STAGE 7

これも
やってみましょう

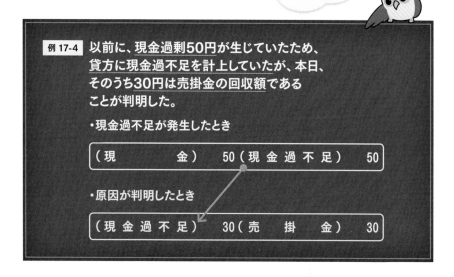

例 17-4　以前に、現金過剰50円が生じていたため、貸方に現金過不足を計上していたが、本日、そのうち30円は売掛金の回収額であることが判明した。

・現金過不足が発生したとき

（現　　　　金）　50（現 金 過 不 足）　50

・原因が判明したとき

（現 金 過 不 足）　30（売　　掛　　金）　30

4　決算日まで原因が判明しなかったとき

最後は必ず
消える!

　現金過不足の原因が決算日までわからなかったときは、現金過不足から**雑損**[費用]または**雑益**[収益]に振り替えます。

　仮に決算日において、原因不明の現金過不足が借方に2円残っていたとした場合、まずは借方の現金過不足を減らします(貸方に記入します)。

（現 金 過 不 足）　2

　そうすると、仕訳の借方が空欄となるので、費用の勘定科目である「雑損」を記入します。

雑損 さん

費用の
ホームポジションは
借方…でしたよね?

（雑　　　　損）　2	（現金過不足）　2

費用が
増えた

　また、仮に決算日において、原因不明の現金過不
足が貸方に20円残っていたとした場合、まずは貸方
の現金過不足を減らします（借方に記入します）。

（現金過不足）　20	

　そうすると、仕訳の貸方が空欄となるので、収益の
勘定科目である「雑益」を記入します。

（現金過不足）　20	（雑　　　　益）　20

収益が
増えた

雑益 くん

収益のホーム
ポジションは
貸方…でしたよね？

では、確認して
みましょう

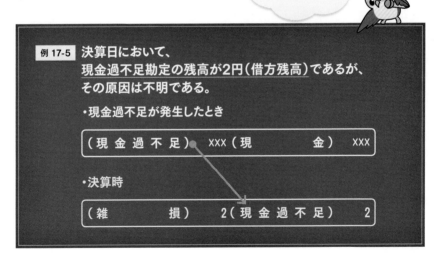

例 17-5 決算日において、
現金過不足勘定の残高が2円（借方残高）であるが、
その原因は不明である。

・現金過不足が発生したとき

（現金過不足）　xxx	（現　　　　金）　xxx

・決算時

（雑　　　　損）　2	（現金過不足）　2

STAGE 1

STAGE 2

STAGE 3 | ステージ3…いろいろな取引❷ | テーマ4…現金と預金 |

STAGE 4

STAGE 5

STAGE 6

STAGE 7

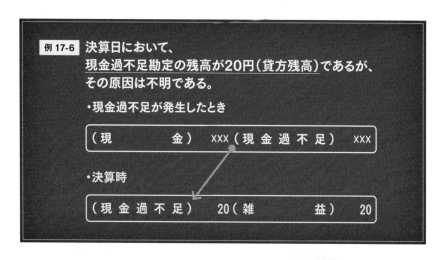

例 17-6 決算日において、
現金過不足勘定の残高が20円（貸方残高）であるが、
その原因は不明である。

・現金過不足が発生したとき

（現　　　　　金）　××× （現 金 過 不 足）　×××

・決算時

（現 金 過 不 足）　20 （雑　　　　　益）　20

まとめ

●現金過不足

・現金過不足が発生したとき
　→帳簿残高が実際有高になるように**現金**[**資産**]を調整
　→相手科目は**現金過不足**で処理
・現金過不足の原因が判明したとき
　→計上している**現金過不足**から
　　　正しい勘定科目に振り替える
・決算日まで原因が判明しないとき
　→計上している**現金過不足**から
　　　雑損[**費用**]または**雑益**[**収益**]に振り替える

雑損 さん

金額が少なく、
重要ではない損失を
処理する勘定科目。

雑益 くん

金額が少なく、
重要ではない収益を
処理する勘定科目。

18 普通預金と定期預金

どちらも処理は同じです

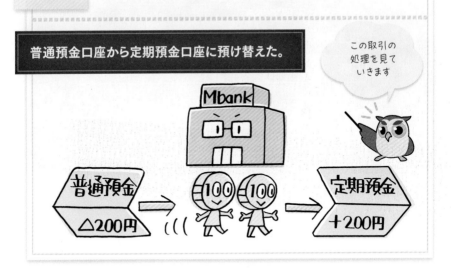

普通預金口座から定期預金口座に預け替えた。

この取引の処理を見ていきます

1 普通預金と定期預金　　　　　　違いはなに？

　普通預金と定期預金は、どちらも預金の一種ですが、普通預金はいつでも預け入れ、引き出しができるのに対して、定期預金は原則として満期時のみ引き出しができます。

定期預金の預け入れはいつでもできます

2 普通預金と定期預金の処理　　資産だから増えたら借方、減ったら貸方

　普通預金口座や定期預金口座に預け入れたときは、**普通預金**[資産]や**定期預金**[資産]の増加で処理します。

　また、普通預金口座や定期預金口座から引き出したときは、**普通預金**[資産]や**定期預金**[資産]の減少で処理します。

普通預金 さん

STAGE 1

STAGE 2

STAGE 3

STAGE 4

STAGE 5

STAGE 6

STAGE 7

ステージ3…いろいろな取引❷ ― テーマ4…現金と預金 ―

仕訳を
確認しましょう

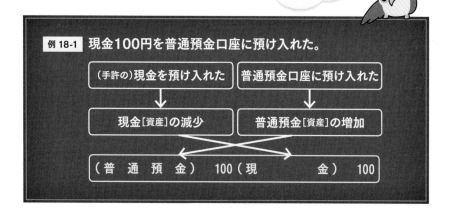

例 18-1 　現金100円を普通預金口座に預け入れた。

| （手許の）現金を預け入れた | 普通預金口座に預け入れた |

↓ ↓

| 現金［資産］の減少 | 普通預金［資産］の増加 |

（普 通 預 金）　100（現　　　　金）　100

定期預金 さん

これは？

例 18-2 　普通預金口座から定期預金口座に200円を預け替えた。

| 普通預金口座から
引き出して… | 定期預金口座に
預け入れた |

↓ ↓

| 普通預金［資産］の減少 | 定期預金［資産］の増加 |

（定 期 預 金）　200（普 通 預 金）　200

3 複数の口座を開設している場合 _{S銀行とM銀行に口座がある場合}

　複数の金融機関で、普通預金口座や定期預金口座を開設している場合、**普通預金[資産]**や**定期預金[資産]**のうしろに金融機関名を入れて処理することもあります。

たとえば
こんなカンジで…

> **例 18-3**　S銀行の普通預金口座に現金100円を預け入れ、M銀行の普通預金口座に現金200円を預け入れた。
>
> | | | | |
> |---|---|---|---|
> | （普通預金－S銀行） | 100 | （現　　　　　金） | 100 |
> | （普通預金－M銀行） | 200 | （現　　　　　金） | 200 |

STAGE 1
STAGE 2
STAGE 3 ｜ ステージ3…いろいろな取引❷ ｜ テーマ4…現金と預金 ｜
STAGE 4
STAGE 5
STAGE 6
STAGE 7

Lesson

小切手を振り出したら、当座預金口座から支払われる……ということは？

19

当座預金

① M銀行で当座預金口座を開設した。

② A社に対する買掛金を支払うために小切手を振り出した。

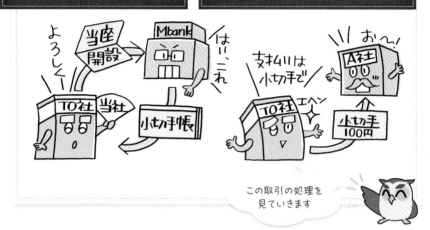

この取引の処理を見ていきます

1 当座預金とは

簿記ではよく出てくる勘定科目！

当座預金は、預金の引き出しに小切手を用いる点と利息がつかない点が特徴的な預金です。

銀行等で当座預金口座を開設すると、銀行等から小切手帳を受け取ります

この小切手に記入して相手に渡すことによって、現金を持ち歩かなくても支払いをすることができます

2 当座預金口座に預け入れたとき

「当座預金」が増える！

当座預金口座に現金等を預け入れたときは、**当座預金[資産]**の増加で処理します。

当座預金 さん

101

（当 座 預 金）xxx（現 金 な ど）xxx

> 資産が
> 増えた

2 小切手を振り出したとき

「当座預金」が減る！

　小切手を振り出したときは、**当座預金[資産]**の減少
で処理します。

（買 掛 金 な ど）xxx（当 座 預 金）xxx

> 資産
> が減った

> 小切手を受け取った人が
> その小切手を銀行等に
> 持っていくと、
> 現金を受け取ることが
> できますが、

> この現金は小切手を
> 振り出した人の
> 当座預金口座から
> 支払われます

> だから、小切手を
> 振り出したときは、
> 当座預金[資産]の
> 減少で処理するのです

> ここまでの内容を
> 確認しましょう

例 19-1　① M銀行と当座取引契約を結び、
　　　　　　現金100円を当座預金口座に預け入れた。

（当 座 預 金）100（現　　　　金）100

② A社に対する買掛金100円を支払うため、
　　小切手を振り出した。

（買　　掛　　金）100（当 座 預 金）100

STAGE 1

STAGE 2

STAGE 3

ステージ3…いろいろな取引❷ ― テーマ4…現金と預金 ―

STAGE 4

STAGE 5

STAGE 6

STAGE 7

3 自己振出小切手を受け取ったとき

「当座預金」の減少を取り消す!

当座預金[資産]
の増加で処理する
ということです

以前に自分が振り出した小切手を受け取ったとき
は、**当座預金[資産]の減少を取り消す処理**をします。

（ 当 座 預 金 ） ×××（ 売 掛 金 な ど ） ×××

資産が
増えた

仕訳を
確認しましょう

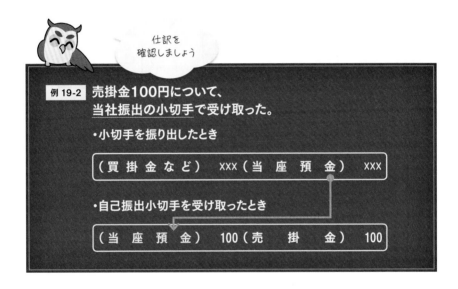

例19-2 **売掛金100円について、
当社振出の小切手で受け取った。**

・小切手を振り出したとき

（ 買 掛 金 な ど ） ×××（ 当 座 預 金 ） ×××

・自己振出小切手を受け取ったとき

（ 当 座 預 金 ） 100（ 売 　 掛 　 金 ） 100

まとめ

●**当座預金**

・自己振出小切手→**当座預金[資産]**で処理
・他人振出小切手→**現金[資産]**で処理

☆違いに注意!

20 当座借越

当座預金口座の残高は80円しかないが
100円の小切手を振り出したい……。

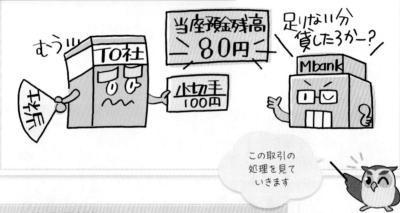

この取引の
処理を見て
いきます

1　当座借越とは
銀行からの一時的な借入れです

　ふつうは、当座預金口座の残高を超えて小切手を
振り出すことはできませんが、あらかじめ、銀行と当
座借越契約を結んでおけば、当座預金口座の残高
を超えても、一定額までならば小切手を振り出すこと
ができます。これを**当座借越**といいます。

当座預金残高を超えた金額は、
銀行が立て替えてくれている
ことになります

STAGE 1
STAGE 2
STAGE 3 ｜ ステージ3…いろいろな取引❷ ｜ テーマ4…現金と預金 ｜
STAGE 4
STAGE 5
STAGE 6
STAGE 7

2 当座預金残高を超えて小切手を振り出したとき 処理は同じ！

当座預金残高を超えて小切手を振り出したときでも、**当座預金[資産]**の減少で処理します。

仕訳を確認してみましょう

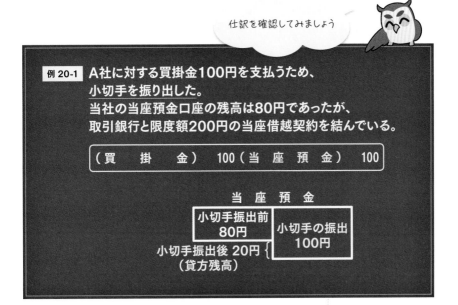

例20-1 A社に対する買掛金100円を支払うため、小切手を振り出した。
当社の当座預金口座の残高は80円であったが、取引銀行と限度額200円の当座借越契約を結んでいる。

（買　掛　金）100（当座預金）100

当　座　預　金
| 小切手振出前 80円 | 小切手の振出 100円 |

小切手振出後 20円 {（貸方残高）

3 決算日に当座借越の状態であるとき 負債の勘定に振り替える

決算日において、当座借越が解消していないとき（当座預金が貸方残高であるとき）は、貸方の当座預金残高を**当座借越[負債]**または**借入金[負債]**に振り替えます。

具体的には、まず、貸方の当座預金残高を減らします（借方に記入します）。

（当　座　預　金）xxx（　　　　　　）xxx

当座借越 くん

そして、相手科目は**当座借越[負債]**または**借入金**
[負債]で処理します。

借入金 くん

> どちらで処理するかは、
> 問題文の指示に
> したがってください

(当 座 預 金)　×××（ 当座借越または借入金 ）　×××

負債が
増えた

▶ 語句

再振替仕訳 （さいふり
かえしわけ）
決算日において、
ある勘定からほか
の勘定に振り替え
た金額を、翌期首
にもとの勘定に戻
す仕訳。決算日に
した仕訳の逆仕訳

4　翌期首の処理

決算日の仕訳の逆仕訳をする!

決算日において、貸方の当座預金残高を**当座借**
越[負債]または**借入金[負債]**に振り替えたときは、翌
期首（翌年度の期首）に決算時の仕訳の逆仕訳（**再振替仕**
訳）をしてもとの勘定に振り戻します。

> 決算日と翌期首の
> 仕訳を確認しておきましょう

例20-2　① 決算日において、当座預金が20円
の貸方残高であった。よって、当座借
越勘定に振り替える。

当座預金
20円

(当 座 預 金)　20（ 当 座 借 越 ）　20

② 翌期首において、再振替仕訳を行う。

(当 座 借 越)　20（ 当 座 預 金 ）　20

STAGE 1

STAGE 2

STAGE 3 ── ステージ3…いろいろな取引❷ ── テーマ4…現金と預金 ──

STAGE 4

STAGE 5

STAGE 6

STAGE 7

● 当座借越

まとめ

・決算日において、当座預金が貸方残高のとき
　→貸方の当座預金を**当座借越[負債]**または**借入金[負債]**
　　に振り替える　　☆どちらに振り替えるかは
　　　　　　　　　　問題文の指示にしたがう!

・翌期首において、決算日の仕訳の逆仕訳をする
　　　　　　　　　　　↳再振替仕訳

当座借越くん

当座借越契約を結んでいる場合
で、当座預金残高を超えて
小切手を振り出したときの、
当座預金勘定の貸方残高を
表す勘定科目。
銀行から借り入れている状態
なので、借入金くんの仲間で
負債。

借入金くん

お金を借りたときに処理する
勘定科目。
お金を借りたら、
あとで返さなければならない!
…って思うと気が重い。
だから負債の勘定科目。
「借金」というより、
「借入金」というほうが
お上品なカンジもする…。

こまごました支払いはコレで！

21 小口現金

| ① 日々の支払用として 各部署の担当者に 少額の現金を渡した。 | ② 各部署の担当者から 今週使った分の報告を 受けた。 |

この取引の
処理を見て
いきます

1 小口現金とは

少額の支払用のお金

小口現金とは、日々発生するこまごまとした支払い
に備えて、各部署の担当者に少額の現金を渡してお
くときの、各部署の担当者に渡した少額の現金のこと
をいいます。

　小口現金制度では、会社全体のお金の管理をす
る人（経理部）を**会計係**、小口現金を管理する人（各部署
の担当者）を**小口係**といいます。

小口係はほかに、
小払係とか用度係と
いうこともあります

STAGE 1
STAGE 2
STAGE 3　ステージ3…いろいろな取引❷ ─ テーマ4…現金と預金 ─
STAGE 4
STAGE 5
STAGE 6
STAGE 7

2　定額資金前渡法とは

インプレスト・システムともいう!

　会計係は、一定期間（1週間や1か月間）のはじめに、一定額の小口現金を小口係に前渡しします。そして、一定期間が経過したあと、小口係から支払報告を受け、使った分だけ小口現金を補充します。この方法を定額資金前渡法（インプレスト・システム）といいます。

3　小口現金を前渡ししたとき

「小口現金」という資産が増加!

　会計係が小口係に小口現金を前渡したときは、**小口現金[資産]**の増加で処理します。

小口現金 さん

さっそく仕訳を確認しておきましょう

| 例 21-1 | 会計係は小口係に小口現金100円を、小切手を振り出して前渡しした。 |

（ 小 口 現 金 ）　100（ 当 座 預 金 ）　100

4　小口現金で支払ったとき

仕訳なし!

会計係が出てこないから、「仕訳なし」となります

　各部署で生じた交通費などの支払いは、小口現金で行われますが、この時点ではまだなんの仕訳もしません。

仕訳なし

5 小口係から報告を受けたとき ここで仕訳する！

　一定期間が終わったあと、会計係は小口係から小口現金の支払報告を受けます。

　会計係が小口係から小口現金の支払報告を受けたときは、使った分だけ**小口現金[資産]**を減少させます。そして、相手科目は該当する勘定科目で処理します。

主な支払内容と勘定科目

❶ 電車代、バス代、タクシー代・・・・・・・・・・・・旅費交通費[費用]
❷ 切手代、はがき代、電話・インターネット代・・・通　信　費[費用]
❸ 電気代、ガス代、水道代・・・・・・・・・・・・・・・・・水道光熱費[費用]
❹ 文房具代、コピー用紙代・・・・・・・・・・・・・・・・消耗品費[費用]
❺ 新聞代、お茶菓子代など、どの区分にも該当しないもの
　・・・・・・・・・・・・・・・・・・・・・・・・・・・・・・・・・・雑　　費[費用]

旅費交通費 さん

通信費 さん

水道光熱費 さん

消耗品費 さん

雑費 さん

では、仕訳を
確認しておきましょう

110

STAGE 1

STAGE 2

STAGE 3

STAGE 4

STAGE 5

STAGE 6

STAGE 7

ステージ3…いろいろな取引❷ ― テーマ4…現金と預金 ―

例 21-2 会計係は小口係から小口現金について、
以下の支払報告を受けた。

タクシー代　40円　コピー用紙代　30円　切手代20円

使った金額：40円＋30円＋20円＝90円←小口現金の減少

（旅 費 交 通 費）	40	（小 口 現 金）	90
（消 耗 品 費）	30		
（通　信　費）	20		

6　小口現金を補給したとき

使った分だけ補給して一定額に戻す！

　小口係の報告にもとづいて、会計係は使った分だけ小口現金を補給します。

　小口現金を補給したときは、**小口現金**[資産]の増加で処理します。

使った分だけ補給すればもとの一定額に戻りますよね？

では、仕訳を確認しておきましょう

例 21-3 会計係は小口係に、小切手90円を振り出して、
小口現金を補給した。

| （小 口 現 金） | 90 | （当 座 預 金） | 90 |

小口現金の前渡時：　100円
使 っ た 金 額：△90円 → 残り10円
補 給 し た 金 額：＋90円
補給後の金額：　100円 → もとに戻った！

7　支払報告と補給が同時のとき　5+6の仕訳をするだけ

仕訳を
見ておきましょう

　小口係からの支払報告と小口現金の補給が同時に行われたときは、支払報告を受けたときの仕訳と小口現金を補給したときの仕訳を合わせた仕訳をします。

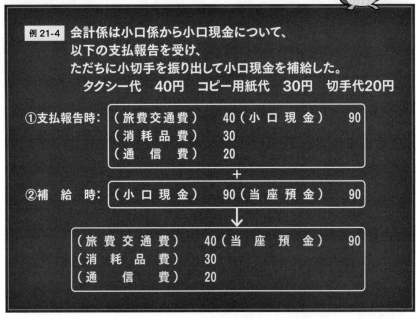

例21-4　会計係は小口係から小口現金について、
　　　　以下の支払報告を受け、
　　　　ただちに小切手を振り出して小口現金を補給した。
　　　　　タクシー代　40円　コピー用紙代　30円　切手代20円

①支払報告時：（旅費交通費）　　40（小口現金）　　90
　　　　　　　（消耗品費）　　　30
　　　　　　　（通信費）　　　　20

　　　　　　　　　　　　　　　　＋

②補　給　時：（小口現金）　　　90（当座預金）　　90

　　　　　　　（旅費交通費）　　40（当座預金）　　90
　　　　　　　（消耗品費）　　　30
　　　　　　　（通信費）　　　　20

まとめ

●小口現金

・小口係が小口現金で支払ったとき
　→なんの仕訳もしない　　会計係が出てこないから
・小口係からの支払報告と小口現金の補給が同時のとき
　→支払報告時の仕訳と補給時の仕訳を合わせた仕訳
　　をする

STAGE 1
STAGE 2
STAGE 3 ｜ステージ3…いろいろな取引❷｜ テーマ4…現金と預金｜
STAGE 4
STAGE 5
STAGE 6
STAGE 7

Lesson 当座勘定照合表から取引を推定して仕訳をしてみよう！

22 現金・預金に関する 証ひょうの読み取り

> 当座勘定照合表を見ながら
> 取引の仕訳をした。

当座勘定照合表

月	日	摘 要	お支払金額	お預り金額	残 高	
2	10	××	××		××	
2	10	××	××		××	
2	18	××		×××	××	
⋮	⋮	⋮	⋮	⋮	⋮	

証ひょうからの
仕訳の仕方を
見てみましょう

1 当座勘定照合表からの仕訳　取引を読み取ってみて！

　当座勘定照合表から取引を読み取って、仕訳をし
てみましょう。

銀行のインターネットバンキングサービスから
当座勘定照合表（入出金明細表）を参照したところ、
以下のとおりであった。各日付の仕訳をしなさい。
なお、A社およびZ社はそれぞれP商事㈱の
商品の取引先である。
商品売買はすべて掛けで行っている。

当座勘定照合表（一部）　　　　×2年2月28日

P商事株式会社御中

M銀行大阪支店

取引日	摘　要	支払金額	預入金額	残　高
×2.2.10	振込　A社	❶　　5,000		省略
×2.2.10	手数料	❷　　　220		
×2.2.18	振込　Z社		❸　　10,000	

● ×2年2月10日

❶　　支払金額欄に記入があり、A社はP商事の取引
先です。そして、商品売買はすべて掛けで行ってい
るため、**A社に対する買掛金を当座預金口座から
支払った**ことがわかります。

❷　　❶の支払いでかかった振込手数料220円は、
支払手数料[費用]で処理します。

支払金額欄に
記入があるから
当座預金[資産]
の減少ですね

● ×2年2月18日

❸　　預入金額欄に記入があり、Z社はP商事の取引
先です。そして、商品売買はすべて掛けで行ってい
るため、**Z社に対する売掛金が当座預金口座に入
金された**ことがわかります。

預入金額欄に
記入があるから
当座預金[資産]
の増加！

だから仕訳は
こう！

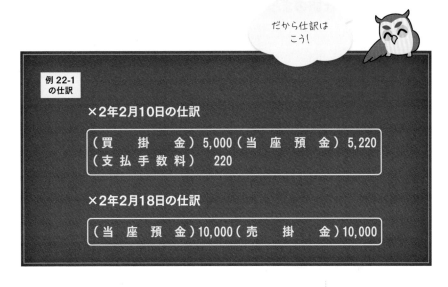

例22-1
の仕訳

×2年2月10日の仕訳

（買　　掛　　金）5,000（当 座 預 金）5,220
（支 払 手 数 料）　220

×2年2月18日の仕訳

（当 座 預 金）10,000（売　　掛　　金）10,000

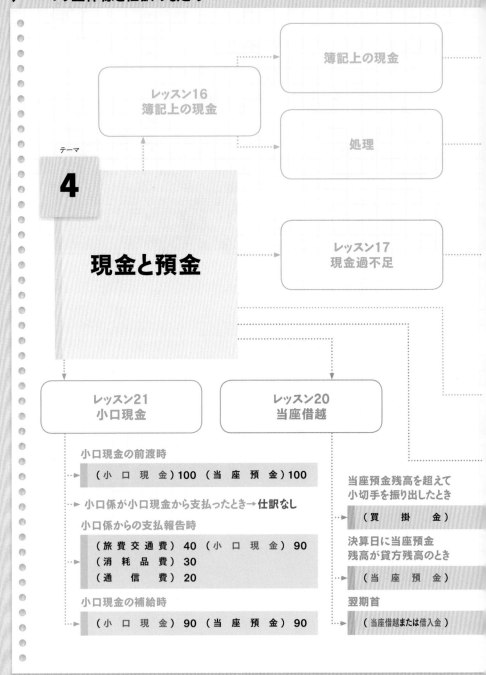

レッスン16
簿記上の現金

簿記上の現金

処理

テーマ
4

現金と預金

レッスン17
現金過不足

レッスン21
小口現金

レッスン20
当座借越

小口現金の前渡時

（小 口 現 金）100　（当 座 預 金）100

▶ 小口係が小口現金から支払ったとき→**仕訳なし**

小口係からの支払報告時

（旅 費 交 通 費）40　（小 口 現 金）90
（消 耗 品 費）30
（通　信　費）20

小口現金の補給時

（小 口 現 金）90　（当 座 預 金）90

当座預金残高を超えて
小切手を振り出したとき

（買　掛　金）

決算日に当座預金
残高が貸方残高のとき

（当 座 預 金）

翌期首

（当座借越または借入金）

紙幣・硬貨　　　　他人振出小切手

送金小切手　　　　郵便為替証書

現金 さん

現金過不足 ちゃん

他人振出小切手の受け取り

（現　　　　金）100　（売　　　　上）100

送金小切手、郵便為替証書の受取時

（現　　　　金）100　（売　掛　金）100

現金過不足の発生時
（帳簿残高110円＞実際有高100円のとき）

（現金過不足）10　（現　　　金）10

現金過不足の発生時
（帳簿残高150円＜実際有高200円のとき）

（現　　　金）50　（現金過不足）50

原因判明時

（水道光熱費）8　（現金過不足）8

原因判明時

（現金過不足）30　（売　掛　金）30

決算日まで原因不明のとき

（雑　　　損）2　（現金過不足）2

決算日まで原因不明のとき

（現金過不足）20　（雑　　　益）20

レッスン18
普通預金と定期預金

普通預金の預入時

（普　通　預　金）100　（現　　　金）100

普通預金から定期預金への預替時

（定　期　預　金）200　（普　通　預　金）200

レッスン19
当座預金

預入時

（当　座　預　金）100　（現　　　金）100

小切手の振出時

（買　掛　金）100　（当　座　預　金）100

自己振出小切手の受取時

（当　座　預　金）100　（売　掛　金）100

100　（当　座　預　金）100

20　（当座借越または借入金）20

20　（当　座　預　金）20

はい、
問題編の問題を
解いて！

117

STAGE 3

5 テーマ 手形と電子記録債権（債務）
で学ぶ内容

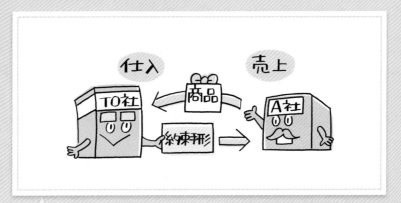

仕入　売上

TO社　商品　A社

約束手形

Lesson 23 約束手形

商品代金や掛け代金の支払いに
約束手形を用いたときの処理は？

こんな内容を
学習します

手形の代わりに現れたのが
電子記録債権！

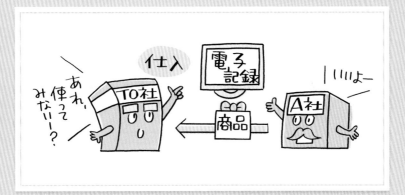

Lesson 24　電子記録債権（債務）

電子化してペーパーレスにすれば
大切な証券の紛失リスクもないし、
手軽だよね……。

受取手形 さん

電子記録債権 さん

支払手形 くん

電子記録債務 くん

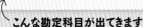

こんな勘定科目が出てきます

23 約束手形

[TO社]
商品を仕入れた。
約束手形を振り出した。

[A社]
商品を売り上げた。
約束手形を受け取った。

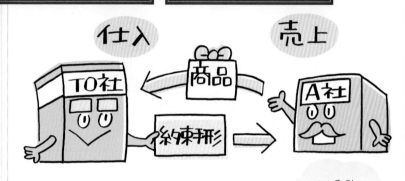

この取引の
処理を
見ていきます

1 約束手形とは

「期限までに支払います！」と
約束する証券

　商品代金等の支払いの際に、現金や小切手のほか、手形を用いることがあります。

　手形には**約束手形**と**為替手形**がありますが、3級では約束手形について学習します。

　約束手形は、債務者（代金の支払い義務がある人）が作成して、いつまでにいくらを支払うということを約束する証券です。

　なお、約束手形を振り出した人のことを**振出人**、約束手形を受け取った人のことを**名宛人**とか**受取人**といいます。

語句

振り出す
小切手や手形を作成して相手に渡すこと

STAGE 1

STAGE 2

STAGE 3 | ステージ3…いろいろな取引❷ | テーマ5…手形と電子記録債権（債務） |

STAGE 4

STAGE 5

STAGE 6

STAGE 7

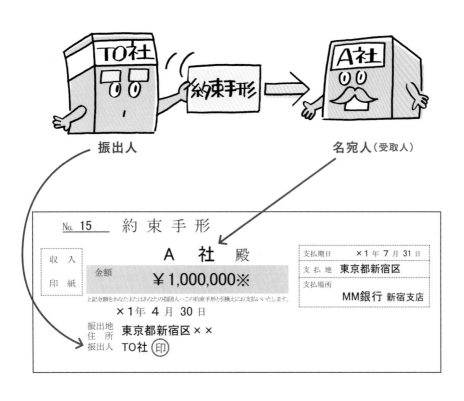

振出人　　　　　　　　　　　　　名宛人（受取人）

No. 15　　約束手形		
A　社　殿	支払期日　×1年7月31日	
収入 印紙　金額　　　¥1,000,000※	支払地　東京都新宿区 支払場所　MM銀行 新宿支店	

上記金額をあなたまたはあなたの指図人へこの約束手形と引換えにお支払いいたします。
×1年 4 月 30 日

振出地
住　所　東京都新宿区××
振出人　TO社 ㊞

3　約束手形の振り出し　　「手形代金の支払義務」が発生！

　約束手形を振り出したときは、手形代金の支払義
務が生じます。手形代金の支払義務は**支払手形[負
債]**で処理します。

支払手形 くん

（ 仕　入　な　ど ）　×××（ 支　払　手　形 ）　×××

負債が
増えた

　また、支払期日に約束手形が決済されたときは、
手形代金の支払義務がなくなるので、**支払手形[負
債]**の減少で処理します。

（支 払 手 形）　xxx（当 座 預 金）　xxx

負債が
減った

では
振出人の仕訳を
確認しましょう

例 23-1　① 　**TO社はA社から商品100円を仕入れ、
代金は約束手形を振り出した。**

（仕 　　　　 入）　100（支 払 手 形）　100

② 　**①の約束手形の支払期日が到来し、
当座預金口座から決済された旨の連絡を受けた。**

（支 払 手 形）　100（当 座 預 金）　100

4　約束手形の受け取り

「手形代金を
受け取れる権利」が発生!

　約束手形を受け取ったときは、手形代金を受け取
る権利が生じます。手形代金を受け取る権利は**受取
手形**[資産]で処理します。

（受 取 手 形）　xxx（売 上 な ど）　xxx

資産が
増えた

受取手形 さん

　また、支払期日に約束手形が決済されたときは、
手形代金を受け取る権利がなくなるので、**受取手形**
[資産]の減少で処理します。

STAGE 1

STAGE 2

STAGE 3

ステージ3…いろいろな取引❷ | テーマ5…手形と電子記録債権(債務) |

STAGE 4

STAGE 5

STAGE 6

STAGE 7

（当座預金など）　xxx（受　取　手　形）　xxx

> 資産が減った

> 今度は
> 受取人の仕訳!

例 23-2　① A社はTO社に商品100円を売り上げ、
　　　　　代金はA社振出の<u>約束手形を受け取った</u>。

（受　取　手　形）　100（売　　　　上）　100

② ①の約束手形の支払期日が到来し、
　　手形代金が当座預金口座に入金された。

（当　座　預　金）　100（受　取　手　形）　100

まとめ

●約束手形

・約束手形を振り出した
　→**支払手形[負債]**で処理

支払手形 くん

手形代金の支払義務を
表す勘定科目。
昔は文書に
手形を押して
証拠としたらしい……。

・約束手形を受け取った
　→**受取手形[資産]**で処理

受取手形 さん

手形代金を
受け取れる権利を
表す勘定科目。

24 電子記録債権（債務）

> **[TO社]**
> 商品を掛けで仕入れていた。
> 電子記録債務が発生した。

> **[A社]**
> 商品を掛けで売り上げていた。
> 電子記録債権が発生した。

この取引の
処理を
見ていきます

1 電子記録債権とは

電子化してペーパーレス化
された債権

電子記録債権は、手形（や売掛金）の欠点を克服し
た新しい金銭債権です。

手形の欠点のひとつに
紛失のリスクが
あげられますが、

電子記録債権は
ペーパーレスなので
紛失のリスクが
ありません

電子債権記録機関が管理する記録原簿に発生記
録をすることによって、電子記録債権が発生します。

電子記録債権の発生方式には、**債務者請求方式**と**債権者請求方式**がありますが、ここでは債務者請求方式を前提として説明します。

債権者というのはあとで代金を受け取れる人

債務者というのはあとで代金を支払わなければならない人

語句

債務者請求方式
債務者側が発生記録の請求を行うことによって電子記録債権が発生する方式

語句

債権者請求方式
債権者側が発生記録の請求を行うことによって電子記録債権が発生する方式。一定期間内に債務者の承諾が必要

2 発生記録をしたとき

債権者側→「権利」、債務者側→「義務」が発生！

電子記録債権の発生記録をしたときは、債権者(あとで代金を受け取れる人)には**電子記録債権[資産]**が発生します。

```
（電子記録債権） ×××（売掛金など） ×××
```

資産が増えた

一方、債務者(あとで代金を支払わなければならない人)には**電子記録債務[負債]**が発生します。

```
（買掛金など） ×××（電子記録債務） ×××
```

負債が増えた

電子記録債権 さん

電子記録債務 くん

STAGE 1
STAGE 2
STAGE 3 ｜ステージ3…いろいろな取引❷｜テーマ5…手形と電子記録債権（債務）｜
STAGE 4
STAGE 5
STAGE 6
STAGE 7

では、発生時の
仕訳を確認しましょう

例 24-1 TO社はA社から商品100円を掛けで仕入れていたが、掛け代金の支払いに電子記録債務を用いることにし、取引銀行を通じて債務の発生記録を行った（A社は取引銀行からその通知を受けた）。

TO社（債務者）

（買 掛 金） 100（電子記録債務） 100

A社（債権者）

（電子記録債権） 100（売 掛 金） 100

3 消滅したとき

債権者側の「権利」、
債務者側の「義務」がなくなる！

　債務者の口座から債権者の口座に支払いが行われると、電子記録債権（債務）はなくなります。

　したがって、債権者は**電子記録債権[資産]**の減少で処理します。

（当 座 預 金 な ど） ××× （電 子 記 録 債 権） ×××

資産が
減った

　一方、債務者は**電子記録債務[負債]**の減少で処理します。

（電 子 記 録 債 務） ××× （当 座 預 金 な ど） ×××

負債が
減った

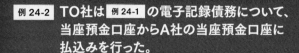

消滅時の仕訳も
確認しましょう

例24-2 TO社は 例24-1 の電子記録債務について、
当座預金口座からA社の当座預金口座に
払込みを行った。

TO社（債務者）

（電子記録債務）　100（当　座　預　金）　100

A社（債権者）

（当　座　預　金）　100（電子記録債権）　100

まとめ

●電子記録債権（債務）

	債権者	債務者
発生記録をした とき	電子記録債権[資産] の増加	電子記録債務[負債] の増加
消滅したとき	電子記録債権[資産] の減少	電子記録債務[負債] の減少

STAGE 1

STAGE 2

STAGE 3

STAGE 4

STAGE 5

STAGE 6

STAGE 7

ステージ3…いろいろな取引❷ ｜ テーマ5…手形と電子記録債権（債務）｜

テーマ5の全体像と仕訳のまとめ

テーマ

5

手形と電子記録債権（債務）

レッスン23
約束手形

レッスン24
電子記録債権（債務）

受取手形 さん

支払手形 くん

電子記録債権 さん

電子記録債務 くん

約束手形の振出時 ··········►　決済時

（仕 入 な ど）100　（支 払 手 形）100　　（支 払 手 形）100　（当 座 預 金）100

約束手形の受取時 ··········►　決済時

（受 取 手 形）100　（売 上 な ど）100　　（当座預金など）100　（受 取 手 形）100

発生記録時（債務者）··········►　消滅時

（買 掛 金）100　（電子記録債務）100　　（電子記録債務）100　（当座預金など）100

発生記録時（債権者）··········►　消滅時

（電子記録債権）100　（売 掛 金）100　　（当座預金など）100　（電子記録債権）100

はい！
問題解くよ！

STAGE 3

テーマ 4 5 6 7

テーマ
6 貸付けと借入れ、仮払いと仮受け
で学ぶ内容

Lesson
25 貸付金と借入金

お金を貸したり借りたりしたときも、
しっかり記帳しておかないと
いけないよね!

Lesson
26 手形貸付金と手形借入金

お金を借りたという証明として
借用証書ではなく、
手形を渡すこともある!

Lesson
27 仮払金

従業員が出張に行く!
そんなとき、いくらかかるかわから
ないから概算額を渡しておくよね。

Lesson
28 仮受金

内容が不明の入金があった!
そんなとき、どう処理する?

こんな内容を
学習します

どの時点の取引なのかをイメージしながら
学習しよう!

Lesson
29

仮払金に関する
証ひょうの読み取り

従業員から提出された旅費交通
費等の支払報告書や宿泊費の領
収書から仕訳をしてみよう!

手形貸付金 さん　　借入金 くん　　仮受金 くん

貸付金 さん　　仮払金 さん　　手形借入金 くん　　旅費交通費 さん

こんな勘定科目が出てきます

25 貸付金と借入金

[TO社]
A社にお金を貸した。

[A社]
TO社からお金を借りた。

この取引の
処理を
見ていきましょう!

1 お金を貸した/借りたとき
「返してもらえる権利」
「返さなければならない義務」が発生!

企業が取引先等にお金を貸したときは、あとで返してもらえる権利が生じます。この、あとでお金を返してもらえる権利は**貸付金**[資産]で処理します。

（貸　付　金）xxx（現　金　など）xxx

資産が
増えた

また、お金を借りた側には、あとで返さなければならない義務が生じます。この、あとでお金を返さなければならない義務は**借入金**[負債]で処理します。

貸付金 さん

借入金 くん

132

負債が
増えた

貸付時、借入時の
仕訳をしてみましょう

例 25-1　① TO社はA社に
現金100円を貸し付けた。

（貸　付　金）100（現　　　金）100

② A社はTO社から
現金100円を借り入れた。

（現　　　金）100（借　入　金）100

2　利息を受け取った/支払ったとき

利息が生じる！

お金を貸したり、借りたりしたときは、一般的には利息が生じます。

貸付金について利息を受け取ったときは、**受取利息**[収益]で処理します。

受取利息 くん

（現　金　な　ど）×××（受　取　利　息）×××

収益が
増えた

一方、借入金について利息を支払ったときは、**支払利息[費用]**で処理します。

| （ 支 払 利 息 ） | xxx | （ 現 金 な ど ） | xxx |

> 費用が
> 増えた

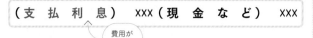

支払利息 さん

3　お金を返してもらった/返したとき　「返してもらえる権利」「返さなければならない義務」が消滅！

貸したお金を返してもらったときは、**貸付金[資産]**の減少で処理します。

| （ 現 金 な ど ） | xxx | （ 貸 付 金 ） | xxx |

> 資産が
> 減った

一方、借りたお金を返したときは、**借入金[負債]**の減少で処理します。

| （ 借 入 金 ） | xxx | （ 現 金 な ど ） | xxx |

> 負債が
> 減った

STAGE 1

STAGE 2

STAGE 3

STAGE 4

STAGE 5

STAGE 6

STAGE 7

2と3をまとめて
確認しておきましょう

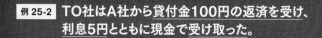

例 25-2　TO社はA社から貸付金100円の返済を受け、
利息5円とともに現金で受け取った。

（現　　　　　金）105（貸　付　金）100
　　　　　　　　　　　（受　取　利　息）5

借入金の返済も
同様に…

例 25-3　A社はTO社に対する借入金100円を返済し、
利息5円とともに現金で支払った。

（借　入　金）100（現　　　　　金）105
（支　払　利　息）5

ステージ3…いろいろな取引❷　テーマ6…貸付けと借入れ、仮払いと仮受け

4 | 利息の計算

貸付金や借入金にかかる利息は、**貸付（借入）期間分だけ、月割りで計算**します。

たとえば、貸付額が400円、年利率が3％という場合、1年間の利息は12円（400円×3％）となります。これは1年間の利息なので1か月分は1円（12円÷12か月）です。

> **語句**
>
> **年利率**（ねんりりつ）
> 1年間貸し付けた（借り入れた）ときに適用される利率

1年間の利息は…
400円×3％＝12円

ということは
1か月の利息は
12円÷12か月＝1円

だから、もし貸付期間が8か月間ならば、受取利息は8円（1円×8か月）と計算することができます。

1円×8か月＝8円
だから、8か月分の
利息は8円！

計算式で示すと次のとおりです。

公式

$$利息＝元\;\;本×年利率×\frac{貸付（借入）月数}{12か月}$$

貸付金額
（借入金額）

STAGE 1

STAGE 2

STAGE 3

STAGE 3 ｜ ステージ3…いろいろな取引❷ ｜ テーマ6…貸付けと借入れ、仮払いと仮受け ｜

STAGE 4

STAGE 5

STAGE 6

STAGE 7

ちょっと確認しておきましょう

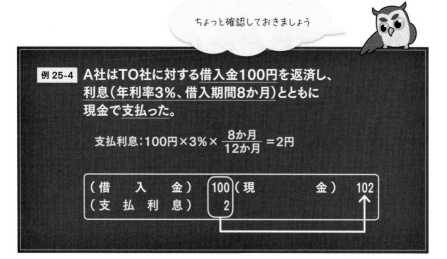

例 25-4 A社はTO社に対する借入金100円を返済し、利息（年利率3％、借入期間8か月）とともに現金で支払った。

支払利息：100円×3％× $\dfrac{8か月}{12か月}$ ＝2円

（借　入　金）	100	（現　　　　　金）	102
（支　払　利　息）	2		

まとめ

●**貸付金と借入金**

・利息の計算は貸した（借りた）期間分だけ
　月割りで計算する！

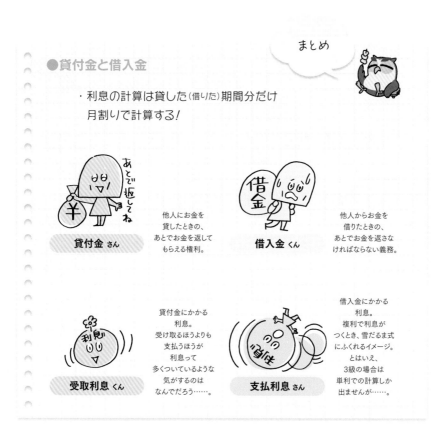

貸付金 さん

他人にお金を貸したときの、あとでお金を返してもらえる権利。

借入金 くん

他人からお金を借りたときの、あとでお金を返さなければならない義務。

受取利息 くん

貸付金にかかる利息。
受け取るほうよりも支払うほうが利息って多くついているような気がするのはなんでだろう……。

支払利息 さん

借入金にかかる利息。
複利で利息がつくとき、雪だるま式にふくれるイメージ。
とはいえ、3級の場合は単利での計算しか出せませんが……。

26 手形貸付金と手形借入金

[TO社]
A社にお金を貸した。
約束手形を受け取った。

[A社]
TO社からお金を借りた。
約束手形を渡した。

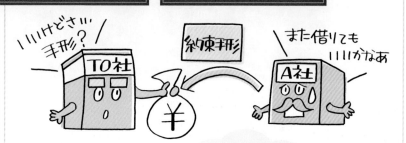

処理自体は
ふつうの貸付金や
借入金と同じです

1 手形による貸付け ふつうの「貸付金」に「手形」をつける！

お金を貸したり借りたりするときは、一般的には借用証書を用いて行いますが、手形を用いることもあります。

手形による貸付けをしたときは、**手形貸付金[資産]**で処理します。

手形貸付金 さん

（手形貸付金）　×××（現　金　な　ど）　×××

資産が
増えた

STAGE 1

STAGE 2

STAGE 3

ステージ3…いろいろな取引❷ ― テーマ6…貸付けと借入れ、仮払いと仮受け ―

STAGE 4

STAGE 5

STAGE 6

STAGE 7

2 手形による借入れ

ふつうの「借入金」に「手形」をつける！

手形による借入れをしたときは、**手形借入金[負債]**で処理します。

（現　金　な　ど）　×××（手 形 借 入 金）　×××

負債が
増えた

手形借入金 くん

取引例と仕訳を
見てみましょう

例26-1 ① **TO社はA社に現金100円を貸し付け、**
約束手形を受け取った。

（手 形 貸 付 金）　100（現　　　　金）　100

② **A社はTO社から現金100円を借り入れ、**
約束手形を渡した。

（現　　　　金）　100（手 形 借 入 金）　100

まとめ

●**手形貸付金と手形借入金**

・借用証書による貸付け、借入れ
　→**貸付金[資産]**、**借入金[負債]**で処理
・約束手形による貸付け、借入れ
　→**手形貸付金[資産]**、**手形借入金[負債]**で処理

「とりあえず、渡しておくね！」というときに処理する
勘定科目

仮払金

① 従業員に出張旅費の概算額を渡した。

② 従業員が帰ってきて報告を受けた。残ったお金も受け取った。

この取引の
処理を
見ていきます

1 旅費の仮払いをしたとき

金額や使い道が決まっていない
ときは「仮払金」で処理しておく！

　従業員が出張に行くときなどに、会社は旅費の概
算額を従業員に渡しておくことがあります。この時点
では、まだ使い道やかかった金額が確定しないので、
「概算額を渡した」ということだけ、仮払金[資産]で処
理しておきます。

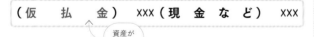

（仮　払　金）　xxx（現　金　な　ど）　xxx

資産が
増えた

仮払金 さん

STAGE 1

STAGE 2

STAGE 3 ｜ ステージ3…いろいろな取引❷ ｜ テーマ6…貸付けと借入れ、仮払いと仮受け ｜

STAGE 4

STAGE 5

STAGE 6

STAGE 7

2　旅費の精算をしたとき　使った金額等が確定したら…

このとき、残った
お金を受け取ったら
現金[資産]の増加で
処理しますよ〜

　出張から従業員が帰ってきて、使った金額が確定したら、**仮払金**[資産]から**旅費交通費**[費用]に振り替えます。

（旅費交通費）　xxx（仮　払　金）　xxx

費用が
増えた

資産が
減った

旅費交通費 さん

では仕訳を
確認しておきましょう

例 27-1

①　従業員の出張にあたり、
**　　旅費の概算額100円を現金で渡した。**

（仮　払　金）　100（現　　　　金）　100

②　従業員が出張から戻り、
**　　旅費の残額20円を現金で受け取った。**

使ったお金は
100円−20円＝80円

（現　　　　金）　20（仮　払　金）　100
（旅費交通費）　80

まとめ

　●仮払金

　・お金は払ったけど、金額や使い道がまだわからない
　　ときは**仮払金**[資産]で処理する!

内容不明の入金って、ちょっとこわいけど、
とりあえず仕訳はする！

仮受金

① 内容不明の入金が あった。	② X社から受けた注文の手付金で あることが判明した。

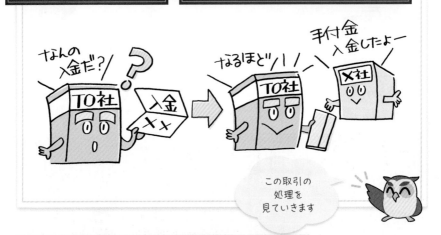

この取引の
処理を
見ていきます

1　内容不明の入金があったとき

内容が判明するまでとりあえず
「仮受金」で処理！

　口座に入金があったものの、その内容が不明のと
きは、**仮受金[負債]**で処理しておきます。

（ 当 座 預 金 な ど ）　xxx（ 仮 　 受 　 金 ）　xxx

負債が
増えた

仮受金 くん

2　内容が判明したとき

該当する勘定科目に振り替える！

　後日、内容が判明したときは、**仮受金[負債]**から該
当する勘定科目に振り替えます。

STAGE 1

STAGE 2

STAGE 3

STAGE 3 … いろいろな取引❷ ── テーマ6…貸付けと借入れ、仮払いと仮受け ──

STAGE 4

STAGE 5

STAGE 6

STAGE 7

（仮　受　金）　×××（該当する勘定科目）　×××

負債が減った

売掛金の回収だったら
売掛金[資産]の減少

手付金の受け取りだったら
前受金[負債]ですね

では仕訳を
確認しておきましょう

例 28-1　① 当座預金口座にX社からの**入金100円**があったが、**内容が不明**である。

（当　座　預　金）　100（仮　受　金）　100

② ①の入金は、X社から商品の
注文を受けた際の手付金であることが判明した。
└→ 前受金

（仮　受　金）　100（前　受　金）　100

まとめ

 ●仮受金

・内容不明の入金額は**仮受金**[負債]で処理する！

29 仮払金に関する証ひょうの読み取り

これらの証ひょうから
仕訳をしてみましょう！

1 旅費交通費の報告書等からの仕訳 取引を読み取ろう！

　従業員が出張から帰ってきたときに提出される、旅費交通費等の報告書や宿泊費の領収書から仕訳をしてみましょう。

はじめに概算額を
渡したときの仕訳から…

例 29-1	従業員の出張にあたり、旅費の概算額15,000円を現金で渡した。

（仮　　払　　金）15,000（現　　　　　　金）15,000

STAGE 1

STAGE 2

STAGE 3

STAGE 4

STAGE 5

STAGE 6

STAGE 7

｜ステージ3…いろいろな取引❷｜テーマ6…貸付けと借入れ、仮払いと仮受け｜

つづいて、報告書等を
受け取ったときの仕訳！

例 29-2 従業員が出張から戻り、下記の報告書と
領収書が提出され、残額を現金で受け取った。

旅費交通費等の報告書

福郎 つくね

移動先	手段等	支払金額	領収書
烏山駅	電車	1,600	無
カラス商店	タクシー	2,500	★有
帰社	電車	1,600	無
	合　計	5,700	

領　収　書
運賃合計　¥2,500★
(株)猛禽交通

領　収　書
宿泊費　¥8,500
烏山ホテル

★タクシー代2,500円は
報告書と領収書の両方に
記載があるから、

二重に記帳しない
ように注意！

以上より仕訳は
こうなります

例29-2
の仕訳

旅費交通費：5,700円＋8,500円＝14,200円
現金（残額）：15,000円－14,200円＝800円

（旅費交通費）	14,200	（仮　　払　　金）	15,000
（現　　　　　金）	800		

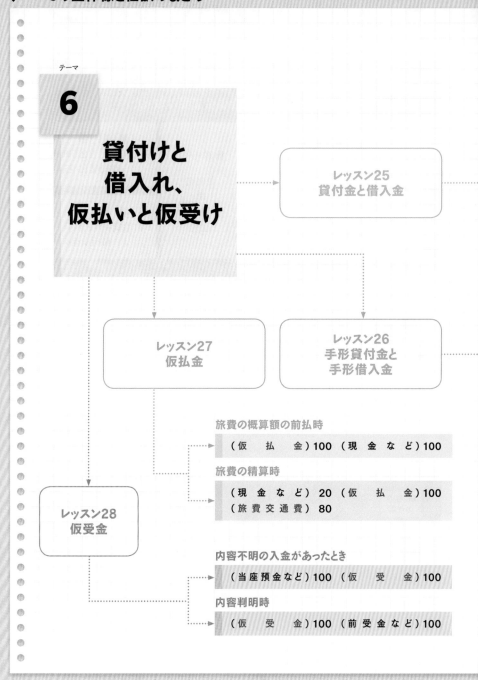

テーマ

6

貸付けと借入れ、仮払いと仮受け

レッスン25
貸付金と借入金

レッスン27
仮払金

レッスン26
手形貸付金と手形借入金

旅費の概算額の前払時

（仮　払　金）100（現金など）100

旅費の精算時

（現　金　など）20（仮　払　金）100
（旅費交通費）80

レッスン28
仮受金

内容不明の入金があったとき

（当座預金など）100（仮　受　金）100

内容判明時

（仮　受　金）100（前受金など）100

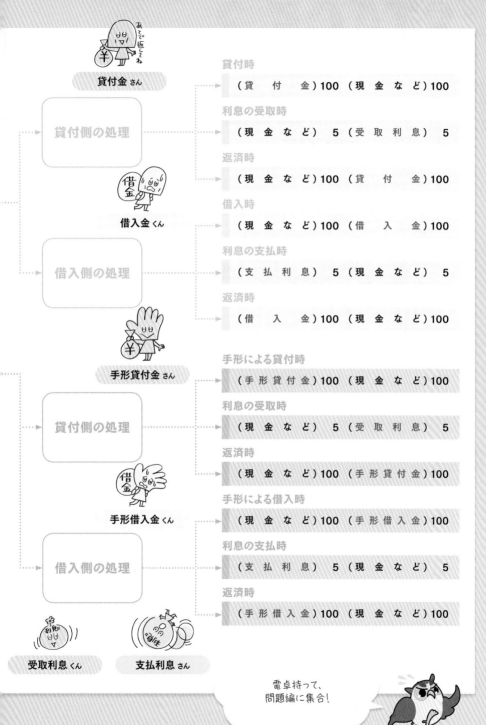

貸付金 さん

貸付側の処理

貸付時

（貸　付　金）100（現　金　な　ど）100

利息の受取時

（現　金　な　ど）　5（受　取　利　息）　5

返済時

（現　金　な　ど）100（貸　付　金）100

借入金 くん

借入側の処理

借入時

（現　金　な　ど）100（借　入　金）100

利息の支払時

（支　払　利　息）　5（現　金　な　ど）　5

返済時

（借　入　金）100（現　金　な　ど）100

手形貸付金 さん

貸付側の処理

手形による貸付時

（手 形 貸 付 金）100（現　金　な　ど）100

利息の受取時

（現　金　な　ど）　5（受　取　利　息）　5

返済時

（現　金　な　ど）100（手 形 貸 付 金）100

手形借入金 くん

借入側の処理

手形による借入時

（現　金　な　ど）100（手 形 借 入 金）100

利息の支払時

（支　払　利　息）　5（現　金　な　ど）　5

返済時

（手 形 借 入 金）100（現　金　な　ど）100

受取利息 くん　　　支払利息 さん

電卓持って、
問題編に集合！

147

テーマ
7　立替金と給料の支払い
で学ぶ内容

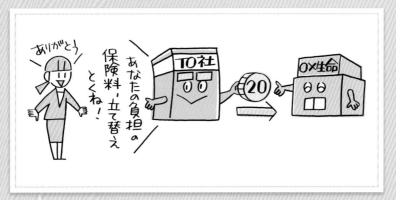

Lesson
30　立替金

従業員が負担すべき生命保険料などを
会社が立て替えて支払ったときは
どんな処理する?

こんな内容を
学習します

給料を「支払う側」で考えてみて！

源泉所得税

社会保険料

これとこれを天引きして！！

はい 今月も おつかれさま！

Lesson
31　給料の支払い

給料をもらうとき、源泉所得税などが天引きされているよね……。
あれって会社ではどういう処理をしているんだろう?

立替金 さん

預り金 くん

給料 さん

法定福利費 さん

↑
こんな勘定科目が出てきます

立替金

従業員が負担すべき金額を
会社が現金で立て替えて支払っておいた。

この取引の
処理を
見ていきます

1　立替払いをしたとき

「立替金」で処理!

「立替金」は
レッスン12でも
出てきましたね

　取引先が負担すべき費用を当社が立て替えたり、
従業員が支払うべき金額を会社が立て替えたときは、
立替金[資産]で処理します。

　なお、従業員に対する立替金は**従業員立替金[資産]**という勘定科目で処理することもあります。

（ 立 　 替 　 金 ）　xxx（ 現 金 な ど ）　xxx

資産が
増えた

立替金 さん

STAGE 1

STAGE 2

STAGE 3 ｜ステージ3…いろいろな取引❷｜テーマ7…立替金と給料の支払い｜

STAGE 4

STAGE 5

STAGE 6

STAGE 7

2 立て替えた金額を返してもらったとき 「立替金」の減少!

当社が立て替えた金額を、あとで支払ってもらったときは、**立替金**[資産]の減少で処理します。

```
（現 金 な ど） xxx（立　　　　替　　　　金） xxx
```

資産が
減った

では仕訳を
確認しておきましょう

例 30-1　①　従業員が負担すべき生命保険料20円を
　　　　　　　現金で立替払いした。

```
（従 業 員 立 替 金）　20（現　　　　金）　20
```

　　　②　①で立替払いした20円を現金で受け取った。

```
（現　　　　金）　20（従 業 員 立 替 金）　20
```

まとめ

●立替金

・従業員に対する立替金は**従業員立替金**[資産]で処理
　することもある

☆指定勘定科目にしたがって
　処理すること!

従業員はもらってうれしいものだけど、
会社としては費用！

給料の支払い

> 本日給料日につき給料総額から源泉所得税と従業員
> 負担分の社会保険料を天引きした残額を支払った。

> この取引の
> 処理を
> 見ていきます

1 給料の支払いをしたとき　給料総額を費用計上する！

会社が従業員に給料を支払ったときは、給料総額を給料[費用]で処理します。

（給　　料）　×××（当座預金など）　×××

↑費用が増えた

給料 さん

2 源泉所得税等があるとき　「預り金」で処理

会社が給料を支払うとき、一般的には、給料総額から源泉所得税や社会保険料を天引きした残額を従業員の口座に振り込みます。このとき天引きした源泉所得税や社会保険料は、会社が一時的に預かっ

▷語句

社会保険料
健康保険料、雇用保険料、厚生年金保険料など。会社負担分と従業員負担分がある

ているものなので、**預り金[負債]**や**従業員預り金[負債]**で処理します。

預り金 くん

（給　　　　料）	×××	（預　　り　　金）	×××
		（当　座　預　金）	×××

負債が増えた

なお、天引きした源泉所得税は**所得税預り金[負債]**、社会保険料は**社会保険料預り金[負債]**で処理することもあります。

どの勘定科目を
使うかは問題文の
指示にしたがって
ください

いったんここまでの
仕訳を確認しておきましょう

例 31-1 給料総額100円のうち、
源泉所得税10円と従業員負担分の社会保険料5円を
差し引いた残額を当座預金口座から従業員の普通預金
口座に振り込んだ。　→ 100円－10円－5円＝85円

[勘定科目]
当座預金　普通預金　所得税預り金　社会保険料預り
金　給料

（給　　　　料）	100	（所 得 税 預 り 金）	10
		（社会保険料預り金）	5
		（当　座　預　金）	85

「当座預金口座から
従業員の普通預金口座
に振り込んだ」ので

会社側の処理は
当座預金[資産]の
減少ですよ!

3　源泉所得税を納付したとき

「預り金」が減る！

　後日、天引きした源泉所得税を税務署に納付した
ときは、**預り金**（従業員預り金、所得税預り金）**[負債]**の減少
で処理します。

（預　り　金）　xxx（現　金　な　ど）　xxx

負債が
減った

では仕訳を
確認しておきましょう

例31-2 給料から天引きした源泉所得税10円を現金で納付した。

[勘定科目]
現金　所得税預り金　社会保険料預り金　給料

（所 得 税 預 り 金）　10（現　　　　　金）　10

4　社会保険料を納付したとき

従業員負担分か会社負担分か
で勘定科目が違う！

　社会保険料には、従業員負担分と会社負担分が
あり、従業員負担分については一般的には給料から
天引きされます（**2**で学習しました）。

　そして会社が、天引きした従業員負担分の社会保
険料と、会社負担分の社会保険料をあわせて納付し
たときは、従業員負担分については**預り金**（従業員預り金、
社会保険料預り金）**[負債]**の減少で処理します。

　また、会社負担分の社会保険料については、**法定
福利費[費用]**で処理します。

給料から天引きした
従業員負担分の
社会保険料は
預り金[負債]で
処理していますよね…

STAGE 1

STAGE 2

STAGE 3

ステージ3…いろいろな取引❷ ―テーマ7…立替金と給料の支払い―

STAGE 4

STAGE 5

STAGE 6

STAGE 7

（預　り　金）　xxx（現　金　な　ど）　xxx
（法定福利費）　xxx

法定福利費 さん

仕訳を
確認しておきましょう

| 例31-3 | 給料から天引きした、従業員負担分の社会保険料5円と |

給料から天引きした、従業員負担分の社会保険料5円と
会社負担分の社会保険料（従業員負担分と同額）を
現金で納付した。

→ 5円

[勘定科目]
　現金　所得税預り金　社会保険料預り金　法定福利費

（社会保険料預り金）　　5（現　　　　　金）　　10
（法定福利費）　　　　　5

まとめ

●給料の支払い

・給料から天引きした源泉所得税や従業員負担分の
　社会保険料は**預り金**[負債]で処理する

　☆「従業員預り金」「所得税預り金」「社会保険料
　　預り金」の場合もある！　指定勘定科目に注意！

・会社負担分の社会保険料は**法定福利費**[費用]で処理する

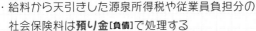
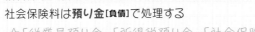

テーマ7の全体像と仕訳のまとめ

テーマ
7

立替金と給料の支払い

レッスン30
立替金

レッスン31
給料の支払い

立替払い時

▶ （従業員立替金）20（現　金　な　ど）20

立替金の回収時

▶ （現　金　な　ど）20（従業員立替金）20

立替金 さん

給料の支払時

（給　　　　料）100（所得税預り金）　10
　　　　　　　　　　（社会保険料預り金）　5
　　　　　　　　　　（当座預金など）85

給料 さん

源泉所得税の納付時

▶ （所得税預り金）10（現　金　な　ど）10

社会保険料（従業員負担分、会社負担分）**の納付時**

▶ （社会保険料預り金）　5（現　金　な　ど）10
　（法定福利費）　5

預り金 くん

法定福利費 さん

では問題編の
問題を解いてみて！

STAGE 4

いろいろな取引 ❸

少し難しい
内容もあるけど
がんばって
見ていこう!

日々やること

ここ

取引が
あった

どちらか

仕訳帳に
仕訳する

総勘定元帳に
転記する

試算表
を作る

伝票に
書く

仕訳
日計表を
作る

補助簿
を作る

取引先が倒産して
売掛金が回収できなくなった！
備品を売却した！
株式を発行した！
ここでは少し難しめの
取引の処理を見ていきます。

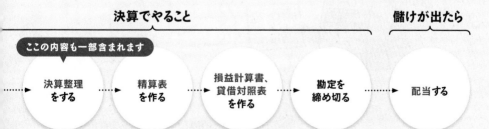

決算でやること　　　　　　　　　　　　　　　　儲けが出たら

ここの内容も一部含まれます

決算整理
をする → 精算表
を作る → 損益計算書、
貸借対照表
を作る → 勘定を
締め切る → 配当する

STAGE 4

テーマ 8 貸倒れと貸倒引当金
で学ぶ内容

Lesson 32 貸倒引当金の設定

決算日に残っている売掛金や受取手形、これらは必ず回収できるとは限らないから、それに備えた処理が必要！

Lesson 33 貸倒れの処理

あやしかった会社がやっぱり倒産した！この会社に対する売掛金ってもう回収できないね。こんなとき、どんな処理するの？

こんな内容を
学習します

売掛金が回収できない?!

あ、どうも……

TO社

これ、少しですが……

Y社

Lesson
34 償却債権取立益

前期に泣く泣く貸倒れ処理した売掛金。
……ずっと忘れていたけど、
今日、ちょっとだけ回収できた!
どんな処理するの?

貸倒損失 さん

償却債権取立益 くん

貸倒引当金繰入 さん

貸倒引当金戻入 くん

貸倒引当金 ちゃん

↑
こんな勘定科目が出てきます

161

ホントに回収できるかな？
その心配、金額にして計上するよ！

貸倒引当金の設定

決算日において Y社に対する売掛金がある。
……が、本当に回収できるだろうか。

この取引の
処理を
見ていきます

1 貸倒れとは
売掛金等の債権を回収できなくなること

　得意先の倒産などにより、その得意先に対する売掛金や受取手形などの債権を回収できなくなることを**貸倒れ**といいます。

2 決算日における貸倒引当金の設定①
貸倒れに備えた処理が必要

　上記のような貸倒れに備えて、決算日において売掛金や受取手形の残高があるときは、将来貸倒れがおこる可能性を見積もって、**貸倒引当金**を設定します。

貸倒引当金 ちゃん

STAGE 1

STAGE 2

STAGE 3

STAGE 4

ステージ4…いろいろな取引❸ ― テーマ8…貸倒れと貸倒引当金 ―

STAGE 5

STAGE 6

STAGE 7

たとえば売掛金の
期末残高が100円で、
過去の経験から、このうち2%くらいが
貸し倒れるかもな〜というときは、

2円(100円×2%)を
貸倒引当金として
設定するのです

なお、貸倒引当金の設定額は次の計算式で求めます。

公式

| 貸倒引当金 の設定額 | ＝ | 売掛金や受取手形 の期末残高 | ×貸倒設定率 |

このときの仕訳は、**貸倒引当金**と**貸倒引当金繰入**
[費用]を使って、次のように処理します。

（貸倒引当金繰入）　　×××（貸　倒　引　当　金）　　×××

費用が
増えた

貸倒引当金繰入 さん

貸倒引当金は評価勘定といって、
資産のマイナスを表す
勘定科目です。
資産のマイナスだから
貸方に記入します

まだ貸倒れは生じていないので、
売掛金等を減額する
ことはできません。
だから代わりに「貸倒引当金」を
使って処理するんですね

では、取引例で
確認しておきましょう

例 32-1 　決算において、売掛金の期末残高100円について、
2%の貸倒引当金を設定する。

貸倒引当金の設定額：100円×2%＝2円

（貸倒引当金繰入）　　2（貸　倒　引　当　金）　　2

　もし、前期に設定していた貸倒引当金が当期の決算日に残っていた場合には、**当期の設定額と残っている金額との差額分だけ追加で貸倒引当金を計上**します。この方法を**差額補充法**といいます。

差額補充法って
こんな方法です！

例 32-2 **決算において、売掛金の期末残高300円について、2%の貸倒引当金を差額補充法により設定する。**
なお、期末における貸倒引当金の残高は2円である。

　①貸倒引当金の設定額：300円×2%＝6円
　②追加で計上する額：6円－2円＝4円

| （貸倒引当金繰入） | 4（貸倒引当金） | 4 |

　なお、当期の設定額（たとえば6円）が貸倒引当金の期末残高（たとえば8円）よりも少ないときは、まずはその差額（2円）だけ貸倒引当金を減額します（借方に記入します）。

| （貸倒引当金） | 2 |

　そして、相手科目（貸方科目）は**貸倒引当金戻入[収益]**で処理します。

| （貸倒引当金） | 2（貸倒引当金戻入） | 2 |

貸倒引当金戻入 くん

まとめ

●貸倒引当金の設定

・貸倒れ…売掛金や受取手形が回収できなくなること

☆ 決算日において、売掛金や受取手形が残っているときは、貸倒れに備えて、貸倒引当金を設定する!

貸倒引当金 ちゃん

貸倒れに備えて、損失となるかもしれない額を見積もって設定しておくときに使う勘定科目。実際に貸し倒れたわけではないから、売掛金などを減らすことができない。そのため、売掛金などに代わってこの勘定科目を使って処理する。

貸倒引当金繰入 さん

貸倒引当金を設定するときの相手科目。まだ損失は生じていないけど、それに備えて当期に費用計上しておこう、というもの。

貸倒引当金戻入 くん

貸倒引当金の設定額が、貸倒引当金の残高よりも少ない場合、積んでいる貸倒引当金を取り崩す処理をする。そのときの相手科目。

あ、ほんとに貸し倒れちゃった……というときは……

33 貸倒れの処理

資金繰りが苦しいとは聞いていたＹ社が倒産し、
売掛金が回収できなくなった。

この取引の
処理を
見ていきます

1 前期発生の売掛金が貸し倒れたとき

まずは「貸倒引当金」を
取り崩す！

　レッスン32で見たように、決算日において残って
いる売掛金や受取手形には貸倒引当金を設定して
います。

　したがって、前期(以前)に発生した売掛金等が貸し
倒れたときは、貸し倒れた売掛金等を減額するととも
に、まずは設定している**貸倒引当金**を取り崩します。

（貸 倒 引 当 金）　×××（売 掛 金 な ど）　×××

貸方に設定したも
のだから、取り崩す
ときは借方に記入

　なお、設定している貸倒引当金を超えて貸倒れが
生じているときは、貸倒引当金を超える金額を**貸倒
損失**[費用]で処理します。

貸倒損失さん

STAGE 1
STAGE 2
STAGE 3
STAGE 4
ステージ4…いろいろな取引❸ ― テーマ8…貸倒れと貸倒引当金 ―
STAGE 5
STAGE 6
STAGE 7

（貸倒引当金）　×××（売掛金など）　×××
（貸倒損失）　×××

費用が
増えた

取引例で仕訳を
確認しておきましょう

例33-1 Y社に対する売掛金50円（前期に発生）が貸し倒れた。
なお、貸倒引当金の残高は2円である。

貸倒引当金を超える額：50円－2円＝48円

（貸倒引当金）　　2（売　　掛　　金）　50
（貸　倒　損　失）　48

2　当期発生の売掛金が貸し倒れたとき　全額当期の費用で処理

　当期に発生した売掛金が貸し倒れたときは、まだ決算日を迎えてなく、貸倒引当金を設定していないため、貸し倒れた金額の全額を**貸倒損失**［費用］で処理します。

（貸　倒　損　失）　×××（売　掛　金　な　ど）　×××

たとえ貸倒引当金の
残高があっても、
全額を貸倒損失［費用］で
処理しますからね！

取引例で仕訳を
確認しておきましょう

例 33-2 Y社に対する売掛金50円（当期に発生）が貸し倒れた。
なお、貸倒引当金の残高は2円である。

（貸 倒 損 失）　50（売 　掛 　金）　50

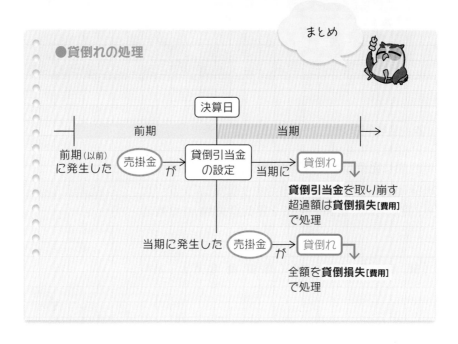

まとめ

●貸倒れの処理

| 決算日 |

前期　　　　　　　　　当期

前期（以前）
に発生した　売掛金　が　貸倒引当金
の設定　　　当期に　貸倒れ

貸倒引当金を取り崩す
超過額は**貸倒損失**[費用]
で処理

当期に発生した　売掛金　が　貸倒れ

全額を**貸倒損失**[費用]
で処理

STAGE 1
STAGE 2
STAGE 3
STAGE 4
ステージ4…いろいろな取引❸ ― テーマ8…貸倒れと貸倒引当金 ―
STAGE 5
STAGE 6
STAGE 7

Lesson

過去のことは忘れて、あらたに収益を立てる!

34 償却債権取立益

前期に貸倒れ処理したY社の売掛金のうち
一部を当期に回収することができた!

この取引の
処理を
見ていきます

1 前期に貸倒れ処理した売掛金等を回収したとき

収益を
計上する!

前期(以前)に貸倒れ処理した売掛金等を、当期に
(運よく)回収できたときは、回収した金額を**償却債権
取立益**[収益]で処理します。

とりたてえき

償却債権取立益 くん

（現　金　な　ど）　xxx（償却債権取立益）　xxx

収益が
増えた

すでに償却した債権を
取り立てることができた!

だから
「償却債権取立益」
というのです

169

例 34-1　前期に貸倒れ処理したY社に対する売掛金50円のうち、
　　　　10円を現金で回収した。

| （現　　　　金） | 10 | （償却債権取立益） | 10 |

2　当期に貸倒れ処理した売掛金等を回収したとき　費用を取り消す！

　当期に貸倒れ処理した売掛金等を、回収できたときは、回収した金額だけ、以前に計上した**貸倒損失**[費用]を取り消します。

| （現　金　な　ど） | ××× | （貸　倒　損　失） | ××× |

費用の計上を
取り消す

　なお、**貸倒引当金**を取り崩している場合には、取り崩した**貸倒引当金**を戻します。

| （現　金　な　ど） | ××× | （貸　倒　損　失） | ××× |
| | | （貸　倒　引　当　金） | ××× |

こんな感じの仕訳になりますが、
これは難しいし、
あまり試験に出ないので

前期（以前）に貸倒れ処理した
売掛金等を回収した
ときの処理だけ
おさえておいてください

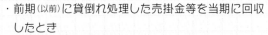

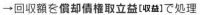

STAGE 1

STAGE 2

STAGE 3

STAGE 4 ── ステージ4…いろいろな取引❸ ── テーマ8…貸倒れと貸倒引当金 ──

STAGE 5

STAGE 6

STAGE 7

まとめ

●償却債権取立益

・前期（以前）に貸倒れ処理した売掛金等を当期に回収
したとき

→回収額を**償却債権取立益**[収益]で処理

前期（以前）に貸倒れ処理した
売掛金等を当期に回収したときの
回収額を処理する勘定科目。
1回償却したものが復活するので、
不死鳥のようなイメージがあるが、
そんなにかっこいいものではない。
回収できても
きっと少額であろう……。

ラッキー

償却債権取立益 くん

テーマ8の全体像と仕訳のまとめ

テーマ

8

貸倒れと貸倒引当金

レッスン32
貸倒引当金の設定

レッスン33
貸倒れの処理

レッスン34
償却債権取立益

貸倒引当金の設定額＞期末残高の場合

> （貸倒引当金繰入） 2 （貸倒引当金） 2

貸倒引当金の設定額＜期末残高の場合

> （貸倒引当金） 2 （貸倒引当金戻入） 2

貸倒引当金繰入 さん

前期(以前)に発生した売掛金の貸倒れ

> （貸倒引当金） 2 （売 掛 金） 50
> （貸倒損失） 48

当期に発生した売掛金の貸倒れ

> （貸倒損失） 50 （売 掛 金） 50

貸倒損失 さん

前期(以前)に貸倒れ処理した
売掛金等を回収したとき

> （現 金 な ど） 10 （償却債権取立益） 10

償却債権取立益 くん

貸倒引当金の設定は
第5問で毎回出るから、
問題を解いて
早めにマスターしよう

STAGE 4

テーマ 8 9 10 11

テーマ
9 有形固定資産と減価償却
で学ぶ内容

Lesson
35 有形固定資産
の購入

建物や備品、車など、長期的に
使う資産を購入したときの処理は?

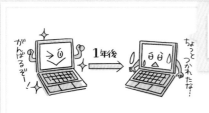

Lesson
36 減価償却

「長期的に使える」といっても
価値が年々下がるよね……。

Lesson
37 有形固定資産
の売却

有形固定資産が高く売れれば
儲けが、安く売れたなら損失が
生じる!

Lesson
38 未払金と
未収入金

買ったモノ・売ったモノが商品か
どうかで、勘定科目が変わる!

こんな内容を
学習します

建物や土地、備品を
買ったり売ったりしたときは？

Lesson 39

有形固定資産
の賃借

物件を借りたら、家賃のほか、
敷金や保証金というものも支払う
よね？　これらの処理は？

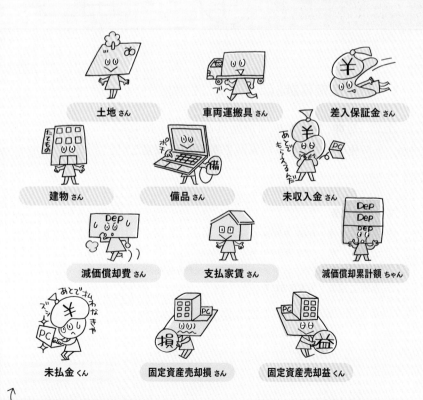

土地 さん　　　車両運搬具 さん　　　差入保証金 さん

建物 さん　　　備品 さん　　　未収入金 さん

減価償却費 さん　　　支払家賃 さん　　　減価償却累計額 ちゃん

未払金 くん　　　固定資産売却損 さん　　　固定資産売却益 くん

↑
こんな勘定科目が出てきます

35 有形固定資産の購入

店舗用の建物を買った。
不動産会社に仲介手数料を支払った。

この取引の
処理を
見ていきます

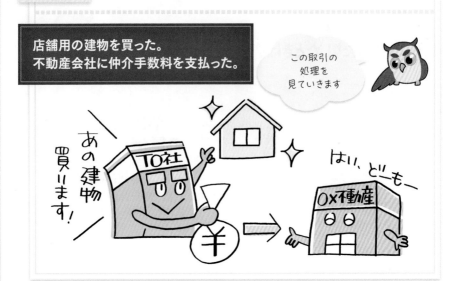

1　有形固定資産とは　　　長い期間、会社で使うモノ

　土地、建物、備品、車両運搬具といった、長期に
わたって使用する（形のある）資産を**有形固定資産**とい
います。

有形固定資産

❶ 建　　　物……店舗、事務所、倉庫など
❷ 土　　　地……店舗、事務所、倉庫などの敷地
❸ 備　　　品……パソコン、プリンター、応接セット、商品陳列棚など
❹ 車両運搬具……営業用自動車、トラックなど

STAGE 1

STAGE 2

STAGE 3

STAGE 4 ｜ ステージ4…いろいろな取引③ ｜ テーマ9…有形固定資産と減価償却 ｜

STAGE 5

STAGE 6

STAGE 7

ちなみに実務上は、
10万円未満の備品については、
「消耗品費」として
処理することができますが、

本書では
金額の大小を考えずに
「備品」で解説します

2 有形固定資産を購入したとき 付随費用も入れてあげて！

　有形固定資産を購入したときは、**建物[資産]**、**土地[資産]**、**備品[資産]**、**車両運搬具[資産]** の増加で処理します。

　なお、そのときに計上する金額は、購入したときの本体価格（**購入代価**（こうにゅうだいか））に、使うまでにかかった費用（**付随費用**（ふずいひよう））を含めた金額（**取得原価**（しゅとくげんか））となります。

> 語句
>
> **付随費用**（ふずいひよう）
> 購入から使えるようになるまでにかかった費用。
> 土地の整地費用や不動産会社に支払う仲介手数料、備品の設置費用など

公式

取得原価＝購入代価＋付随費用

取引例で
見てしまいましょう

例 35-1	建物780円を購入し、 ━━━━━━━━━━ 本体価格

建物780円を購入し、　→ 本体価格
不動産会社に対する手数料20円とともに　→ 付随費用
小切手を振り出して支払った。

　取得原価：780円＋20円＝800円

（建　　　物）　800（当　座　預　金）　800

もうひとつ！

例35-2 備品300円を購入し、————————→ 本体価格
代金は小切手を振り出して支払った。
なお、設置費用10円は現金で支払った。————→ 付随費用

取得原価：300円＋10円＝310円

（備　　　　品）　310（当　座　預　金）　300
　　　　　　　　　　　（現　　　　金）　　10

まとめ

●有形固定資産の購入

本体価格に付随費用を含めた金額で計上する！
→ 取得原価 という！

建物 さん

土地 さん

備品 さん

車両運搬具 さん

36

減価償却

STAGE 1
STAGE 2
STAGE 3
STAGE 4 ｜ステージ4…いろいろな取引❸｜テーマ9…有形固定資産と減価償却｜
STAGE 5
STAGE 6
STAGE 7

いつまでも新しいままじゃないよね……

> 決算日になった。当期首に買ったパソコンは
> 1年前より価値が落ちていると思うが……。

さて、
どんな処理する
のでしょうね～

がんばるぞー！

1年後

ちょっとつかれたな！

1　減価償却とは

価値が減った分だけ費用を計上！

決算整理

　建物や備品、車両運搬具は、使っているうちにその価値はだんだん減っていきます。そこで、決算日において当期の価値の減少分を見積もり、その分だけ有形固定資産の帳簿価額（ちょうぼかがく）を減額するとともに、同額を費用（減価償却費（げんかしょうきゃくひ））として計上する手続きを行います。この手続きを**減価償却（げんかしょうきゃく）**といいます。

語句

帳簿価額（ちょうぼかがく）
帳簿に計上されている金額

2　減価償却費の計算

これ重要！　しっかりおさえて

　減価償却費は、有形固定資産の**取得原価**、**耐用年数（たいようねんすう）**、**残存価額（ざんぞんかがく）**を使って求めます。

DEP

減価償却費 さん

減価償却費の計算で使う要素

❶ **取得原価**……有形固定資産を購入したときにかかった金額

❷ **耐用年数**……有形固定資産の使用可能期間

❸ **残存価額**……最後まで使ったときに残っている価値

減価
＝価値が減る
償却
＝費用化する

　なお、減価償却費の計算方法はいくつかありますが、3級で学習するのは**定額法**です。

　定額法は、有形固定資産の価値の減少分は毎期同じと考えて減価償却費を計算する方法で、次の計算式によって価値の減少分（減価償却費の金額）を求めます。

公式

減価償却費＝（取得原価－残存価額）÷耐用年数

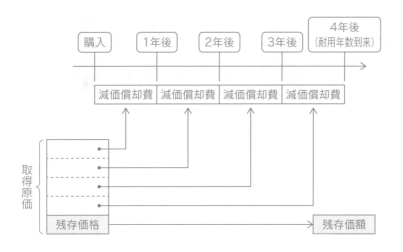

STAGE 1

STAGE 2

STAGE 3

STAGE 4

ステージ4…いろいろな取引❸　テーマ9…有形固定資産と減価償却

STAGE 5

STAGE 6

STAGE 7

ちょっと計算だけ
してみましょう

まずは残存価額が
ゼロ(0円)の場合は…

例 36-1 決算において、当期首に購入した備品(取得原価400円、耐用年数4年、残存価額は0円)について定額法により減価償却を行う。減価償却費はいくらか。

　減価償却費：(400円－0円)÷4年＝<u>100円</u>

つづいて残存価額が
ある場合は…

例 36-2 決算において、当期首に購入した備品(取得原価400円、耐用年数4年、残存価額は取得原価の10%)について定額法により減価償却を行う。減価償却費はいくらか。

　残存価額：400円×10%＝<u>40円</u>

　減価償却費：(400円－<u>40円</u>)÷4年＝<u>90円</u>

ちなみに、
「残存価額が取得原価の10%」
というときは、取得原価の90%
(100%－10%)を耐用期間で
償却するということなので、

次のように
計算すると速いです

減価償却費：400円×<u>0.9</u>÷4年＝90円
　　　　　　　　　　90%

3　減価償却費の記帳方法

取得原価を間接的に
減らす方法

減価償却累計額 ちゃん

　減価償却費の記帳方法（仕訳の仕方）には、**直接法**と**間接法**がありますが、3級で学習する方法は間接法です。

　間接法は、有形固定資産の帳簿価額を直接減らすのではなく、**減価償却累計額**という資産のマイナスを表す勘定科目で処理する方法です。

| （減価償却費） | ××× | （減価償却累計額） | ××× |

資産の
マイナス

借方は
減価償却費［費用］です。

建物だったら
建物減価償却累計額
ですね

　なお、3級の試験では、「減価償却累計額」の前に「備品」などをつけて、**備品減価償却累計額**などとすることが多いです。

| （減価償却費） | ××× | （備品減価償却累計額） | ××× |

では、仕訳の確認を…

例 36-3 　決算において、当期首に購入した備品（取得原価400円、耐用年数4年、残存価額は取得原価の10%）について定額法により減価償却を行う。
なお、記帳方法は**間接法**である。

減価償却費：400円×0.9÷4年＝90円

| （減価償却費） | 90 | （備品減価償却累計額） | 90 |

STAGE 1
STAGE 2
STAGE 3
STAGE 4
ステージ4…いろいろな取引❸ ─ テーマ9…有形固定資産と減価償却 ─
STAGE 5
STAGE 6
STAGE 7

4 期中に取得しているとき

当期に使った期間分だけ月割りで!

有形固定資産を期首に取得したときは、1年分の減価償却費を計上しますが、当期の途中で取得したときには、取得日から決算日までの期間分だけ**月割りで減価償却費を計上**します。

1月1日に購入して、3月31日が決算日だとするならば、1月～3月の3か月分の減価償却費を計上します

では、仕訳を確認しておきましょう

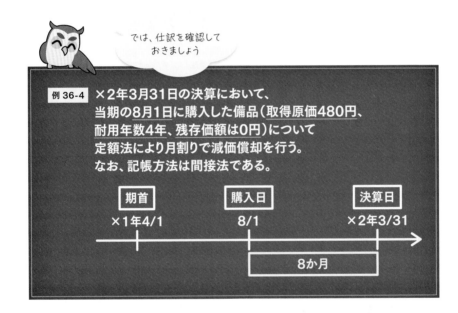

例36-4 ×2年3月31日の決算において、
当期の8月1日に購入した備品(取得原価480円、耐用年数4年、残存価額は0円)について
定額法により月割りで減価償却を行う。
なお、記帳方法は間接法である。

期首	購入日	決算日
×1年4/1	8/1	×2年3/31

8か月

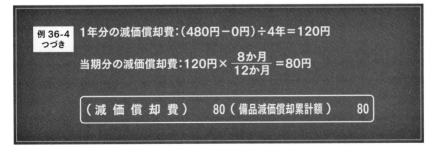

例36-4
つづき

1年分の減価償却費:(480円−0円)÷4年=120円

当期分の減価償却費:120円× $\dfrac{8か月}{12か月}$ =80円

(減 価 償 却 費)　　80 (備品減価償却累計額)　　80

183

●減価償却

・減価償却…決算日において、有形固定資産の価値の
　　　　　　減少分を見積もり、費用計上する手続き

☆期中に取得した有形固定資産の減価償却費は
月割りで計算する!

減価償却費 さん

有形固定資産を使うことに
よって生じた価値の減少分を
費用として処理するときに
使う勘定科目。

減価償却累計額 ちゃん

有形固定資産の毎年の
減価償却費が蓄積されたもの。
間接法で記帳するときに
使用する勘定科目。

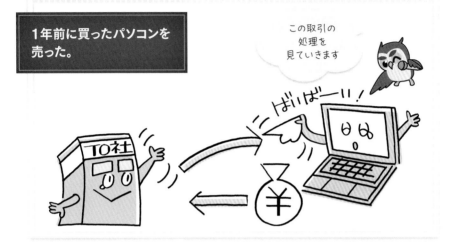

STAGE 1
STAGE 2
STAGE 3
STAGE 4 ── ステージ4…いろいろな取引❸ ── テーマ9…有形固定資産と減価償却 ──
STAGE 5
STAGE 6
STAGE 7

Lesson

37 有形固定資産の売却

減価償却累計額がなくなるよ〜

1年前に買ったパソコンを売った。

この取引の処理を見ていきます

1　期首に有形固定資産を売却したとき

売却した資産に関する金額を全部減らす!

　有形固定資産を売却すると、売却代金を受け取るので、現金などの資産が増加します。

（現 金 な ど）　xxx（　　　　　　　　）　xxx

　そして、売却により有形固定資産がなくなるので、その有形固定資産の取得原価と減価償却累計額を減らします。

（現 金 な ど）　xxx（備 品 な ど）　xxx
（減価償却累計額）　xxx

また、売却価額と帳簿価額（取得原価−減価償却累計額）との差額は、**固定資産売却益**[収益]または**固定資産売却損**[費用]で処理します。

たとえば、売却した備品の取得原価が360円、減価償却累計額が90円のときは、帳簿価額は270円（360円−90円）となります。そして、もしこの備品を300円で売却したときは、帳簿価額（270円）よりも売却価額（300円）のほうが高いので、儲け（300円−270円＝30円）が生じます。この儲けは**固定資産売却益**[収益]で処理します。

固定資産売却益 くん

30円の儲けですね

| （現　金　な　ど） | 300 | （備　　　　品） | 360 |
| （備品減価償却累計額） | 90 | （固定資産売却益） | 30 |

一方、売却した備品の取得原価が360円、減価償却累計額が90円（帳簿価額が270円）の備品を250円で売却したというときは、帳簿価額（270円）よりも売却価額（250円）のほうが低いので、損失（250円−270円＝△20円）が生じます。この損失は**固定資産売却損**[費用]で処理します。

20円の損失ですね

（現　金　な　ど）	250	（備　　　　品）	360
（備品減価償却累計額）	90		
（固定資産売却損）	20		

このように仕訳していきますが、問題を解くときには、順番に仕訳していって、貸借差額が借方と貸方のどちらに生じるかによって、**固定資産売却益**[収益]か**固定資産売却損**[費用]かを判断します。

固定資産売却損 さん

STAGE 1

STAGE 2

STAGE 3

STAGE 4 ｜ステージ4…いろいろな取引❸｜テーマ9…有形固定資産と減価償却｜

STAGE 5

STAGE 6

STAGE 7

ちょっとやって
みましょうか…

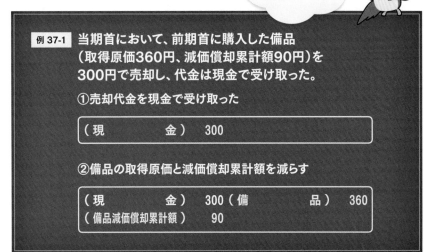

例37-1 当期首において、前期首に購入した備品
（取得原価360円、減価償却累計額90円）を
300円で売却し、代金は現金で受け取った。

①売却代金を現金で受け取った

（現　　　　金）	300

②備品の取得原価と減価償却累計額を減らす

| （現　　　　金） | 300 | （備　　　　品） | 360 |
| （備品減価償却累計額） | 90 | | |

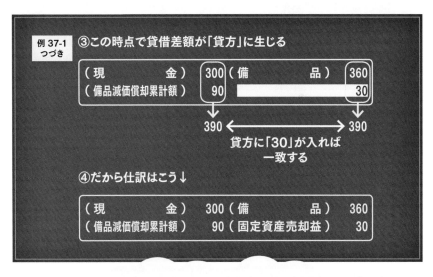

例37-1
つづき ③この時点で貸借差額が「貸方」に生じる

| （現　　　　金） | 300 | （備　　　　品） | 360 |
| （備品減価償却累計額） | 90 | | 30 |

390 ⟷ 390

貸方に「30」が入れば
一致する

④だから仕訳はこう↓

| （現　　　　金） | 300 | （備　　　　品） | 360 |
| （備品減価償却累計額） | 90 | （固定資産売却益） | 30 |

順番に仕訳をして
いって、貸借差額が
貸方に生じたら

固定資産売却益[収益]
となります

もうひとつ！

例37-2 当期首において、前期首に購入した備品
（取得原価360円、減価償却累計額90円）を
250円で売却し、代金は現金で受け取った。

①売却代金を現金で受け取った

（現　　　　　金）　250

②備品の取得原価と減価償却累計額を減らす

（現　　　　　金）　250（備　　　　　品）　360
（備品減価償却累計額）　90

例37-2
つづき

③この時点で貸借差額が「借方」に生じる

（現　　　　　金）　250（備　　　　　品）　360
（備品減価償却累計額）　90
　　　　　　　　　　　　20

360　←→　360

借方に「20」が入れば
一致する

④だから仕訳はこう↓

（現　　　　　金）　250（備　　　　　品）　360
（備品減価償却累計額）　90
（固定資産売却損）　20

順番に仕訳をして
いって、貸借差額が
借方に生じたら、

固定資産売却損［費用］
となります

STAGE 1

STAGE 2

STAGE 3

STAGE 4 ── ステージ4…いろいろな取引❸ ── テーマ9…有形固定資産と減価償却 ──

STAGE 5

STAGE 6

STAGE 7

2 　期末に有形固定資産を売却したとき 　<small>当期1年分の
減価償却費を計上!</small>

　期末に有形固定資産を売却したときは、**当期分の
減価償却費も計上**します。

ちょっとやって
みましょうか…

> | 例 37-3 | 当期末において、前期首に購入した備品
> （取得原価360円、減価償却累計額90円）を
> 200円で売却し、代金は現金で受け取った。
> なお、当期分の減価償却費も定額法（残存価額は0円、
> 耐用年数は4年）により計上すること。
>
> 　当期分の減価償却費：（360円－0円）÷4年＝90円
>
> | （現　　　　　金） | 200 | （備　　　　　品） | 360 |
> | （備品減価償却累計額） | 90 | （固定資産売却益） | 20 |
> | （減　価　償　却　費） | 90 ↰ | 貸借差額 | |

3 　期中に有形固定資産を売却したとき 　<small>減価償却費は
月割りで計上!</small>

　期中（当期の途中）に有形固定資産を売却したときは、
当期分（期首から売却日まで）の減価償却費を**月割りで計
上**します。

期首が4月1日、
売却日が7月31日なら、

4月から7月までの
4か月分の減価償却費を
計上します

189

ちょっとやって
みましょうか…

例37-4　×3年7月31日に、備品（取得原価360円、減価償却累計
額90円）を200円で売却し、代金は現金で受け取った。
なお、当期は×3年4月1日から×4年3月31日までの1年で、
当期分の減価償却費も定額法（残存価額は0円、耐用年数
は4年）により月割りで計上すること。

期首	売却日	決算日
×3年4/1	7/31	×4年3/31

4か月

例37-4
つづき

1年分の減価償却費：（360円－0円）÷4年＝90円

当期分の減価償却費：90円×$\dfrac{4か月}{12か月}$＝30円

（現　　　　　金）	200	（備　　　　　品）	360
（備品減価償却累計額）	90		
（減　価　償　却　費）	30		
（固定資産売却損）	40 ← 貸借差額		

190

●有形固定資産の売却

・順番に仕訳していって、貸借差額が貸方に生じたら

> ①売却代金の受取りを計上
> ②取得原価と減価償却累計額を減らす

→ **固定資産売却益** [収益]

借方に生じたら

→ **固定資産売却損** [費用]

・期末に売却したときは、当期分 (1年分) の減価償却費も計上
・期中に売却したときは、当期分 (期首から売却日まで) の
　減価償却費も月割りで計上

固定資産売却損 さん

有形固定資産を
帳簿価額よりも安い金額で
売却したときに生じる損失を
処理する勘定科目。

固定資産売却益 くん

有形固定資産を
帳簿価額よりも高い金額で
売却したときに生じる儲けを
処理する勘定科目。

STAGE 1
STAGE 2
STAGE 3
STAGE 4 ― ステージ4…いろいろな取引❸ ― テーマ9…有形固定資産と減価償却 ―
STAGE 5
STAGE 6
STAGE 7

未払金と未収入金

[TO社]車両を購入して
　　　代金は後払いとした。

[A社]営業車を売却して 代金は
　　　あとで受け取ることにした。

この取引の
処理を
見ていきます

1　有形固定資産等を後払いで購入したとき

「買掛金」
じゃないよ

　有形固定資産や消耗品など、商品以外のものを
後払いで購入したときの、あとで代金を支払わなけ
ればならない義務は**未払金[負債]**で処理します。

（土　地　な　ど）　×××（未　払　金）　×××

負債が
増えた

未払金 くん

「商品」を購入した
ときは「買掛金」、

「商品以外のもの」を
購入したときは
「未払金」！

192

取引例で仕訳を
確認しておきましょう

例38-1 ① **営業用の車両500円を購入し、代金は翌月末払いとした。**

（車　両　運　搬　具）　500（未　　払　　金）　500

② **消耗品100円を購入し、代金は月末払いとした。**

（消　耗　品　費）　100（未　　払　　金）　100

2　有形固定資産等の売却代金をあとで受け取るとき

「売掛金」
じゃないよ

　有形固定資産など、商品以外のものを売却し、代金はあとで受け取るとしたときの、あとで代金を受け取れる権利は**未収入金[資産]**で処理します。

（未　収　入　金）　×××（土　地　な　ど）　×××

資産が
増えた

未収入金 さん

「商品」を販売した
ときは「売掛金」、

「商品以外のもの」を
売却したときは
「未収入金」！

193

取引例で仕訳を
確認しておきましょう

例38-2 当期首に営業用の車両（取得原価500円、
減価償却累計額300円、記帳方法は間接法）を
150円で売却し、代金は翌月末に受け取ることとした。

（未 収 入 金）	150	（車 両 運 搬 具）	500
（車両運搬具減価償却累計額）	300		
（固定資産売却損）	50 ← 貸借差額		

まとめ

●未払金と未収入金

・買ったモノが { 「商品」のときは→未払額は**買掛金**[負債]で処理
「商品以外」のときは→未払額は**未払金**[負債]で処理
↳備品、建物、車両運搬具、消耗品など

・売ったモノが { 「商品」のときは→未収額は**売掛金**[資産]で処理
「商品以外」のときは→未収額は**未収入金**[資産]で処理
↳備品、建物、車両運搬具など

STAGE 1
STAGE 2
STAGE 3
STAGE 4 ｜ ステージ 4 … いろいろな取引❸ ｜ テーマ 9 … 有形固定資産と減価償却 ｜
STAGE 5
STAGE 6
STAGE 7

Lesson

アパートを借りたときの敷金って、戻ってくるよね？

39 有形固定資産の賃借

店舗用の建物を借りた。
1か月分の家賃のほか、敷金も支払った。

この取引の
処理を
見ていきます

1　家賃を支払ったとき

「支払家賃」で処理！

　店舗用の物件などを借りて、家賃を支払ったとき
は**支払家賃**[費用]で処理します

（支　払　家　賃）　xxx（現　金　な　ど）　xxx

費用が
増えた

支払家賃 さん

2 敷金や保証金を差し入れたとき

あとで返してもらえるから
費用じゃなくて資産として処理する

店舗用の物件などを借りるとき、家賃のほかに敷金や保証金を支払う（差し入れる）ことがあります。

敷金や保証金は退去後に（一定額が差し引かれて）返還されます。あとで返還される（返してもらえる権利がある）ため、敷金や保証金を差し入れたときは**差入保証金**[**資産**]で処理します。

（差 入 保 証 金） ×××（現 金 な ど） ×××

> 資産が
> 増えた

差入保証金 さん

> 取引例で仕訳を
> 確認しておきましょう

例 39-1 店舗用物件を借り入れ、1か月分の家賃100円と
敷金（家賃2か月分）を現金で支払った。

敷金（差入保証金）：100円×2か月＝200円

（支 払 家 賃）	100	（現　　金）	300
（差 入 保 証 金）	200		

STAGE 1

STAGE 2

STAGE 3

STAGE 4

ステージ4…いろいろな取引❸ ― テーマ9…有形固定資産と減価償却 ―

STAGE 5

STAGE 6

STAGE 7

まとめ

●有形固定資産の賃借

・家賃を支払ったときは→**支払家賃**[**費用**]で処理

・敷金や保証金を差し入れたときは→**差入保証金**[**資産**]で処理

差入保証金 さん

物件を借りるときに差し入れた敷金や
保証金を処理する勘定科目。
あとで戻ってくる！……と期待しても、
期待した金額が戻ってくるとは
限らない。
投げたブーメランが、
思い通りに手許に戻ってこない
ことがあるのに似ているね。

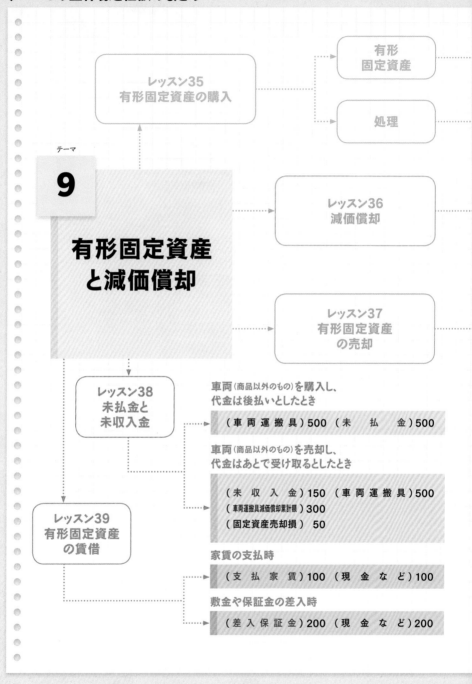

建物	土地
備品	車両運搬具

建物の購入

（建　　　　　物）800　（当座預金など）800

付随費用は
取得原価に
含める！

定額法

減価償却費＝（取得原価－残存価額）÷耐用年数

備品の減価償却（間接法）

（減 価 償 却 費）90　（備品減価償却累計）90

期中に取得した分の
減価償却費は
月割り計算！

処理

備品の売却時（帳簿価額＜売却価額）

（現 金 な ど）300　（備　　　　　品）360
（備品減価償却累計）90　（固定資産売却益）30

備品の売却時（帳簿価額＞売却価額）

（現 金 な ど）250　（備　　　　　品）360
（備品減価償却累計）90
（固定資産売却損）20

備品の売却時（期末や期中に売却したとき）

（現 金 な ど）200　（備　　　　　品）360
（備品減価償却累計）90　（固定資産売却益）20
（減 価 償 却 費）90

当期分の
減価償却費を
月割りで
計上する

テーマ9は少し難しい
内容もあったね。
でも、重要な内容だから
一服して、問題を解いて
おこう！

STAGE 4 テーマ 8 9 10 11

テーマ

10 株式の発行 で学ぶ内容

Lesson

40 株式会社の設立

「株式会社」といったら、株式の発行。
株式を発行したときの処理は？

こんな内容を
学習します

株式会社を設立する！
資金調達はどうしよう？

新しいことをしたいので、出資をお願いします

Bigな事業計画！

TO社

株式
株式
株式

いいね～！

¥ ¥ ¥

Lesson

41 増 資

会社設立後に、
さらに株式を発行したときは？

資本金 くん

こんな勘定科目が出てきます

40 株式会社の設立

株式会社の設立にあたって
株式を発行し、払い込みを受けた。

この取引の
処理を
見ていきます

1 株式会社とは

株式を発行して資金調達をする会社

株式会社とは、株式を発行して資金を調達する会社形態をいいます。

株式会社では、株式を買ってくれた人（出資者）のことを**株主**といいます。

また、株式会社では株主が会社を経営するのではなく、経営のプロである**取締役**が、株主から出資された資金を使って、会社を経営します。

そして、会社に儲け（利益）が出たら、**配当**として株主に利益の一部を還元します。

株主から出資して
もらった金額は、
株主に返す必要は
ありませんが、

その代わりに、
会社に利益が出たら、
その一部を株主に還元します。
これを配当といいます

なお、配当額や利益の使い道は会社（取締役）が勝手に決めることはできず、**株主総会**という場で株主の多数決によって決めます。

2 株式を発行したとき（設立時）

元手が増える
→「資本金」の増加

株式会社の設立にあたって、株式を発行したときは、原則として、会社に払い込まれた金額の全額を**資本金[資本]**で処理します。

（普通預金など）　××× （資　本　金）　×××

資本（純資産）の増加

資本金くん

取引例で仕訳を
確認しましょう

> **例40-1** 会社の設立にあたり、
> 株式100株を1株あたり50円で発行し、
> 全額が普通預金口座に払い込まれた。
>
> 資本金：@50円×100株＝5,000円
>
> （普　通　預　金）5,000 （資　本　金）5,000

「もうちょっと資金が必要だな」と思ったので、
また株式を発行した

増　資

さらに資金を調達するため
株式を発行した。

この取引の
処理を
見ていきます

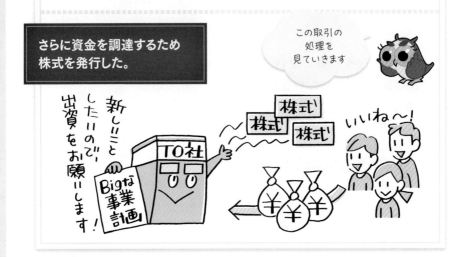

1　増資とは　　　会社設立後に株式を発行すること

　会社を設立したあとに、新株を発行して資本金を
増やすことを**増資**といいます。

2　増資をしたとき　　　やっぱり「資本金」が増えるよね

　増資で新株を発行したときも、原則として、会社に
払い込まれた金額の全額を**資本金**[資本]で処理しま
す。

（当座預金など）　×××（資　本　金）　×××

「株式を発行した」
といったら
資本金[資本]の増加!

資本（純資
産）の増加

取引例で仕訳を
確認しましょう

増資のため、
株式50株を1株あたり60円で発行し、
全額が当座預金口座に払い込まれた。

資本金：@60円×50株＝3,000円

（当 座 預 金）3,000（資　　本　　金）3,000

まとめ

●株式の発行

・会社設立時でも、増資時でも、
「株式を発行した」とあったら、原則、**資本金[資本]**の増加

株式の発行や
配当は株式会社特有の
処理です

なお、配当については
レッスン67で学習します

STAGE 1
STAGE 2
STAGE 3
STAGE 4 ─ ステージ4…いろいろな取引❸ ─ テーマ10…株式の発行 ─
STAGE 5
STAGE 6
STAGE 7

205

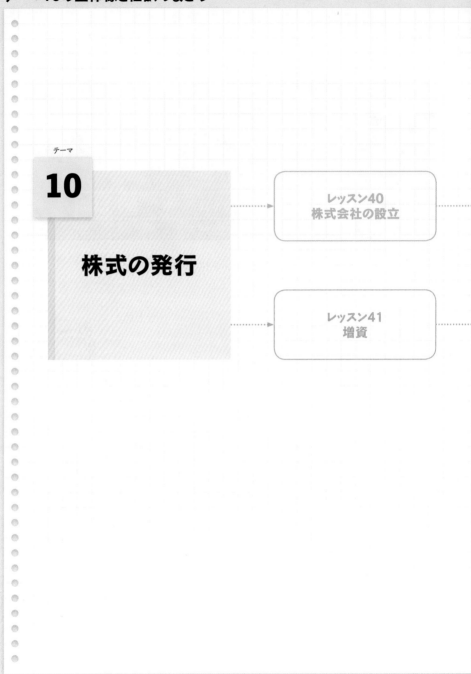

テーマ

10

株式の発行

レッスン40
株式会社の設立

レッスン41
増資

株式の発行時

（普通預金など）5,000 （資　　本　　金）5,000

資本金 くん

株式の発行時

（当座預金など）3,000 （資　　本　　金）3,000

ここの処理は
簡単でしたね！

STAGE 4

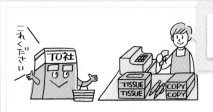

Lesson 42 消耗品

コピー用紙、ティシューペーパー、文房具などを購入したときの処理は？

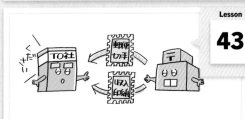

Lesson 43 通信費と租税公課

郵便切手やはがき、収入印紙などを購入したときの処理は？

Lesson 44 収益と費用

これまでに出てきた収益と費用のほか、まだ出てない収益と費用を見ておこう。

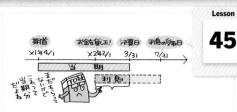

Lesson 45 収益・費用の未収・未払い

当期分の収益・費用は当期分として計上するよ、という話。

これで仕訳は (ほぼ) おしまい！

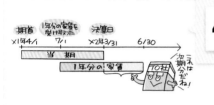

Lesson 46 収益・費用の前受け・前払い

次期分の収益、費用は当期分
から除いておくよ、という話。

Lesson 47 訂正仕訳

間違えて仕訳しちゃった！
というとき、正しい仕訳にするため
にはどんな仕訳をする？

 貯蔵品 さん

 通信費 さん

 租税公課 さん

 消耗品費 さん

↑ こんな勘定科目が出てきます

コピー用紙やティシューペーパーなどを買ったときは……

消耗品

コピー用紙、ティシューペーパー、
ボールペンを買った。

この取引の
処理を
見ていきます

1　消耗品とは

すぐに使ってなくなってしまうもの！

消耗品とは、コピー用紙やティシューペーパーなど、
短期的に使われてなくなってしまうものをいいます。

2　消耗品を購入したとき

「消耗品費」で処理！

コピー用紙やティシューペーパーなど、短期的に使
われてなくなってしまうもの（消耗品）を購入したときは、
消耗品費[費用]で処理します。

（消　耗　品　費）　×××（現　金　な　ど）　×××

費用が
増えた

「消耗品費」は
レッスン21でも
出てきましたよね

STAGE 1

STAGE 2

STAGE 3

STAGE 4

ステージ4…いろいろな取引❸ — テーマ11…その他の取引 —

STAGE 5

STAGE 6

STAGE 7

では仕訳を
確認しておきましょう

| 例 42-1 | コピー用紙100円を購入し、現金で支払った。 |

（消　耗　品　費）　100（現　　　　金）　100

まとめ

●消耗品費

・コピー用紙、テイシューペーパー、文房具などを購入
したときは**消耗品費**[費用]で処理する

消耗品費 さん

短期的に使われて
なくなってしまうもの
にかかった金額を
処理する勘定科目。

通信費と租税公課

郵便局で
郵便切手と収入印紙を買った。

この取引の
処理を
見ていきます

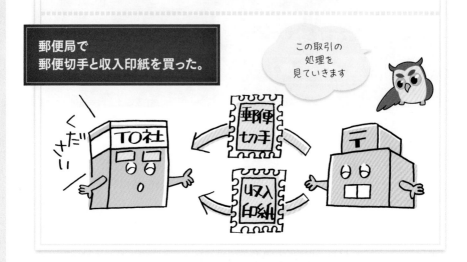

1　切手やはがきを購入したとき　「通信費」で処理する！

　郵便切手や郵便はがきを購入したときは、**通信費**
[費用]で処理します。そのほか、電話代やインターネッ
ト代など、通信のためにかかった費用も**通信費**[費用]
で処理します。

通信費 さん

（　通　信　費　）　xxx（　現　金　な　ど　）　xxx

費用が
増えた

通信費はレッスン21
でも出てきましたね。

212

「租税」は「税金」、
「公課」は「分担金」
という意味があります

2 収入印紙を購入したとき

「租税公課」で処理する!

収入印紙は、印紙税(一定の文書にかかる税金)の納付として使用される証書です。したがって、収入印紙を購入したときは**租税公課**[**費用**]で処理します。

また、固定資産税(土地や建物などを所有しているとかかる税金)や自動車税などを支払ったときも**租税公課**[**費用**]で処理します。

(租 税 公 課) ×××(現 金 な ど) ×××

費用が
増えた

租税公課 さん

いったんここまでの
仕訳を確認しておきましょう

例 43-1 郵便切手100円と収入印紙200円を購入し、
現金で支払った。

| (通 信 費) | 100 | (現 金) | 300 |
| (租 税 公 課) | 200 | | |

3 決算日に切手やはがき、印紙が残っているとき

「貯蔵品」
に振り替える!

決算
整理

通信費[**費用**]として費用計上した郵便切手やはがき、**租税公課**[**費用**]として費用計上した収入印紙が、決算日において残っている場合には、残っている分を**通信費**[**費用**]や**租税公課**[**費用**]から**貯蔵品**[**資産**]に振り替えます。

STAGE 2

STAGE 3

STAGE 4

ステージ4…いろいろな取引❸ ─ テーマ11…その他の取引 ─

STAGE 5

STAGE 6

STAGE 7

使ったら「費用」なんだけど、まだ使っていないなら「資産」！

未使用の状態なら他人に売れる＝資産価値があるからね…

（貯　蔵　品）	×××	（通　信　費）	×××

（貯　蔵　品）	×××	（租　税　公　課）	×××

貯蔵品 さん

4　翌期首の処理

決算日の仕訳の逆仕訳をする！

　決算日において、**通信費**[費用]や**租税公課**[費用]から**貯蔵品**[資産]に振り替えたときは、翌期首に決算時の仕訳の逆仕訳(再振替仕訳)をしてもとの勘定に振り戻します。

それでは、決算日と翌期首の仕訳を確認しましょう

例43-2　① 決算日において、通信費として計上した郵便切手のうち20円と、租税公課として計上した収入印紙のうち30円は未使用である。

（貯　蔵　品）	50	（通　信　費）	20
		（租　税　公　課）	30

② 期首につき、再振替仕訳を行う。

（通　信　費）	20	（貯　蔵　品）	50
（租　税　公　課）	30		

まとめ

●通信費と租税公課

・郵便切手、郵便はがき、電話代、インターネット代など

　→**通信費[費用]**で処理する!

　→決算日に残っている郵便切手や郵便はがきは

　　貯蔵品[資産]に振り替える

・収入印紙、固定資産税、自動車税など

　→**租税公課[費用]**で処理する!

　→決算日に残っている収入印紙は

　　貯蔵品[資産]に振り替える

租税公課 さん

収入印紙代、固定資産税、
自動車税などを処理する
勘定科目。
租税…要するに税金
公課…公的な負担金

貯蔵品 さん

商品以外のこまごまとしたもの
が期末において残っているとき
に処理する勘定科目。
「貯蔵」というと、
緊急時に備えて蓄えている
もののように思うけど、
そういうわけではない。
簿記では
ふつうに使われるものでも、
残っていたら「貯蔵品」となる。

44

収益と費用

収益と費用の勘定科目を
集めてみた。

収益と費用の
勘定科目をざっと
見ておきましょう

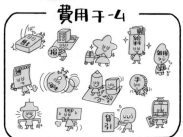

1　収　益

損益計算書の貸方に記入するもの

3級で学習する収益の勘定科目は次のとおりです。

3級で学習する収益の勘定科目（ ✓ は学習済み）	
✓ 売　　　上	✓ 商品売買益
✓ 受 取 利 息	✓ 雑　　　益
✓ 固定資産売却益	✓ 貸倒引当金戻入
✓ 償却債権取立益	

- 受取手数料……取引を仲介したときなどに受け取る手間賃など
- 受 取 地 代……土地を貸しているときに受け取る賃貸料
- 受 取 家 賃……建物を貸しているときに受け取る賃貸料

受取手数料 くん

2 費用

損益計算書の借方に記入するもの

3級で学習する費用の勘定科目は次のとおりです。

3級で学習する費用の勘定科目（✓は学習済み）

✓ 仕　　入	✓ 支払家賃
✓ 発送費	✓ 租税公課
✓ 給　　料	✓ 雑　　費
✓ 法定福利費	✓ 雑　　損
✓ 広告宣伝費	✓ 貸倒引当金繰入
✓ 旅費交通費	✓ 貸倒損失
✓ 支払手数料	✓ 減価償却費
✓ 通信費	✓ 支払利息
✓ 消耗品費	✓ 固定資産売却損
✓ 水道光熱費	

● 広告宣伝費
　　……ポスター、チラシ、インターネット広告等のために支出した金額

● 支払地代……土地を借りているときに支払う賃借料

● 保険料……建物などに付した損害保険料など

● 修繕費……有形固定資産の修繕にかかった費用

● 売上原価……売り上げた商品の原価

STAGE 1

STAGE 2

STAGE 3

STAGE 4 ｜ステージ4…いろいろな取引❸｜テーマ11…その他の取引｜

STAGE 5

STAGE 6

STAGE 7

収益・費用の未収・未払い

当期にお金を貸し、利息は次期に受け取る……。
決算日をまたぐが、なにもしなくていいのか？

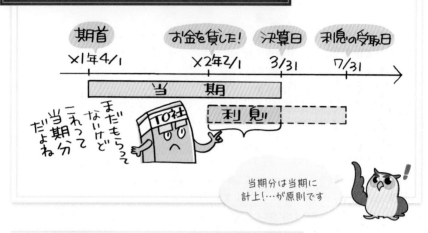

当期分は当期に
計上し…が原則です

1　収益の未収

当期の収益は、まだ受け取って
いなくても当期分として計上！

　たとえば、当期（×1年4月1日から×2年3月31日まで）の2月
1日に他社にお金を貸し、その利息は半年後の7月31
日に受け取る約束であったとした場合、2月1日から3
月31日までの2か月分の利息は当期分の収益である
にもかかわらず、まだ収益として計上されていません。

　そこで、決算日において、当期分の収益を月割りで
計上します。これを**収益の未収**といいます。

　収益の未収は、まずは当期分の収益を計上します。
そして、相手科目は**未収収益**（**未収利息、未収手数料など**）
[資産]で処理します。

あとで受け取る
ことができる！
→未収収益は
資産の勘定科目！

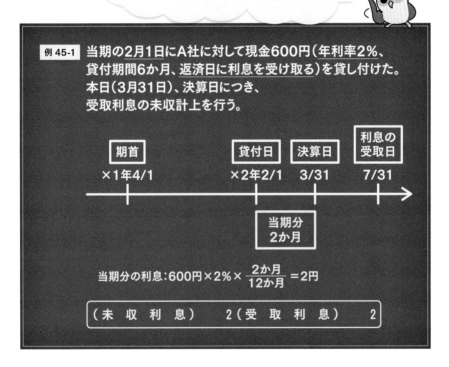

● 翌期首の仕訳

決算時に未収計上した収益は、翌期首になったら決算時の逆仕訳をしてもとの勘定に振り戻します（再振替仕訳）。

例 **45-1** の再振替仕訳は次のようになります。

（ 受 取 利 息 ）　　2（ 未 収 利 息 ）　　2

2　費用の未払い

当期の費用は、まだ支払って
いなくても当期分として計上！

こんどはお金を借りた側に立ってみましょう。

当期の2月1日にお金を借り、その利息は半年後の
7月31日に支払う約束であったとした場合、2月1日か
ら3月31日までの2か月分の利息は当期分の費用で
あるにもかかわらず、まだ費用として計上されていませ
ん。

そこで、決算日において、当期分の費用を月割りで
計上します。これを**費用の未払い**といいます。

費用の未払いは、まずは当期分の費用を計上しま
す。そして、相手科目は**未払費用**（未払利息、未払手数料、
未払広告宣伝費など）[負債]で処理します。

（ 支 払 利 息 など ）　　×××（ 未 払 利 息 など ）　　×××

❶費用を
計上

❷負債が
増えた

あとで費用を
支払わなければ
ならない
→未払費用は
負債の勘定科目！

費用の未払いについて
見てみましょう

例 **45-2**　当期分の利息の未払額が2円ある。

（ 支 払 利 息 ）　　2（ 未 払 利 息 ）　　2

STAGE 1

STAGE 2

STAGE 3

STAGE 4

ステージ4…いろいろな取引❸ テーマ11…その他の取引

STAGE 5

STAGE 6

STAGE 7

● **翌期首の仕訳**

決算時に未払計上した費用は、翌期首に再振替
仕訳をします。

例**45-2** の再振替仕訳は次のようになります。

（未 払 利 息）　　2（支 払 利 息）　　2

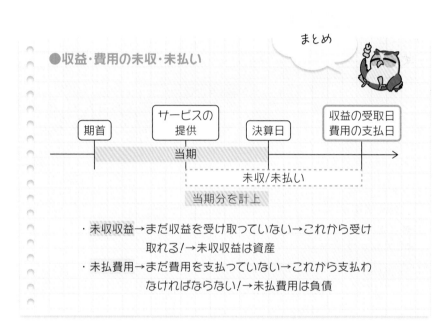

まとめ

● **収益・費用の未収・未払い**

| 期首 | サービスの提供 | 決算日 | 収益の受取日 費用の支払日 |

当期

未収/未払い

当期分を計上

・未収収益→まだ収益を受け取っていない→これから受け
　　　　　　取れる！→未収収益は資産
・未払費用→まだ費用を支払っていない→これから支払わ
　　　　　　なければならない！→未払費用は負債

Lesson

46

次期分を当期に受け取った・支払ったなら、
差し引かなきゃ!

収益・費用の前受け・前払い

当期に1年分の家賃を前受けした。
この中に次期の分も含まれるが、このままでいいの?

次期分は除いて!

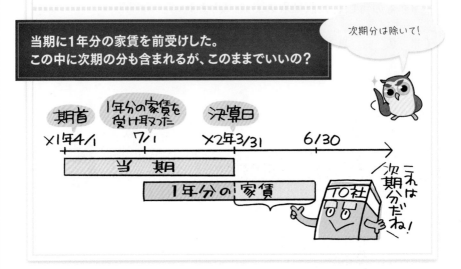

1 収益の前受け

次期の収益は当期の収益から除いて!

たとえば、当期(×1年4月1日から×2年3月31日まで)の7月1日に他社に建物を貸し、1年分(×1年7月1日から×2年6月30日まで)の家賃を受け取ったとします。この場合、×2年4月1日から6月30日までの3か月分の家賃は次期分の収益であるにもかかわらず、当期の収益として計上されています。

そこで、決算日において、次期分の収益を月割りで計算して、当期の収益から差し引きます。これを**収益の前受け**といいます。

収益の前受けは、まずは次期分の収益を当期の収益から減額します。そして、相手科目は**前受収益**(前受家賃、前受利息、前受手数料**など**)[**負債**]で処理します。

さきに受け取ってしまっている
→その分のサービスを提供しなければならない
→前受収益は負債の勘定科目

STAGE 1

STAGE 2

STAGE 3

STAGE 4 ｜ステージ4…いろいろな取引❸｜テーマ11…その他の取引｜

STAGE 5

STAGE 6

STAGE 7

（受取家賃など）　　xxx（前受家賃など）　　xxx

❶収益を減らす　　　　　　　　❷負債が増えた

当期は×1年4月1日から
×2年3月31日という前提で

ちょっと計算して
みましょう

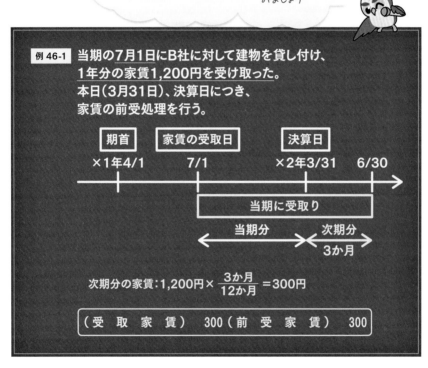

例 46-1　当期の7月1日にB社に対して建物を貸し付け、
1年分の家賃1,200円を受け取った。
本日（3月31日）、決算日につき、
家賃の前受処理を行う。

期首	家賃の受取日		決算日	
×1年4/1	7/1		×2年3/31	6/30

当期に受取り

当期分　　　　次期分
3か月

次期分の家賃：1,200円 × $\dfrac{3か月}{12か月}$ ＝ 300円

（受　取　家　賃）　300（前　受　家　賃）　300

● 翌期首の仕訳

決算時に前受処理した収益は、翌期首に再振替仕訳をします。

例 46-1 の再振替仕訳は次のようになります。

（前 受 家 賃） 300（受 取 家 賃） 300

2 費用の前払い
次期の費用は当期の費用から除いて！

こんどは、建物を借りた側に立ってみましょう。

当期の7月1日に建物を借り、1年分（×1年7月1日から×2年6月30日まで）の家賃を支払ったとします。この場合、×2年4月1日から6月30日までの3か月分の家賃は次期分の費用であるにもかかわらず、当期の費用として計上されています。

そこで、決算日において、次期分の費用を月割りで計算して、当期の費用から差し引きます。これを**費用の前払い**といいます。

費用の前払いは、まずは次期分の費用を当期の費用から減額します。そして、相手科目は**前払費用**（前払家賃、前払利息、前払手数料、前払保険料など）[**資産**]で処理します。

（前 払 家 賃 な ど） xxx（支 払 家 賃 な ど） xxx

❷資産が増えた　❶費用を減らす

> さきに支払っている
> →その分のサービスを
> 受けられる！
> →前払費用は
> 資産の勘定科目

224

STAGE 1

STAGE 2

STAGE 3

STAGE 4 ｜ステージ4…いろいろな取引❸｜テーマ11…その他の取引｜

STAGE 5

STAGE 6

STAGE 7

仕訳を確認して
おきましょう

例46-2 家賃の前払額が300円ある。

（前 払 家 賃） 300（支 払 家 賃） 300

● 翌期首の仕訳

　決算時に前払処理した費用は、翌期首に再振替
仕訳をします。

　例46-2 の再振替仕訳は次のようになります。

（支 払 家 賃） 300（前 払 家 賃） 300

まとめ

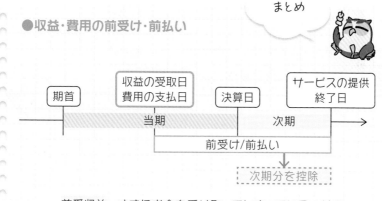

●収益・費用の前受け・前払い

・前受収益→さきにお金を受け取ってしまっている→その
　　　　　分のサービスをしなければならない！→前受
　　　　　収益は負債
・前払費用→さきにお金を支払っている→その分のサービ
　　　　　スを受けられる！→前払費用は資産

訂正仕訳

売掛金の回収額200円を2,000円で
処理してしまった！　どうする？

1 | 訂正仕訳　　　誤った仕訳の逆仕訳＋正しい仕訳

赤字で
なおせばいい！
…っていうもんじゃ
ないですよ

　誤った仕訳から正しい仕訳に修正するための仕訳
（訂正仕訳）は、**誤った仕訳の逆仕訳と正しい仕訳を合
わせた仕訳**となります。

STAGE 1

STAGE 2

STAGE 3

STAGE 4 — ステージ4…いろいろな取引❸ — テーマ11…その他の取引 —

STAGE 5

STAGE 6

STAGE 7

さっそく確認して
みましょう

例 47-1 売掛金200円を現金で回収したが、
誤って2,000円で処理していた。
正しい仕訳にするための仕訳を答えなさい。

① 誤った仕訳: （現　　金）2,000（売 掛 金）2,000

② ①の逆仕訳: （売 掛 金）2,000（現　　金）2,000

＋

③ 正しい仕訳: （現　　金）　200（売 掛 金）　200

④ 訂正仕訳（②＋③）: （売 掛 金）1,800（現　　金）1,800

└─ 2,000円－200円 ─┘

まとめ

●訂正仕訳

① 誤った仕訳を書いてみる
② ①の逆仕訳を書く　←これで誤った仕訳を取り消すこと
　　　　　　　　　　　　になる
③ 正しい仕訳をする
④ ②＋③で訂正仕訳の完成!

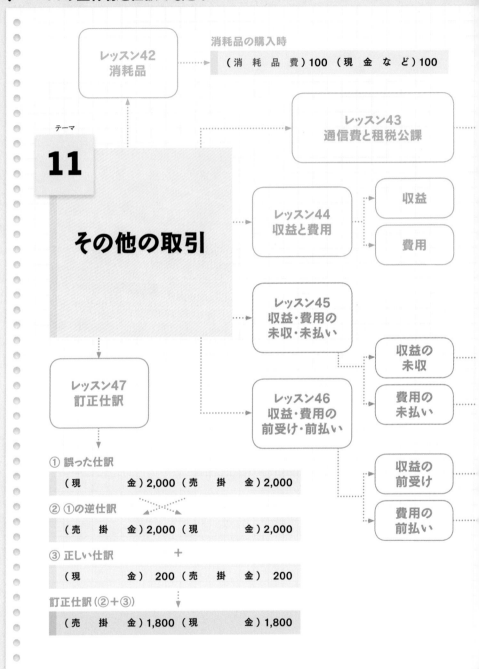

消耗品の購入時

（消耗品費）100（現金など）100

テーマ

11

その他の取引

| レッスン42 消耗品 |
| レッスン43 通信費と租税公課 |
| レッスン44 収益と費用 |
| 収益 |
| 費用 |
| レッスン45 収益・費用の未収・未払い |
| レッスン46 収益・費用の前受け・前払い |
| 収益の未収 |
| 費用の未払い |
| 収益の前受け |
| 費用の前払い |

レッスン47 訂正仕訳

① 誤った仕訳

（現　　　　金）2,000（売　掛　金）2,000

② ①の逆仕訳

（売　掛　金）2,000（現　　　　金）2,000

③ 正しい仕訳

（現　　　　金）　200（売　掛　金）　200

訂正仕訳（②＋③）

（売　掛　金）1,800（現　　　　金）1,800

通信費

郵便切手、郵便はがきの購入時、通信代の支払時

（通　信　費）100（現　金　な　ど）100

決算時（郵便切手、郵便はがきが残っているとき）

（貯　蔵　品）20（通　信　費）20

翌期首

（通　信　費）20（貯　蔵　品）20

租税公課

収入印紙の購入時、固定資産税、自動車税等の支払時

（租　税　公　課）200（現　金　な　ど）200

決算時（収入印紙が残っているとき）

（貯　蔵　品）30（租　税　公　課）30

翌期首

（租　税　公　課）30（貯　蔵　品）30

①決算時（例：受取利息の未収）

（未　収　利　息）　2　（受　取　利　息）　2

②翌期首（再振替仕訳）

（受　取　利　息）　2　（未　収　利　息）　2

①決算時（例：支払利息の未払い）

（支　払　利　息）　2　（未　払　利　息）　2

②翌期首（再振替仕訳）

（未　払　利　息）　2　（支　払　利　息）　2

①決算時（例：受取家賃の前受け）

（受　取　家　賃）300（前　受　家　賃）300

②翌期首（再振替仕訳）

（前　受　家　賃）300　（受　取　家　賃）300

①決算時（例：支払家賃の前払い）

（前　払　家　賃）300　（支　払　家　賃）300

②翌期首（再振替仕訳）

（支　払　家　賃）300　（前　払　家　賃）300

これで
仕訳は（ほぼ）おしまい！
問題をしっかり
解いておいて！

STAGE 5

帳簿の記入

これまでは取引の仕訳について見てきましたが、
ここでは取引を帳簿に記入する方法について見ていきます。
けっこういろいろな帳簿が出てきますが
帳簿名を見ればどんな内容を
記入するものか、すぐわかるから
そんなに難しく考えなくても大丈夫。

> ここからは
> 「帳簿」について
> 見ていきます

決算でやること | 儲けが出たら

決算整理
をする → 精算表
を作る → 損益計算書、
貸借対照表
を作る → 勘定を
締め切る → 配当する

STAGE 5

テーマ
12　帳簿の記入❶ で学ぶ内容

Lesson
48　仕訳帳と総勘定元帳

仕訳をしたら、転記する
……なにに、どういうふうに
書くの？

Lesson
49　現金出納帳と当座預金出納帳

現金や当座預金の明細を
管理したいときはこの帳簿！

Lesson
50　小口現金出納帳

小口現金をいつ、なにに使ったか
を書いておく帳簿。

こんな内容を
学習します

どの帳簿に記入する？

Lesson
51
仕入帳と
売上帳

いつ、どこから（どこへ）、なにを、
何個、いくらで
仕入れた（売り上げた）か
を書いておく帳簿。

Lesson
52
受取手形記入帳
と支払手形記入帳

受取手形と支払手形の明細を
書いておく帳簿。

現金 さん

当座預金 さん

小口現金 さん

仕入 さん

売上 くん

受取手形 さん

支払手形 くん

これらの勘定科目、覚えていますか？

仕訳帳と総勘定元帳

取引が発生したので 仕訳帳に仕訳して
総勘定元帳に転記した。

どんなふうに
書くのか
見てみましょう

1 仕訳帳　　　　　　　　仕訳を記入する帳簿

仕訳は**仕訳帳**に記入します。

仕訳帳の形式は次のとおりです。

STAGE 1

STAGE 2

STAGE 3

STAGE 4

STAGE 5 ｜ ステージ5…帳簿の記入 ｜ テーマ12…帳簿の記入❶ ｜

STAGE 6

STAGE 7

❹
↓
❶　　　　　仕　訳　帳　　　　　　❸　　　1

×1年		摘　　　　　要	元丁	借　方	貸　方
4	1	（仕　　　　　　入）	31	100	
		（現　　　　金）	1		100
		A社より仕入 ← ❷			
	5	諸　　　口（売　　　上）	21		200
		（現　　　　金）❸	1	50	
		（売　掛　金）	2	150	
		X社へ売上			

❷

●仕訳帳の記入

ポイント
だけ確認

❶ 摘要欄…仕訳と❷コメント（小書き）を記入する

　　　❸仕訳1組を記入したら線を引く

　　　❸同じ側に複数の勘定科目がある場合は
　　　　「諸口」と記入する

❷ 元丁欄…総勘定元帳の番号（次ページ参照）を記入する

❸ 借方・貸方欄

　　　…仕訳の金額を借方と貸方に分けて記入する

❹ 仕訳帳のページ数

　　　→総勘定元帳（次ページ参照）の「仕丁欄」に記入

2 総勘定元帳　　勘定科目ごとに金額を集計！

　仕訳をしたら**総勘定元帳に転記**します。総勘定元帳は、現金勘定や売掛金勘定など、勘定科目ごとに金額を集計する帳簿です。

　1の仕訳帳の仕訳を総勘定元帳に転記すると、次のようになります。

仕　　訳　　帳　　　　　　　　1

×1年		摘　　　　　　要		元丁	借　　方	貸　　方
4	1	(仕　　　　　入) 仕入勘定の借方に記入		31	**1** 100	
		現金勘定の貸方に記入 (現　　　　　金)		1	**2**	100
		A社より仕入				
	5	諸　　　　口 (売　　　　上)		21	売上勘定の貸方に記入	**3** 200
		(現　　　　金) 現金勘定の借方に記入		1	**4** 50	
		(売　掛　金) 売掛金勘定の借方に記入		2	**5** 150	
		X社へ売上				

↓

総　勘　定　元　帳

2　　**3**　　現　　　金　　**2**　　**3**　　**4**→1

×1年	摘　　要	仕丁	借　方	×1年	摘　　要	仕丁	貸　方
4	1	前月繰越		800	4	1	仕　　入	1	**2** 100
	5	売　　上	1	**4** 50					

1　　　　　　　　　　　　　　**1**

STAGE 1

STAGE 2

STAGE 3

STAGE 4

STAGE 5

ステージ5…帳簿の記入 — テーマ12…帳簿の記入❶ —

STAGE 6

STAGE 7

売　　掛　　金　　　　　　　　　　　2

×1年		摘　　要	仕丁	借　　方	×1年		摘　　要	仕丁	貸　　方
4	1	前 月 繰 越		300					
	5	売　　　　上	1	**5** 150					

売　　　　　上　　　　　　ⓐ　　　　21

×1年		摘　　要	仕丁	借　　方	×1年		摘　　要	仕丁	貸　　方
					4	5	諸　　　　口	1	**3** 200

仕　　　　　入　　　　　　　　　　31

×1年		摘　　要	仕丁	借　　方	×1年		摘　　要	仕丁	貸　　方
4	1	現　　　　金	1	**1** 100					

ポイント
だけ確認

●**総勘定元帳の記入**

❶ 仕訳の借方科目は該当する勘定の借方に、
　仕訳の貸方科目は該当する勘定の貸方に記入

❷ 摘要欄…仕訳の**相手科目**を記入

（仕　　　　入）　100（現　　　　金）　100
「現金」の相手科目　　　　　「仕入」の相手科目

ⓐ…仕訳の相手科目が複数の場合には「諸口」と記入

（現　　　　金）　50（売　　　　上）　200
（売　　掛　　金）　150
「売上」の相手科目

❸ 仕丁欄…仕訳帳のページ数を記入

❹ 右肩の数字…総勘定元帳の番号→仕訳帳の「元丁欄」に記入

237

3 略式の総勘定元帳 日付、相手科目、金額だけ記入する形

　試験では、略式の総勘定元帳で出題されることも
あります。

　2 の総勘定元帳の記入を略式の総勘定元帳に記
入すると、次のようになります。

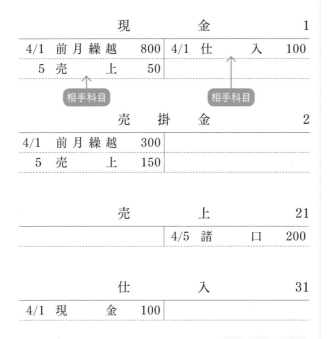

	現	金			1
4/1	前月繰越	800	4/1	仕　入	100
5	売　上	50			

相手科目　　　　　　　相手科目

	売	掛	金		2
4/1	前月繰越	300			
5	売　上	150			

	売	上			21
			4/5	諸　口	200

	仕	入			31
4/1	現　金	100			

こういうのは、
問題を解いてなれて
おいてくださいね!

STAGE 1

STAGE 2

STAGE 3

STAGE 4

STAGE 5 ｜ステージ5…帳簿の記入 ｜テーマ12…帳簿の記入❶ ｜

STAGE 6

STAGE 7

Lesson

おこづかい帳とか家計簿みたいなもの

49 現金出納帳と 当座預金出納帳

この帳簿について
見ていきます

1 現金出納帳　　現金の出し入れを管理する帳簿

現金出納帳は入金と出金の状況を記入します。

現金出納帳の形式は次のとおりです。

現 金 出 納 帳

×1年		摘　　要 ❶	収　入 ❷	支　出 ❸	残　高 ❹
5	1	前月繰越	500		500
	7	文房具等の購入		80	420
	10	X社から売掛金の回収	150		570
	20	A社に買掛金の支払い		100	ⓐ (470)
❺	31	次月繰越		ⓐ (470)	
			❻ 650	650	
6	1	前月繰越 ❼	ⓐ (470)		470

●現金出納帳の記入

❶ 摘要欄…取引の内容を記入

❷ 収入欄…入金額を記入

❸ 支出欄…出金額を記入

❹ 残高欄…残高を記入

❺ 月末になったら

　　…摘要欄に「次月繰越」と記入し、

　　支出欄に直前の残高（ⓐ）を記入

　☆赤字で記入するものだけど、試験では黒字でよい

❻ 締切り…収入欄の合計、支出欄の合計を記入して

　　締め切る

❼ 次月に備えて

　　…摘要欄に「前月繰越」と記入し、

　　前月の残高（ⓐ）を収入欄と残高欄に記入

STAGE 1
STAGE 2
STAGE 3
STAGE 4
STAGE 5
STAGE 6
STAGE 7

2 当座預金出納帳 当座預金の増減を管理する帳簿

当座預金出納帳は当座預金の預入れと引出しの
状況を記入します。

当座預金出納帳の形式は次のとおりです。

❶ 当 座 預 金 出 納 帳 ❷

×1年		摘 要	小切手番号	預 入	引 出	借/貸	残 高
6	1	前月繰越		600		借	600
	15	X社から売掛金の回収		300		〃	900
	20	A社に買掛金の支払い	001		200	〃	700
	25	給料の支払い			450	〃	250
	30	次月繰越			250		
				900	900		
7	1	前月繰越		250		借	250

ポイント
だけ確認

●当座預金出納帳の記入

❶ 小切手番号欄
　　　…当社が振り出した小切手の番号を記入
❷ 借/貸欄…当座預金の残高が借方残高なら「借」、
　　　　貸方残高（当座借越）なら「貸」と記入

50 小口現金出納帳

① 会計係から小口現金を受け取った。
② 電車代、文房具代、バス代、お茶菓子代を支払った。
③ 会計係から小口現金の補給があった。

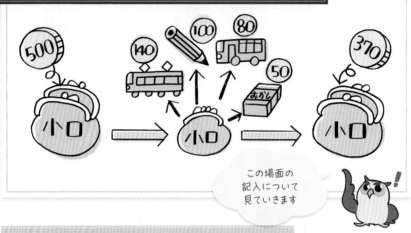

この場面の記入について見ていきます

1 小口現金出納帳 各部署の小口現金を管理する帳簿

小口現金出納帳は、小口現金を管理するための帳簿で、補給と支払いの状況を記入します。

小口現金出納帳は、小口現金の補給を週明け（月初）にするか、週末（月末）にするかで、末尾の記入方法が異なります。

2 週明け（月初）補給の場合 月曜日に補給の場合

週明け（または月初）に小口現金を補給する場合の記入は次のとおりです。

語句

定額資金前渡法
（ていがくしきんまえわたしほう）

小口現金について、使った分だけ補給し、小口現金の残高を一定にする方法。インプレスト・システムともいう

小口現金出納帳③

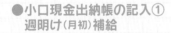

受　入	×1年		摘　　　要	支　払	内　　　訳		
					旅費交通費	消耗品費	雑　費
500	8	1	小口現金受入				
		2	電車代	140	140		
		3	文房具	100		100	
		4	バス代	80	80		
		5	お茶菓子代	50			50
		〃	❺ 合　　計	370	220	100	50
		〃	次週繰越 ⓐ	130			
500				500			
130 ⓑ	8		前週繰越				
370 ⓒ	〃		本日補給				

ポイント
だけ確認

●**小口現金出納帳の記入①**
　　週明け（月初）補給

❶ 受入欄…小口現金の補給額を記入
❷ 摘要欄…使った内容を記入
❸ 支払欄…使った金額を記入
❹ 内訳欄…使った内容ごとに金額を記入
❺ 合計欄…支払欄、内訳欄の合計を記入
末尾の記入は…
　ⓐ 週末（または月末）の残高を「次週繰越」として記入
　　　500円－370円＝130円
　ⓑ 二重線を引いて締め切ったあと、
　　　週明け（月初）に「前週繰越」として受入欄に、
　　　前週から残っている金額を記入
　ⓒ 「本日補給」として、補給額（前週に使った金額）を
　　　受入欄に記入

3 週末(月末)補給の場合　金曜日に補給の場合

週末(または月末)に小口現金を補給する場合の記入
(末尾のみ)は次のとおりです。

小 口 現 金 出 納 帳

受　　入	×1年	摘　　　　要		支　　払	内　　　訳		
					旅費交通費	消耗品費	雑　　費
		⋮					
		合　　計		370	220	100	50
370	5	本日補給	ⓐ				
	〃	次週繰越	ⓑ	500			
870				870			
500	ⓒ	8	前週繰越				

ポイント
だけ確認

●小口現金出納帳の記入②
週末(月末)補給

末尾の記入は…

ⓐ 「本日補給」として、補給額(今週使った金額)を受入欄に記入

ⓑ 「次週繰越」として、次週に繰り越す金額を支払欄に記入

　→週末(月末)に補給されて、定額(500円)に戻っている

　→支払欄に「500」と記入

ⓒ 二重線を引いて締め切ったあと、

　週明け(月初)に「前週繰越」として受入欄に、

　前週から残っている金額(定額)を記入

STAGE 1

STAGE 2

STAGE 3

STAGE 4

STAGE 5
ーステージ5…帳簿の記入ーテーマ12…帳簿の記入❶ー

STAGE 6

STAGE 7

4 支払報告時と補給時の仕訳　　小口現金出納帳からの仕訳

　次の小口現金出納帳の記入から、会計係に支払報告があったとき（会計係への支払報告は週末に行うものとする）と、小口現金の補給があったとき（小切手を振り出して補給）の仕訳をすると、以下のようになります。

小 口 現 金 出 納 帳

受　　入	×1年		摘　　　　　要	支　　払	内　　　訳		
					旅費交通費	消耗品費	雑　　費
500	8	1	小口現金受入				
		2	電車代	140	140		
		3	文房具	100		100	
		4	バス代	80	80		
		5	お茶菓子代	50			50
			合　　　計	370	220	100	50
		〃	次週繰越	130			
500				500			
130	8	8	前週繰越				
370		〃	本日補給				

仕訳 **8/5　会計係に支払報告があったときの仕訳**

（旅 費 交 通 費）　220（小 口 現 金）　370
（消 耗 品 費）　100
（雑　　　　　費）　 50

8/8　小口現金の補給があったときの仕訳

（小 口 現 金）　370（当 座 預 金）　370

商品の仕入と売上の内容をくわしく記入する!

51 仕入帳と売上帳

この帳簿について
見ていきます

1 仕入帳

仕入先や単価、数量などを記入

仕入帳は、商品の仕入に関する事項を記入する帳簿です。仕入帳の記入は次のとおりです。

❶ 仕　入　帳　❷　　　❸

×1年		摘　　　　要	内　訳	金　額
9	3	A社　　　　　　　　現金		
		ミートソース　10缶　@150円		1,500
	10	B社　　　　　　　　掛け		
		野菜カレー　20個　@100円 ❹	2,000	
		特選カレー　30個　@200円	6,000	8,000
	12	B社　　　　　　　掛け返品 ❺		
		特選カレー　5個　@200円		1,000
	30	❹　総 仕 入 高		9,500
		❺　返 品 高		1,000
		❻　純 仕 入 高		8,500

ポイント
だけ確認

●仕入帳の記入

❶ 摘要欄…仕入先、商品名、支払方法、数量、単価など
　　　　　を記入
❷ 内訳欄…複数の商品を仕入れたときは、
　　　　　内訳欄に各商品の金額を記入
❸ 金額欄…仕入れた商品の金額を記入
　　ⓐ 複数の商品を仕入れたときは…
　　　内訳欄に各商品の金額を記入して、
　　　合計金額を金額欄に記入
　　ⓑ 返品したときは…
　　　赤字で記入（試験では黒字で記入）
　月末になったら…
　　返品前の❹総仕入高を記入したあと、
　　❺返品高を赤字で記入（試験では黒字で記入）し、
　　最後に「総仕入高－返品高」で❻純仕入高を計算

2　売上帳　　　　得意先や単価、数量などを記入

　売上帳は、商品の売上に関する事項を記入する
帳簿です。売上帳の記入は次のとおりです。

STAGE 1
STAGE 2
STAGE 3
STAGE 4
STAGE 5
STAGE 6
STAGE 7

ステージ5…帳簿の記入｜テーマ12…帳簿の記入❶｜

❶ 売　上　帳 ❷　　❸

×1年		摘　　要			内　訳	金　額
9	15	X社		現金		
		野菜カレー	10個	@350円		3,500
	18	Y社		掛け		
		ミートソース	10缶	@400円	4,000 ⓐ	10,000
		ナポリタン	12缶	@500円	6,000	
	20	Y社		掛け返品 ⓑ		
		ナポリタン	2缶	@500円		1,000
	30	❹	総　売　上　高			13,500
		❺	返　品　高			1,000
		❻	純　売　上　高			12,500

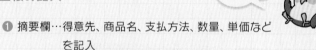

●売上帳の記入

❶ 摘要欄…得意先、商品名、支払方法、数量、単価など
　　　　を記入

❷ 内訳欄…複数の商品を売り上げたときは、
　　　　　内訳欄に各商品の金額を記入

❸ 金額欄…売り上げた商品の金額を記入

ⓐ 複数の商品を売り上げたときは…
　内訳欄に各商品の金額を記入して、合計金額を金額欄
　に記入

ⓑ 返品されたときは…
　赤字で記入（試験では黒字で記入）

月末になったら…
　返品前の❹総売上高を記入したあと、
　❺返品高を赤字で記入（試験では黒字で記入）し、
　最後に「総売上高－返品高」で❻純売上高を計算

STAGE 1
STAGE 2
STAGE 3
STAGE 4
STAGE 5 | ステージ5…帳簿の記入 | テーマ12…帳簿の記入❶ |
STAGE 6
STAGE 7

Lesson

手形の内容をくわしく記入する!

52 受取手形記入帳と支払手形記入帳

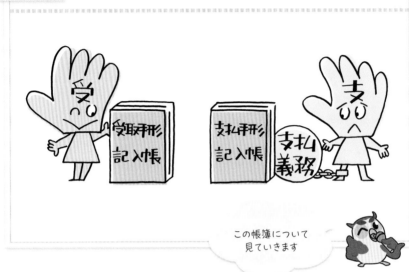

この帳簿について
見ていきます

1 受取手形記入帳　　受け取った手形がどんな内容かを記入

受取手形記入帳は、受取手形の内容を記入する
帳簿です。

受取手形記入帳の記入は次のとおりです。

受取手形記入帳

×1年		❶手形種類	❷手形番号	❸摘要	❹支払人	振出人または裏書人	❺振出日		❻満期日		❽支払場所	❾手形金額	てん末		❿
							月	日	月	日			月	日	摘要
8	5	約手	15	売　上ⓐ	X社	X社	8	5	11	5	甲銀行	1,000	11	5	入金ⓒ
9	30	約手	52	売掛金ⓑ	Y社	Y社	9	30	12	31	乙銀行	2,000			

手形を受け取ったときに記入する内容

受取手形
の回収に
関する内容

●受取手形記入帳の記入

❶ 手形種類欄…手形の種類(約束手形・為替手形)を記入

↑これは1級で学習

❷ 手形番号欄…受け取った手形の番号を記入

❸ 摘　要　欄…受取手形が増加した原因

(仕訳の相手科目)を記入

ⓐ 8/ 5 (受 取 手 形) 1,000 (売　　　　上) 1,000

ⓑ 9/30 (受 取 手 形) 2,000 (売　掛　金) 2,000

❹ 支 払 人 欄…その手形の代金の支払義務がある人を

記入

❺ 振出人または裏書人欄

…その手形を振り出した人または

裏書譲渡をした人を記入

↑これは2級で学習

❻ 振 出 日 欄…手形の振出日を記入

❼ 満 期 日 欄…手形の満期日(支払期日)を記入

❽ 支払場所欄…手形代金が支払われる金融機関名を記入

❾ 手形金額欄…手形に記載されている金額を記入

❿ て ん 末 欄…その手形が最後にどうなったのかを記入

回収したなら「入金」、

貸し倒れたなら「貸倒れ」など

ⓒ 11/5 (当座預金など) 1,000 (受 取 手 形) 1,000

2　支払手形記入帳　　振り出した手形の内容を記入

　支払手形記入帳は、支払手形の内容を記入する帳簿です。

　支払手形記入帳の記入は次のとおりです。

STAGE 1

STAGE 2

STAGE 3

STAGE 4

STAGE 5　｜ステージ5…帳簿の記入｜テーマ12…帳簿の記入❶｜

STAGE 6

STAGE 7

❶❷❸　支　払　手　形　記　入　帳　　❹

×1年		手形種類	手形番号	摘要	受取人	振出人	振出日		満期日		支払場所	手形金額	てん末		
							月	日	月	日			月	日	摘要
8	20	約手	30	仕　入ⓐ	A社	当社	8	20	11	20	丙銀行	3,000	11	20	支払ⓒ
10	10	約手	31	買掛金ⓑ	B社	当社	10	10	12	31	丙銀行	4,000			

手形を振り出したときに記入する内容　　　　　←→　支払手形の決済に関する内容

●支払手形記入帳の記入

❶ 摘　要　欄…支払手形が増加した原因
　　　　　　　　（仕訳の相手科目）を記入

ⓐ 8/20 （仕　　　入）3,000（支 払 手 形）3,000

ⓑ 10/10 （買　掛　金）4,000（支 払 手 形）4,000

❷ 受 取 人 欄…その手形の代金を受け取る人を記入

❸ 振 出 人 欄…その手形を振り出した人を記入

❹ て ん 末 欄…その手形が最後にどうなったのかを記入
　　　　　　　　決済されたなら「支払」とか
　　　　　　　　「当座預金から引落し」など

ⓒ 11/20 （支 払 手 形）3,000（当 座 預 金）3,000

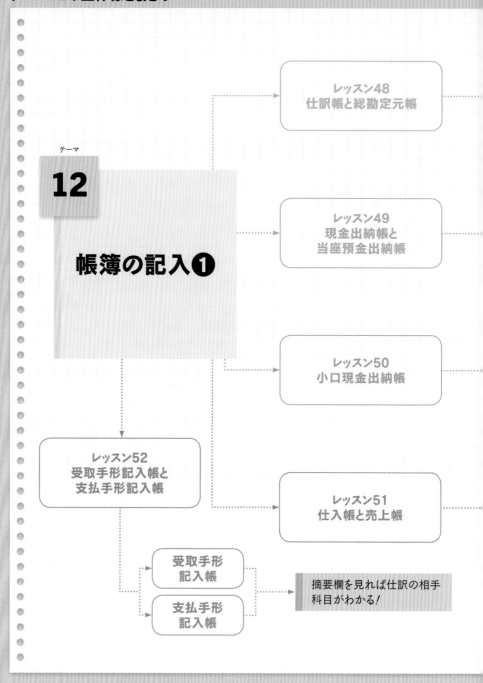

テーマ

12

帳簿の記入❶

レッスン48
仕訳帳と総勘定元帳

レッスン49
現金出納帳と
当座預金出納帳

レッスン50
小口現金出納帳

レッスン52
受取手形記入帳と
支払手形記入帳

レッスン51
仕入帳と売上帳

受取手形
記入帳

支払手形
記入帳

摘要欄を見れば仕訳の相手
科目がわかる!

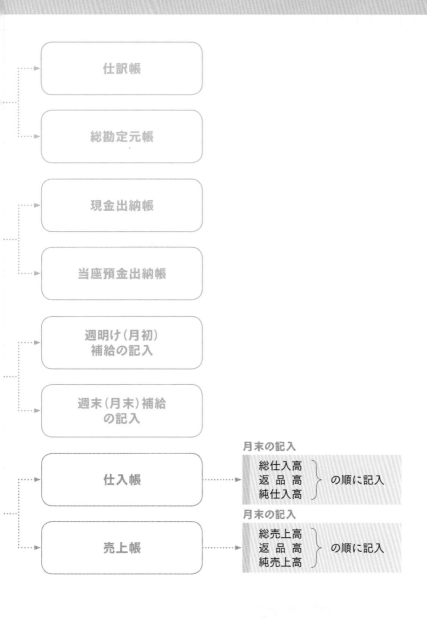

仕訳帳

総勘定元帳

現金出納帳

当座預金出納帳

週明け（月初）
補給の記入

週末（月末）補給
の記入

仕入帳

月末の記入

総仕入高
返品高　　の順に記入
純仕入高

売上帳

月末の記入

総売上高
返品高　　の順に記入
純売上高

帳簿はテキストを読むより、
実際に記入したほうが
理解が早い！
だから、問題を解こう！

STAGE 5

テーマ 13 帳簿の記入❷ で学ぶ内容

Lesson 53 売掛金元帳と買掛金元帳

得意先・仕入先ごとに
売掛金・買掛金の内容を
書いておく帳簿。

Lesson 54 商品有高帳

商品ごとに、受入れ、払出し、
在庫の状況を管理する帳簿。

Lesson 55 固定資産台帳

建物や備品などの固定資産の
状況を一覧で管理する帳簿。

帳簿の記入は第2問で出る!

Lesson

56 補助簿の選択

どういうときに、
どの帳簿に記入するのか
……という話。

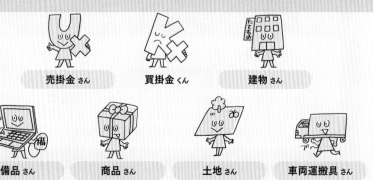

売掛金 さん 　買掛金 くん 　建物 さん

備品 さん 　商品 さん 　土地 さん 　車両運搬具 さん

← これらの勘定科目、覚えていますか?

この得意先、あの仕入先に対する掛けの状況が明らかに！

売掛金元帳と買掛金元帳

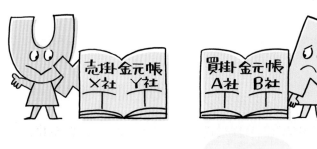

この帳簿について
見ていきます

1 売掛金元帳

得意先ごとに記入

　売掛金元帳は、得意先別に売掛金の増減を管理する帳簿です。なお、売掛金元帳は**得意先元帳**ともよばれます。

この取引例を使って
記入を見てみましょう

> 例 53-1 次の資料にもとづいて、売掛金元帳に記入しなさい。

　10月　1日　前月繰越　売掛金450円（内訳：X社200円、Y社250円）
　　　　15日　X社に商品500円を掛けで売り上げた。
　　　　17日　X社に売り上げた商品のうち50円が返品された。
　　　　18日　Y社に商品350円を掛けで売り上げた。
　　　　25日　X社の売掛金550円を現金で回収した。
　　　　〃　　Y社の売掛金400円が普通預金口座に入金された。

STAGE 1

STAGE 2

STAGE 3

STAGE 4

STAGE 5

STAGE 6

STAGE 7

例53-1
の仕訳

15日	（売掛金・X社）	500	（売　　上）	500
17日	（売　　上）	50	（売掛金・X社）	50
18日	（売掛金・Y社）	350	（売　　上）	350
25日	（現　　金）	550	（売掛金・X社）	550
〃	（普通預金）	400	（売掛金・Y社）	400

売　掛　金　元　帳

❷　　❶→ X　　　社　　❸　　❹　　❺

×1年		摘　　　要	借　　方	貸　　方	借／貸	残　　高
10	1	前月繰越	200		借	200
	15	売上げ	500		〃	700
	17	返品		50	〃	650
	25	現金で回収		550	〃	ⓐ 100
	31	次月繰越 ❻		100		
		❼	700	700		
11	1	前月繰越 ❽	100		借	100

Y　　　社

×1年		摘　　　要	借　　方	貸　　方	借／貸	残　　高
10	1	前月繰越	250		借	250
	18	売上げ	350		〃	600
	25	普通預金口座に入金		400	〃	200
	31	次月繰越		200		
			600	600		
11	1	前月繰越	200		借	200

ポイント
だけ確認

●売掛金元帳の記入

❶ 得意先名…得意先ごとに記入

　　　　X社の売掛金の増減はX社勘定に、
　　　　Y社の売掛金の増減はY社勘定に記入

❷ 摘 要 欄…取引の内容を記入

❸ 借方欄、貸方欄

　　　　…売掛金の増加は借方欄に、
　　　　売掛金の減少は貸方欄に金額を記入

❹ 借・貸欄…借方残高なら「借」、貸方残高なら「貸」と記入

　　　　☆売掛金だから基本的には借方残高になる！

❺ 残 高 欄…取引後の残高を記入

❻ 月末になったら

　　　　…摘要欄に「次月繰越」と記入し、
　　　　貸方欄に直前の残高（❺）を記入

　　　　☆赤字で記入するものだけど、試験では黒字でよい

❼ 締 切 り…借方欄の合計、貸方欄の合計を記入して
　　　　締め切る

❽ 次月に備えて

　　　　…摘要欄に「前月繰越」と記入し、
　　　　前月の残高（❺）を借方欄と残高欄に記入
　　　　借・貸欄に「借」と記入

			売　掛　金　元　帳			
			X		社	
10/ 1	前 月 繰 越	200	10/17	返　　　品	50
	15	売　上　げ	500	25	現金で回収	550
				31	次 月 繰 越	100
			700			700
11/ 1	前 月 繰 越	100			

試験では
こういう勘定の形で
出題されることもあります

2 買掛金元帳

仕入先ごとに記入

買掛金元帳は、仕入先別に買掛金の増減を管理する帳簿です。なお、買掛金元帳は**仕入先元帳**ともよばれます。

この取引例を使って
記入を見てみましょう

例53-2 **次の資料にもとづいて、買掛金元帳に記入しなさい。**

10月 1日 前月繰越 買掛金220円（内訳：A社100円、B社120円）
　　10日 A社より商品300円を掛けで仕入れた。
　　12日 A社から仕入れた商品のうち30円を返品した。
　　20日 B社より商品380円を掛けで仕入れた。
　　25日 A社の買掛金200円を現金で支払った。
　　28日 B社の買掛金320円を普通預金口座から支払った。

例53-2
の仕訳

10日	（仕　　　　　入）	300	（買掛金・A社）	300
12日	（買掛金・A社）	30	（仕　　　　　入）	30
20日	（仕　　　　　入）	380	（買掛金・B社）	380
25日	（買掛金・A社）	200	（現　　　　金）	200
28日	（買掛金・B社）	320	（普 通 預 金）	320

STAGE 1
STAGE 2
STAGE 3
STAGE 4
STAGE 5
STAGE 6
STAGE 7

STAGE 5 ｜ステージ5…帳簿の記入｜テーマ13…帳簿の記入❷｜

買 掛 金 元 帳

❶→ A　　　社　❷　　❸

×1年		摘　　要	借　方	貸　方	借/貸	残　高
10	1	前月繰越		100	貸	100
	10	仕入れ		300	〃	400
	12	返品	30		〃	370
	25	現金で支払い	200		〃	❹ 170
	31	次月繰越　❹	170			
			400	400		
11	1	前月繰越　❺		170	貸	170

B　　　社

×1年		摘　　要	借　方	貸　方	借/貸	残　高
10	1	前月繰越		120	貸	120
	20	仕入れ		380	〃	500
	28	普通預金口座から支払い	320		〃	180
	31	次月繰越	180			
			500	500		
11	1	前月繰越		180	貸	180

買 掛 金 元 帳
A　　　社

10/12	返　　品	30	10/1	前 月 繰 越	100
25	現金で支払い	200	10	仕　入　れ	300
31	次 月 繰 越	170			
		400			400
			11/1	前 月 繰 越	170

勘定の形だと、
こうなります
（A社のみ）

260

STAGE 1

STAGE 2

STAGE 3

STAGE 4

STAGE 5

ステージ5…帳簿の記入 ― テーマ13…帳簿の記入❷ ―

STAGE 6

STAGE 7

売掛金元帳と
似ているよ

●**買掛金元帳の記入**

❶ 仕入先名…仕入先ごとに記入

　　　　A社の買掛金の増減はA社勘定に、

　　　　B社の買掛金の増減はB社勘定に記入

❷ 借方欄、貸方欄

　　　　…買掛金の増加は貸方欄に、

　　　　買掛金の減少は借方欄に金額を記入

❸ 借・貸欄…借方残高なら「借」、貸方残高なら「貸」と記入

　　　　☆買掛金だから基本的には貸方残高になる!

❹ 月末になったら

　　　　…摘要欄に「次月繰越」と記入し、借方欄に直前の残高

　　　　(⑤)を記入

　　　　☆赤字で記入するものだけど、試験では黒字でよい

❺ 次月に備えて

　　　…摘要欄に「前月繰越」と記入し、

　　　　前月の残高(⑤)を貸方欄と残高欄に記入

　　　　借・貸欄に「貸」と記入

商品の在庫は何個ある？
帳簿につけておくとすぐわかるよね！

商品有高帳

この帳簿について
見ていきます

1 商品有高帳

商品ごとに記入

しょうひんありだかちょう
商品有高帳は、商品の種類別に受け入れ、払い出し、在庫の状況を明らかにするための帳簿です。

商 品 有 高 帳

❶→野 菜 カ レ ー

日 付	摘 要	受 入			払 出			残 高		
		数量	単価	金額	数量	単価	金額	数量	単価	金額
11　1	前月繰越	10	100	1,000				10	100	1,000
10	仕　　入	20	130	2,600				30	120	3,600
15	売　　上				15	120	1,800	15	120	1,800
20	仕　　入	10	140	1,400				25	128	3,200
25	売　　上				17	128	2,176	8	128	1,024
ⓐ26	売上戻り	2	128	256				10	128	1,280
ⓒ30	次月繰越				10	128	1,280			
		42	—	5,256	42	—	5,256			
12　1	前月繰越	10	128	1,280				10	128	1,280

STAGE 1

STAGE 2

STAGE 3

STAGE 4

STAGE 5 ｜ステージ5…帳簿の記入｜テーマ13…帳簿の記入❷｜

STAGE 6

STAGE 7

●商品有高帳の記入

ポイント
だけ確認！

❶ 商品の種類…商品の種類ごとに記入

野菜カレー、特選カレーなど
種類ごとに分けて記入

❷ 摘要欄…取引の内容(仕入とか売上とか)を記入

❸ 受入欄…商品を受け入れたとき、数量、単価、金額を記入

┗仕入れたりして、倉庫に商品が
入ってきたとき

ⓐ 売上戻りは通常、受入欄に記入する

❹ 払出欄…商品を払い出したとき、数量、単価、金額を記入

┗売り上げたりして、倉庫から商品が
出て行ったとき

☆原価で記入する！
売り上げたときの「売価」ではない

❺ 残高欄…残っている商品の数量、単価、金額を記入

❻ 月末になったら

…摘要欄に「次月繰越」と記入し、直前の
残高欄の数量・単価・金額(ⓑ)を払出欄に記入

☆赤字で記入するものだけど、試験では黒字でよい

❼ 締切り…受入欄と払出欄の数量合計および金額合計を記入して
締め切る

❽ 次月の記入に備えて

…摘要欄に「前月繰越」と記入し、
前月の残高(ⓑ)を受入欄と残高欄に記入

商品有高帳に記入する
単価や金額はすべて「原価」です。
「売価」は使いませんよ～

2 払出単価の計算

商品の仕入時期や仕入先の違いによって、同じ商品でも仕入単価が異なることがあります。そのため、商品を払い出したとき、どの単価で計算するのかを決めておく必要があります。

このような払出単価の計算方法には、**先入先出法**（さきいれさきだしほう）と**移動平均法**（いどうへいきんほう）があります。

● 先入先出法

先入先出法は、先に仕入れたものから先に払い出したと仮定して払出単価を計算する方法です。

なお、仕入単価の異なるものを同時に払い出したときや、仕入単価の異なるものが在庫として残っている場合には、商品有高帳上、上下に分けて記入し、中カッコ（{）でくくっておきます。

この資料を使って
記入してみましょう

> **例 54-1** 今月の商品（野菜カレー）の仕入と売上の状況は次のとおりである。**先入先出法**で商品有高帳を記入しなさい。

		数 量	単 価	金 額
11月 1日	前月繰越	10個	@100円	1,000円
10日	仕 入	20個	@130円	2,600円
15日	売 上	15個	@200円	3,000円
20日	仕 入	10個	@140円	1,400円
25日	売 上	17個	@210円	3,570円
26日	売上戻り	25日の売上分から2個返品された。		

STAGE 1
STAGE 2
STAGE 3
STAGE 4
STAGE 5 ─ ステージ5…帳簿の記入 ─ テーマ13…帳簿の記入❷ ─
STAGE 6
STAGE 7

商 品 有 高 帳
野 菜 カ レ ー

（先入先出法）

日付		摘要	受入			払出			残高		
			数量	単価	金額	数量	単価	金額	数量	単価	金額
11	1	前月繰越	10	100	1,000				10	100	1,000
	10	仕　入	20	130	2,600				❶ 10	100	1,000
									20	130	2,600
	15	売　　上	❷ 15個払出			10	100	1,000			
						5	130	650	15	130	1,950
	20	仕　入	10	140	1,400				15	130	1,950
									10	140	1,400
	25	売　　上				15	130	1,950			
						2	140	280	8	140	1,120
ⓐ	26	売上戻り	2	140	280				10	140	1,400
	30	次月繰越				10	140	1,400			
			42	—	5,280	42	—	5,280			
12	1	前月繰越	10	140	1,400				10	140	1,400

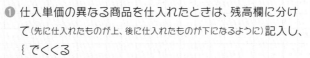

まとめ

●**先入先出法**

…先に仕入れたものから先に払い出した
と仮定して払出単価を決定する方法

❶ 仕入単価の異なる商品を仕入れたときは、残高欄に分け
て（先に仕入れたものが上、後に仕入れたものが下になるように）記入し、
｛でくくる

❷ 仕入単価の異なる商品を払い出したときは、払出欄に仕
入単価の異なるものごとに記入し、｛でくくる
先入先出法で売上戻りがあった場合には、あとに払い出
した単価のものが戻ってきたとして記入する
→25日の払出しは さき 15個（130円） あと 2個（140円）
→26日の売上戻りは あと が戻ってきたとして記入

● 移動平均法

移動平均法は、仕入のつど、平均単価を計算して、平均単価を払出単価とする方法です。

今度は移動平均法!

例 54-2 今月の商品（野菜カレー）の仕入と売上の状況は次のとおりである。移動平均法で商品有高帳を記入しなさい。

		数　量	単　価	金　額
11月 1日	前月繰越	10個	@100円	1,000円
10日	仕　　入	20個	@130円	2,600円
15日	売　　上	15個	@200円	3,000円
20日	仕　　入	10個	@140円	1,400円
25日	売　　上	17個	@210円	3,570円
26日	売上戻り	25日の売上分から2個返品された。		

商　品　有　高　帳

野　菜　カ　レ　ー

（移動平均法）

日 付		摘　　要	受　　入			払　　出			残　　高		
			数量	単価	金額	数量	単価	金額	数量	単価	金額
11	1	前月繰越	10	100	1,000				10	100	1,000
	10	仕　　入	20	130	2,600				❶ 30	120	3,600
	15	売　　上				15	120	1,800	15	120	1,800
	20	仕　　入	10	140	1,400				❷ 25	128	3,200
	25	売　　上				17	128	2,176	8	128	1,024
	26	売上戻り	2	128	256				10	128	1,280
	30	次月繰越				10	128	1,280			
			42	—	5,256	42	—	5,256			
12	1	前月繰越	10	128	1,280				10	128	1,280

STAGE 1
STAGE 2
STAGE 3
STAGE 4
STAGE 5 一 ステージ 5…帳簿の記入 一 テーマ 13…帳簿の記入❷ 一
STAGE 6
STAGE 7

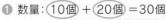

まとめ

●移動平均法

…仕入のつど、平均単価を計算して、

平均単価を払出単価とする方法

❶ 数量：⟨10個⟩＋⟨20個⟩＝30個

金額：⟨1,000円⟩＋⟨2,600円⟩＝3,600円

単価(平均単価)：3,600円÷30個＝@120円

❷ 数量：⟨15個⟩＋⟨10個⟩＝25個

金額：⟨1,800円⟩＋⟨1,400円⟩＝3,200円

単価(平均単価)：3,200円÷25個＝@128円

---

3 売上高、売上原価、売上総利益の計算 　試験でも出る！

　売り上げた商品の数量に売価を掛けて**売上高**を計算します。なお、売上戻りがある場合には、総売上高から売上戻り分を差し引いて**純売上高**を計算します。

11月の純売上高を
計算してみましょう

例 54-3

		数 量	単 価	金 額
11月 1日	前月繰越	10個	@100円	1,000円
10日	仕　入	20個	@130円	2,600円
15日	売　上	15個	@200円	3,000円
20日	仕　入	10個	@140円	1,400円
25日	売　上	17個	@210円	3,570円
26日	売上戻り	25日の売上分から2個返品された。		

純売上高：3,000円＋3,570円－@210円×2個＝6,150円

また、売り上げた商品の原価を**売上原価**といいます。売上原価は「売上」に対応する原価なので、商品有高帳の「売上」に対応する払出欄の金額合計となります。なお、売上戻りがある場合には、受入欄に記入された金額（戻り分）を差し引いてください。

商　品　有　高　帳

日付		摘要	受入			払出			残高		
			数量	単価	金額	数量	単価	金額	数量	単価	金額
11	1	前月繰越	10	100	1,000				10	100	1,000
	10	仕　入	20	130	2,600				30	120	3,600
	15	売　上				15	120	1,800	15	120	1,800
	20	仕　入	10	140	1,400				25	128	3,200
	25	売　上				17	128	2,176	8	128	1,024
	26	売上戻り	2	128	256				10	128	1,280
	30	次月繰越				10	128	1,280			
			42	—	5,256	42	—	5,256			
12	1	前月繰越	10	128	1,280						

> **売上原価**
> 1,800円＋2,176円
> －256円＝3,720円

そして、売上高から売上原価を差し引いた金額を**売上総利益**といいます。

公式

売上総利益＝売上高－売上原価

したがって、売上高（純売上高）が6,150円、売上原価が3,720円の場合、売上総利益は2,430円（6,150円－3,720円）となります。

売上総利益：6,150円－3,720円＝2,430円

STAGE 1
STAGE 2
STAGE 3
STAGE 4
STAGE 5 ステージ5…帳簿の記入 テーマ13…帳簿の記入❷
STAGE 6
STAGE 7

Lesson 固定資産ごとにいろいろ書いておく帳簿

55 固定資産台帳

この帳簿について
見ていきます

1 固定資産台帳

固定資産の取得日、取得原価、
償却方法などを記入

こ てい し さんだいちょう
固定資産台帳は、所有する固定資産（土地、建物、備品、車両運搬具など）の状況を固定資産の種類ごとに記録するための帳簿です。

固定資産台帳の記入は次のとおりです。

固 定 資 産 台 帳

取得年月日	種類	償却方法	耐用年数	取得原価	期首減価償却累計額	当期減価償却費	期末減価償却累計額	期末帳簿価額
×1 4 1	備品A	定額法	5年	2,000	800	400	1,200	800
×2 4 1	備品B	定額法	6年	3,000	500	500	1,000	2,000
×3 8 1	備品C	定額法	5年	4,500		600	600	3,900
				↑❶	↑❷	↑❸	↑❹	↑❺

●固定資産台帳

① 取得原価…固定資産の取得原価を記入

② 期首減価償却累計額

　　　…期首における減価償却累計額を記入

③ 当期減価償却費

　　　…当期の減価償却費を記入

④ 期末減価償却累計額

　　　…期末における減価償却累計額を記入

⑤ 期末帳簿価額　　┗→②+③

　　　…①取得原価－④期末減価償却累計額

STAGE 1
STAGE 2
STAGE 3
STAGE 4
STAGE 5 ｜ステージ5…帳簿の記入｜テーマ13…帳簿の記入❷｜
STAGE 6
STAGE 7

Lesson

勘定科目で判断できるよ

56 補助簿の選択

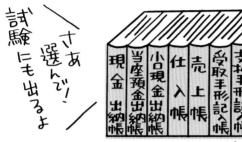

試験にも出るよ
さあ選んで!

現金出納帳
当座預金出納帳
小口現金出納帳
仕入帳
売上帳
受取手形記入帳
支払手形記入帳
売掛金元帳
買掛金元帳
商品有高帳
固定資産台帳

補助簿

> どの帳簿に
> 記入すればいいか
> …の選び方を
> 見ていきます

1 主要簿と補助簿　　　全部の帳簿を作成する必要はない!

　取引が発生したら、仕訳帳に仕訳して、総勘定元帳に記入します。仕訳帳や総勘定元帳は、必ず作成しなければならない帳簿で、**主要簿**とよばれます。

　一方、仕訳帳と総勘定元帳以外の帳簿は、必要に応じて作成すればよい帳簿で、**補助簿**とよばれます。

　補助簿はさらに、特定の取引の明細を記入する**補助記入帳**と、特定の勘定の明細を記入する**補助元帳**に分類されます。

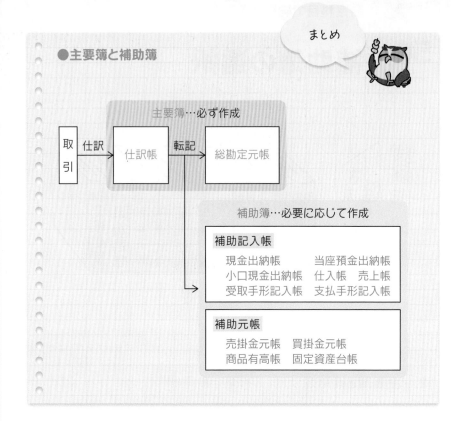

●主要簿と補助簿

まとめ

主要簿…必ず作成

取引 → 仕訳 → 仕訳帳 → 転記 → 総勘定元帳

補助簿…必要に応じて作成

補助記入帳

現金出納帳　　　当座預金出納帳
小口現金出納帳　仕入帳　売上帳
受取手形記入帳　支払手形記入帳

補助元帳

売掛金元帳　　買掛金元帳
商品有高帳　　固定資産台帳

2 補助簿の選択

仕訳の勘定科目で判断

　どのような取引が生じたら、どの補助簿に記入するのかは、仕訳の勘定科目から判断します。

　なお、**商品の仕入、売上、返品は、商品の移動があるため、商品有高帳にも記入**します。

STAGE 1

STAGE 2

STAGE 3

STAGE 4

STAGE 5 一 ステージ5…帳簿の記入 一 テーマ13…帳簿の記入❷ 一

STAGE 6

STAGE 7

まとめ

●補助簿の選択

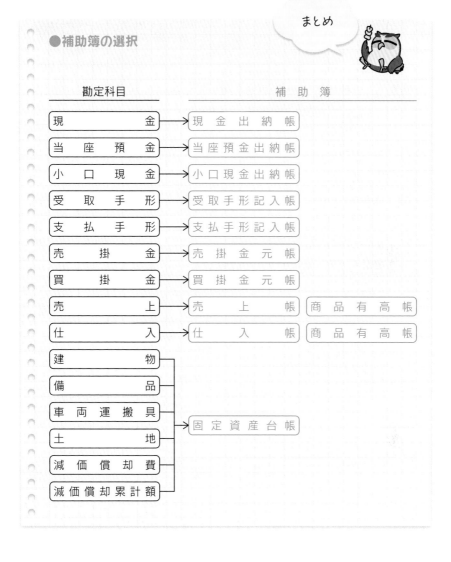

勘定科目	補　助　簿	
現　　　　　金	→現 金 出 納 帳	
当 座 預 金	→当座預金出納帳	
小 口 現 金	→小口現金出納帳	
受 取 手 形	→受取手形記入帳	
支 払 手 形	→支払手形記入帳	
売 　 掛 　 金	→売 掛 金 元 帳	
買 　 掛 　 金	→買 掛 金 元 帳	
売　　　　　上	→売 　 上 　 帳	商 品 有 高 帳
仕　　　　　入	→仕 　 入 　 帳	商 品 有 高 帳
建　　　　　物		
備　　　　　品		
車 両 運 搬 具	→固 定 資 産 台 帳	
土　　　　　地		
減 価 償 却 費		
減 価 償 却 累 計 額		

［問題］　当社は以下の補助簿を用いている。次の取引はどの補助簿
　　　　に記入されるか、○印をつけなさい。

（1）　商品100円を仕入れ、代金のうち20円は現金で支払い、残額
　　は掛けとした。
（2）　先に受け取っていた約束手形200円が決済され、当座預金口
　　座への入金を受けた。
（3）　決算において、所有する備品について、当期の減価償却費300
　　円を計上した（記帳方法は間接法）。

取引 補助簿	（1）	（2）	（3）
現金出納帳			
当座預金出納帳			
仕入帳			
売上帳			
受取手形記入帳			
支払手形記入帳			
売掛金元帳			
買掛金元帳			
商品有高帳			
固定資産台帳			

まず、取引の
仕訳をします

そして、勘定科目を見て、
補助簿を選択します

そうすると答えは
こうなります

補助簿 ＼ 取引	(1)	(2)	(3)
現金出納帳	○		
当座預金出納帳		○	
仕入帳	○		
売上帳			
受取手形記入帳		○	
支払手形記入帳			
売掛金元帳			
買掛金元帳	○		
商品有高帳	○		
固定資産台帳			○

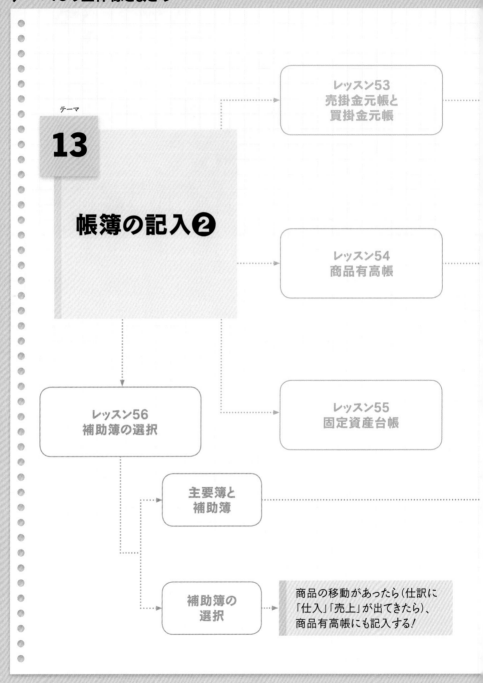

テーマ

13

帳簿の記入❷

レッスン53
売掛金元帳と
買掛金元帳

レッスン54
商品有高帳

レッスン55
固定資産台帳

レッスン56
補助簿の選択

主要簿と
補助簿

補助簿の
選択

商品の移動があったら（仕訳に
「仕入」「売上」が出てきたら）、
商品有高帳にも記入する！

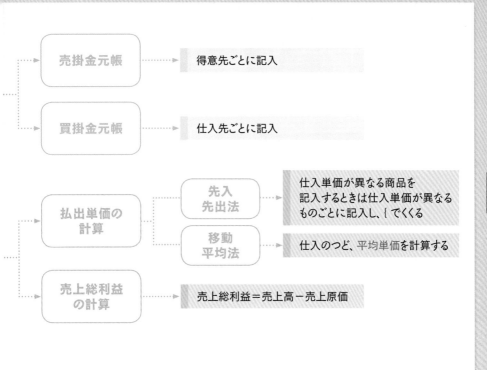

売掛金元帳 ……▶ 得意先ごとに記入

買掛金元帳 ……▶ 仕入先ごとに記入

払出単価の計算 ─┬─ 先入先出法 ……▶ 仕入単価が異なる商品を記入するときは仕入単価が異なるものごとに記入し、{ でくくる

└─ 移動平均法 ……▶ 仕入のつど、平均単価を計算する

売上総利益の計算 ……▶ 売上総利益＝売上高－売上原価

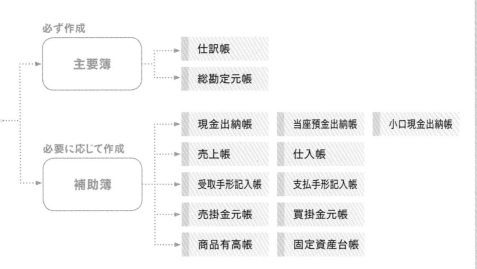

必ず作成

主要簿 ─┬─ 仕訳帳

└─ 総勘定元帳

必要に応じて作成

補助簿 ─┬─ 現金出納帳　当座預金出納帳　小口現金出納帳

├─ 売上帳　仕入帳

├─ 受取手形記入帳　支払手形記入帳

├─ 売掛金元帳　買掛金元帳

└─ 商品有高帳　固定資産台帳

なんだか
いろいろ出てきましたね。
実際に問題を解いて、
マスターしよう！

STAGE 6

伝票制度、試算表

日々やること

決算にかぎらず、月次でも作成します

取引が
あった → 仕訳帳に
仕訳する → 総勘定元帳に
転記する → 試算表
を作る

どちらか

伝票に
書く → 仕訳
日計表を
作る

補助簿
を作る

ここ　ここ

これまで、「取引は仕訳帳に仕訳する」と言ってきましたが、
実は仕訳帳ではなく、
伝票というものを使うこともできます。
また、決算に先立って試算表という一覧表を作成します。
ここでは伝票制度と試算表について見ていきます。

テーマ

14 伝票制度

» P. 280

テーマ

15 試算表

» P. 300

試験でも
よく出る
ところです！

決算でやること

儲けが出たら

決算整理
をする

精算表
を作る

損益計算書、
貸借対照表
を作る

勘定を
締め切る

配当する

STAGE 6

テーマ
14　伝票制度 で学ぶ内容

Lesson		取引が発生したら、仕訳を……
57	**伝票**	しなくてもいい！ 伝票を使えば。

差入保証金 さん

当座借越 くん

消耗品費 さん

これらの勘定科目、覚えていますか？

こんな内容を
学習します

どんな「伝票」があって
なにを書くのか見ていこう!

これをミスなく
転記しろって?
ムチャいうね

TO社
出金伝票
振替伝票
入金伝票
総勘定元帳

Lesson
58 仕訳日計表

そうはいっても、伝票から直接
転記はミスが生じやすいから、
仕訳日計表というものを
使ってみよう。

貸倒損失 さん

償却債権取立益 くん

貸倒引当金 ちゃん

仕訳帳に仕訳してもいいし、
伝票に記入してもいいし……

伝　票

取引が発生したので 仕訳帳……じゃなくて
伝票に記入してみた。

そんなことが
できるんですねえ…

1　伝票制度
仕訳帳みたいに、取引を記録するもの

　これまで、「取引が発生したら仕訳帳に仕訳する」と
してきましたが、実務では会計ソフトなどを使って、**伝
票**を用いて取引を記録することが一般的です。

　伝票とは、仕訳帳に代わって取引を一定の形式で
記録する紙片をいいます。また、取引を伝票に記入す
ることを**起票**といいます。

文房具屋さんでも
「出金伝票」とか
売っているから、
どんなものか
見てみると
いいかも！

STAGE 6 ステージ6…伝票制度、試算表 テーマ14…伝票制度

2 三伝票制

3つの伝票を使い分ける!

三伝票制では、**入金伝票**、**出金伝票**、**振替伝票**の3種類の伝票を使って、取引を記入します。

三伝票制で使う伝票

❶ 入金伝票────入金取引〔現金が増えた!〕を記入する伝票
❷ 出金伝票────出金取引〔現金が減った!〕を記入する伝票
❸ 振替伝票────現金取引以外の取引を記入する伝票

● 入金伝票

入金伝票には、入金取引を記入します。

入金取引では、**仕訳の借方が必ず「現金」となる**ため、入金伝票の科目欄には「現金」の相手科目(仕訳の貸方科目)を記入します。

たとえば
こんな取引の場合は…

例57-1 **4月1日　売掛金100円を現金で回収した。**

仕訳をすると…

（現　　　金）　100（売　　掛　　金）　100

借方が「現金」

相手科目は「売掛金」

入金伝票に記入

入金伝票の記入は
こうなります

入　金　伝　票	
×1年4月1日	
科　　　目	金　　額
売　　掛　　金	100

「現金」の相手科目　　　金額

● **出金伝票**

　出金伝票には、出金取引を記入します。

　出金取引では、**仕訳の貸方が必ず「現金」となる**ため、出金伝票の科目欄には「現金」の相手科目（仕訳の借方科目）を記入します。

たとえば
こんな取引の
場合は…

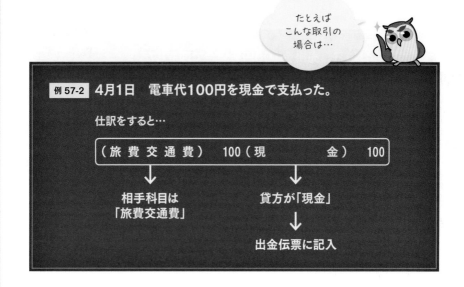

例 57-2　**4月1日　電車代100円を現金で支払った。**

仕訳をすると…

（旅 費 交 通 費）　100（現　　　　　金）　100

相手科目は　　　　　　貸方が「現金」
「旅費交通費」
　　　　　　　　　　　　↓
　　　　　　　　　　出金伝票に記入

STAGE 1

STAGE 2

STAGE 3

STAGE 4

STAGE 5

STAGE 6　ステージ6…伝票制度、試算表　テーマ14…伝票制度

STAGE 7

出金伝票の記入は
こうなります

出　金　伝　票	
×1年4月1日	
科　　目	金　　額
旅　費　交　通　費	100

「現金」の相手科目　　　　金額

● **振替伝票**

振替伝票には、入金取引でも出金取引でもない
取引を記入します。

振替伝票には仕訳の形で記入します。

たとえば
こんな取引の
場合は…

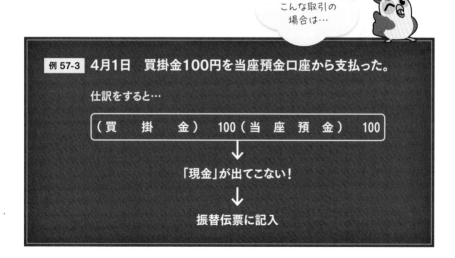

例 57-3 **4月1日　買掛金100円を当座預金口座から支払った。**

仕訳をすると…

（買　　掛　　金）100（当　座　預　金）100

↓

「現金」が出てこない！

↓

振替伝票に記入

振替伝票の記入は
こうなります

振 替 伝 票			
×1年4月1日			
借方科目	金　額	貸方科目	金　額
買　　掛　　金	100	当　座　預　金	100

3　一部現金取引　現金取引とその他の取引がまざっていたら?

　1つの取引で、現金取引と現金以外の取引がまざっていることがあります(一部現金取引)。

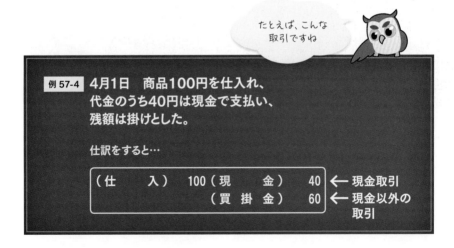

たとえば、こんな
取引ですね

例57-4　4月1日　商品100円を仕入れ、
代金のうち40円は現金で支払い、
残額は掛けとした。

仕訳をすると…

（仕　　　　入）　100（現　　　　金）　 40 ← 現金取引
　　　　　　　　　　　（買　掛　金）　 60 ← 現金以外の
　　　　　　　　　　　　　　　　　　　　　取引

　この場合の起票方法は、以下の2パターンがあります。

STAGE 1

STAGE 2

STAGE 3

STAGE 4

STAGE 5

STAGE 6

ステージ6⋯伝票制度、試算表 ― テーマ14⋯伝票制度 ―

STAGE 7

❶ 取引を2つに分けて起票する方法

例57-4 の取引は、「現金仕入40円」と「掛け仕入60円」に分解することができます。

そこで、「現金仕入40円」を出金伝票に、「掛け仕入60円」を振替伝票に記入します。

1つの仕訳を
2つに分けて…

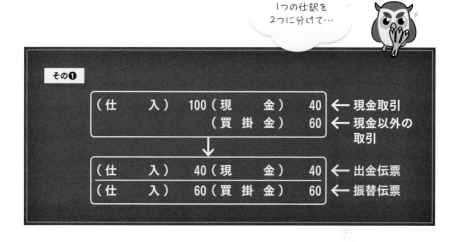

その❶							
（仕　　入）	100	（現　　金）	40	← 現金取引
		（買　掛　金）	60	← 現金以外の取引
（仕　　入）	40	（現　　金）	40	← 出金伝票
（仕　　入）	60	（買　掛　金）	60	← 振替伝票

起票すると
こうなります

出　金　伝　票	
×1年4月1日	
科　　　　目	金　　額
仕　　　　　　入	40

振　替　伝　票					
×1年4月1日					
借方科目	金　額	貸方科目		金　額
仕　　　　入	60	買　掛　金		60

❷ 2つの取引が同時にあったとみなして起票する方法

例57-4 の取引は、「いったん全額（100円）を掛けで仕入れて、すぐに買掛金40円を現金で支払った」と考えても、結果は同じになります。

そこで、「掛け仕入100円」は振替伝票に、「現金による買掛金の支払い40円」は出金伝票に記入します。

本当はこういう取引ではないんだけど、

こういう取引があったとみなすのです

ちょっとやってみましょう

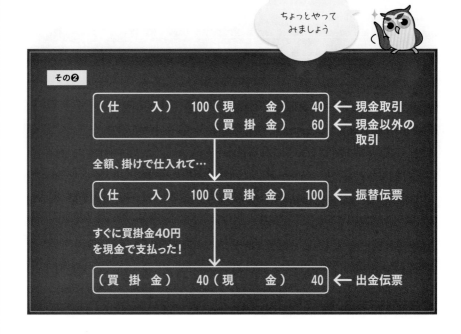

その❷

（仕　　　入）	100	（現　　　金）	40	← 現金取引
		（買　掛　金）	60	← 現金以外の取引

全額、掛けで仕入れて…

（仕　　　入）	100	（買　掛　金）	100	← 振替伝票

すぐに買掛金40円を現金で支払った！

（買　掛　金）	40	（現　　　金）	40	← 出金伝票

STAGE 1

STAGE 2

STAGE 3

STAGE 4

STAGE 5

STAGE 6

ステージ6…伝票制度、試算表 ー テーマ14…伝票制度 ー

STAGE 7

<table>
<tr><td colspan="4" align="center">振 替 伝 票
×1年4月1日</td></tr>
<tr><td align="center">借方科目</td><td align="center">金　額</td><td align="center">貸方科目</td><td align="center">金　額</td></tr>
<tr><td>仕　　　　　入</td><td align="center">100</td><td>買　掛　　金</td><td align="center">100</td></tr>
</table>

<table>
<tr><td colspan="2" align="center">出 金 伝 票
×1年4月1日</td></tr>
<tr><td align="center">科　　　目</td><td align="center">金　額</td></tr>
<tr><td>買　掛　　金</td><td align="center">40</td></tr>
</table>

各伝票の記入は
こうなります

まとめ

● **三伝票制**

| 入金伝票 | 出金伝票 | 振替伝票 |

● **一部現金取引の起票方法**

① 取引を2つに分けて起票する方法

（仕　　　　入）　40（現　　　　金）　40 → 出金伝票

分ける!

（仕　　　　入）　60（買　掛　　金）　60 → 振替伝票

② 2つの取引が同時にあったとみなして起票する方法

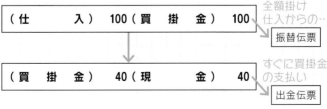

（仕　　　　入）100（買　掛　　金）100 → 全額掛け
仕入からの…
振替伝票

（買　掛　　金）　40（現　　　　金）　40 → すぐに買掛金
の支払い
出金伝票

いったん、金額を集計してから転記！

仕訳日計表

伝票を見ながら総勘定元帳に転記する。
……ミスが生じそうだなあ。

さて、
どうしましょうか？

1 仕訳日計表とは　　1日分の伝票の金額を集計する表

　伝票を使った場合でも、総勘定元帳に転記しますが、伝票の数が多いと転記ミスが生じやすくなります。

　そこで、伝票からの転記ミスを防ぐため、伝票からいったん**仕訳日計表**という集計表に金額を集計することがあります。

伝票を毎日集計する場合は
「仕訳日計表」といいます

1週間分の伝票を
集計する場合は
「仕訳週計表」といいます

仕訳日計表の形式は次のとおりです。

仕　訳　日　計　表

×1年8月1日　　　②↓　　　❶→81

借　　方	元丁	勘　定　科　目	元丁	貸　　方
ⓐ→850		現　　　　　金		ⓑ→370
		受　取　手　形		500
700		売　　掛　　金		350
270		買　　掛　　金		380
		売　　　　　上		700
380		仕　　　　　入		
100		消　耗　品　費		
2,300		❸		2,300

ポイント
だけ確認

●**仕訳日計表の記入**

❶ 仕訳日計表のページ数 → 総勘定元帳に転記する
　　ときに使う

② 元丁欄…総勘定元帳の番号 → 総勘定元帳に転記するとき
　　　　　　　　　　　　　　　　に使う

❸ 借方合計と貸方合計は一致する

ⓐ … の合計金額を記入 ← 入金伝票には「借方・現金」
　　　　　　　　　　　　　　　　　　　　の取引を記入するから

ⓑ … の合計金額を記入 ← 出金伝票には「貸方・現金」
　　　　　　　　　　　　　　　　　　　　の取引を記入するから

ちょっとやって
みましょう

| 入 金 伝 票 | No.101 |
| 売掛金（X社） | 250 |

| 入 金 伝 票 | No.102 |
| 売掛金（Y社） | 100 |

| 入 金 伝 票 | No.103 |
| 受取手形 | 500 |

| 出 金 伝 票 | No.201 |
| 買掛金（A社） | 150 |

| 出 金 伝 票 | No.202 |
| 買掛金（B社） | 120 |

| 出 金 伝 票 | No.203 |
| 消耗品費 | 100 |

振 替 伝 票	No.301
売掛金（X社）	300
売 上	300

振 替 伝 票	No.302
売掛金（Y社）	400
売 上	400

振 替 伝 票	No.303
仕 入	200
買掛金（A社）	200

振 替 伝 票	No.304
仕 入	180
買掛金（B社）	180

まずは、伝票に記載された
取引の仕訳を書きましょう

入金伝票	No.101	（現 金）	250	（売掛金・X社）	250
	No.102	（現 金）	100	（売掛金・Y社）	100
	No.103	（現 金）	500	（受 取 手 形）	500
出金伝票	No.201	（買掛金・A社）	150	（現 金）	150
	No.202	（買掛金・B社）	120	（現 金）	120
	No.203	（消 耗 品 費）	100	（現 金）	100

STAGE 1

STAGE 2

STAGE 3

STAGE 4

STAGE 5

STAGE 6

ステージ6…伝票制度、試算表｜テーマ14…伝票制度｜

STAGE 7

振替伝票	No.301	（ 売 掛 金 ・ X 社 ）	300	（ 売　　　　上 ）	300
	No.302	（ 売 掛 金 ・ Y 社 ）	400	（ 売　　　　上 ）	400
	No.303	（ 仕　　　　入 ）	200	（ 買 掛 金 ・ A 社 ）	200
	No.304	（ 仕　　　　入 ）	180	（ 買 掛 金 ・ B 社 ）	180

ここから借方と貸方に
分けて集計し、記入します

仕　訳　日　計　表

×1年8月1日　　　　　　　　　　81

借　　方	元丁	勘　定　科　目	元丁	貸　　方
850		現　　　　　　金		370
		受　取　手　形		500
700		売　　掛　　金		350
270		買　　掛　　金		380
		売　　　　　　上		700
380		仕　　　　　　入		
100		消　耗　品　費		
2,300				2,300

現　　金(借方)：250円＋100円＋500円＝850円
　　　　(貸方)：150円＋120円＋100円＝370円
受取手形(貸方)：500円
売　掛　金(借方)：300円＋400円＝700円
　　　　(貸方)：250円＋100円＝350円
買　掛　金(借方)：150円＋120円＝270円
　　　　(貸方)：200円＋180円＝380円
売　　　上(貸方)：300円＋400円＝700円
仕　　　入(借方)：200円＋180円＝380円
消耗品費(借方)：100円

仕訳日計表に記入したら、総勘定元帳に転記します。

さきほどの仕訳日計表の「現金」から総勘定元帳の現金勘定に転記すると、次のようになります。

仕 訳 日 計 表

×1年8月1日　　❶　　　　　　81

借　方	元丁	勘　定　科　目	元丁	貸　方
850	1	現　　　　　金	1	370

総 勘 定 元 帳

現　　　　　金　　　　1

日　付		摘　　　要	仕丁	借　方	貸　方	借/貸	残　高
8	1	前　月　繰　越	✔	1,000		借	1,000
	〃	仕 訳 日 計 表	81	850		〃	1,850
	〃	〃	〃		370	〃	1,480

❷　❸　❹　❺　❻　❼

●**仕訳日計表から総勘定元帳への転記**

仕訳日計表

❶ 元 丁 欄 …転記先の総勘定元帳の番号を記入

　　　　ここでは現金勘定の番号が「1」だから、「1」と記入

総勘定元帳

❷ 摘 要 欄 …仕訳日計表から転記しているので、「仕訳日計表」と記入

❸ 仕 丁 欄 …転記元の仕訳日計表のページ数を記入

　　　　　　　　　　　　→ここでは「81」

❹ 借 方 欄 …仕訳日計表の借方の金額を記入

❺ 貸 方 欄 …仕訳日計表の貸方の金額を記入

❻ 借・貸欄 …借方残高なら「借」、貸方残高なら「貸」を記入

❼ 残 高 欄 …残高を記入

☆上の行と同じ文字が入るときは、「〃」と記入してよい

3　売掛金元帳、買掛金元帳への転記　取引先名に注目して…

　売掛金元帳（得意先元帳）や買掛金元帳（仕入先元帳）に転記するときは、伝票から取引先ごとに見ていきます。

　例58-1 の伝票から売掛金元帳と買掛金元帳に転記すると、次のようになります。

STAGE 1

STAGE 2

STAGE 3

STAGE 4

STAGE 5

STAGE 6

ステージ6…伝票制度、試算表 テーマ14…伝票制度

STAGE 7

● 売掛金元帳の記入　…得意先X社とY社に注目して記入する

入 金 伝 票	No.101
売掛金(X社)	250

No.101（現　　　金）250（売掛金・X社）250

振 替 伝 票	No.301
売掛金(X社)	300
売　上	300

No.301（売掛金・X社）300（売　　　上）300

- -

入 金 伝 票	No.102
売掛金(Y社)	100

No.102（現　　　金）100（売掛金・Y社）100

振 替 伝 票	No.302
売掛金(Y社)	400
売　上	400

No.302（売掛金・Y社）400（売　　　上）400

売 掛 金 元 帳

❶　❷
X 社

×1年		摘　　　要	仕丁	借　　方	貸　　方	借/貸	残　　高
8	1	前 月 繰 越	✔	400		借	400
〃		入 金 伝 票	101		250	〃	150
〃		振 替 伝 票	301	300		〃	450

Y 社

×1年		摘　　　要	仕丁	借　　方	貸　　方	借/貸	残　　高
8	1	前 月 繰 越	✔	250		借	250
〃		入 金 伝 票	102		100	〃	150
〃		振 替 伝 票	302	400		〃	550

ポイント
だけ確認

●売掛金元帳、買掛金元帳の記入

❶ 摘要欄…転記元の伝票名を記入

❷ 仕丁欄…転記元の伝票No.を記入

STAGE 1

STAGE 2

STAGE 3

STAGE 4

STAGE 5

STAGE 6

ステージ6…伝票制度、試算表 ─ テーマ14…伝票制度 ─

STAGE7

● 買掛金元帳の記入　…仕入先A社とB社に注目して記入する

| 出 金 伝 票 | No.201 |
| 買掛金（A社） | 150 |

No.201 （ 買掛金・A社 ） 150 （ 現　　　金 ） 150

振 替 伝 票	No.303
仕　　入	200
買掛金（A社）	200

No.303 （ 仕　　　入 ） 200 （ 買掛金・A社 ） 200

- -

| 出 金 伝 票 | No.202 |
| 買掛金（B社） | 120 |

No.202 （ 買掛金・B社 ） 120 （ 現　　　金 ） 120

振 替 伝 票	No.304
仕　　入	180
買掛金（B社）	180

No.304 （ 仕　　　入 ） 180 （ 買掛金・B社 ） 180

買 掛 金 元 帳

❶　❷

A　社

×1年		摘　　　　要	仕丁	借　　方	貸　　方	借/貸	残　高
8	1	前 月 繰 越	✔		300	貸	300
	〃	**出 金 伝 票**	201	150		〃	150
	〃	**振 替 伝 票**	303		200	〃	350

B　社

×1年		摘　　　　要	仕丁	借　　方	貸　　方	借/貸	残　高
8	1	前 月 繰 越	✔		150	貸	150
	〃	**出 金 伝 票**	202	120		〃	30
	〃	**振 替 伝 票**	304		180	〃	210

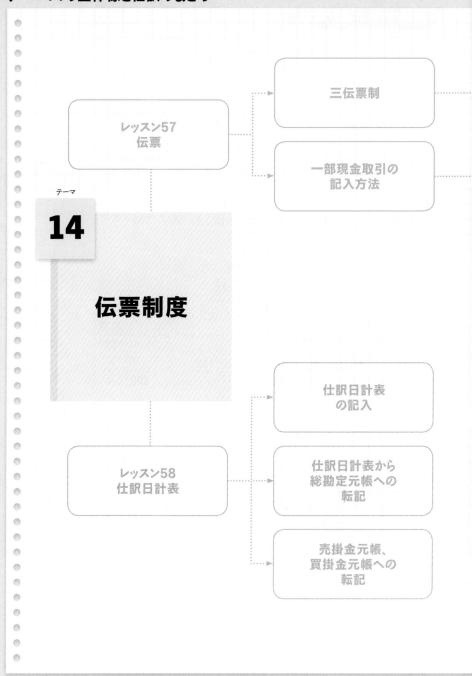

テーマ

14

伝票制度

レッスン57
伝票

三伝票制

一部現金取引の
記入方法

レッスン58
仕訳日計表

仕訳日計表
の記入

仕訳日計表から
総勘定元帳への
転記

売掛金元帳、
買掛金元帳への
転記

入金伝票

出金伝票

振替伝票

❶ 取引を2つに分けて起票する方法

❷ 2つの取引が同時にあったとみなして起票する方法

では、問題を解いて、
知識を確認
してください！

STAGE 6

15 試算表 で学ぶ内容

Lesson 59 試算表の作成

決算手続きに入る前や月末ごとに
転記ミスを発見しておこう。
そのために一覧表を作成しよう。

前払金 さん

仮払金 さん

未収入金 さん

これらの勘定科目、覚えていますか？

こんな内容を学習します

試験で毎回出る!
高配点の内容です!

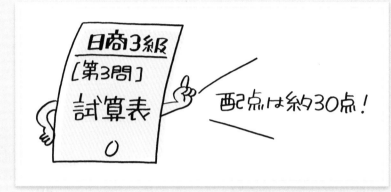

日商3級
[第3問]
試算表

配点は約30点!

Lesson 60

日商3級で出題される試算表

第3問で毎回出題されている試算表。どんな形式で出題され、どういうふうに解けばいいのか、見ておこう。

前受金 くん

仮受金 くん

未払金 くん

59 試算表の作成

毎日、取引→仕訳→転記をしてきて決算日になったが
決算にあたってはじめにしておくことはなんだろう?

とりあえず、
金額を集計して
おきたいですね～

1 試算表とは

3級では月次で作成する問題が多い!

試算表とは、総勘定元帳の各勘定の合計額や残高を一覧できるようにまとめた表をいいます。

試算表は、仕訳帳から総勘定元帳への転記が正しく行われたかを検証する等の目的で、決算時や月末に作成します。

2 試算表の種類

3種類ある!

試算表には、**合計試算表**、**残高試算表**、**合計残高試算表**の3種類があります。

転記が正しいかの
チェックなので、
1年間ためておくより、
1か月ごとに作った
ほうが、早くミスが
発見できますね

STAGE 1

STAGE 2

STAGE 3

STAGE 4

STAGE 5

STAGE 6

｜ ステージ6…伝票制度、試算表 ｜ テーマ15…試算表 ｜

STAGE 7

● 合計試算表

　合計試算表は、各勘定の**借方合計**と**貸方合計**を
記入します。

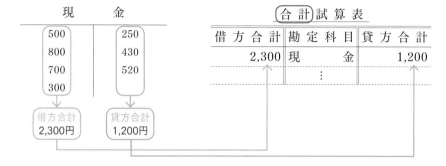

● 残高試算表

残高試算表は、各勘定の**残高**を記入します。

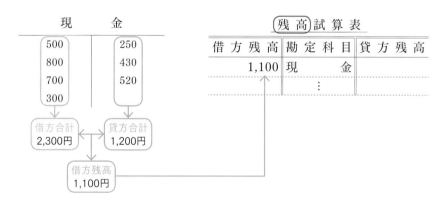

● 合計残高試算表

　合計残高試算表は、合計試算表と残高試算表を合わせた形の試算表です。

合計残高試算表

借方残高	借方合計	勘定科目	貸方合計	貸方残高
1,100	2,300	現　　金	1,200	
		⋮		

ちょっとやって
みましょう

例 59-1 次の各勘定の記入にもとづいて、(1)合計試算表、(2)残高試算表、(3)合計残高試算表を作成しなさい。

現　　金

500	250
800	520
300	

借方合計
1,600円　　貸方合計
770円

売　掛　金

400	200
1,000	800
900	

借方合計
2,300円　　貸方合計
1,000円

買　掛　金

520	380
	850
	700

借方合計
520円　　貸方合計
1,930円

資　本　金

	300

貸方合計
300円

繰越利益剰余金

	170

貸方合計
170円

売　　上

200	1,000
	900
	300

借方合計
200円　　貸方合計
2,200円

仕　　入

850	50
700	

借方合計
1,550円　　貸方合計
50円

消　耗　品　費

250	

借方合計
250円

STAGE 1
STAGE 2
STAGE 3
STAGE 4
STAGE 5
STAGE 6
STAGE 7

ステージ6…伝票制度、試算表 ― テーマ15…試算表 ―

合計試算表は
こうなります

合 計 試 算 表

借方合計	勘　定　科　目	貸方合計
1,600	現　　　　　金	770
2,300	売　　掛　　金	1,000
520	買　　掛　　金	1,930
	資　　本　　金	300
	繰越利益剰余金	170
200	売　　　　　上	2,200
1,550	仕　　　　　入	50
250	消　耗　品　費	
6,420	←（一致）→	6,420

残高試算表は
こうなります

残 高 試 算 表

借方残高	勘　定　科　目	貸方残高
1,600−770→ 830	現　　　　　金	
2,300−1,000→ 1,300	売　　掛　　金	
	買　　掛　　金	1,410 ←1,930−520
	資　　本　　金	300
	繰越利益剰余金	170
	売　　　　　上	2,000 ←2,200−200
1,550−50→ 1,500	仕　　　　　入	
250	消　耗　品　費	
3,880	←（一致）→	3,880

合計残高試算表

借方残高	借方合計	勘 定 科 目	貸方合計	貸方残高
830	1,600	現　　　　　金	770	
1,300	2,300	売　　掛　　金	1,000	
	520	買　　掛　　金	1,930	1,410
		資　　本　　金	300	300
		繰 越 利 益 剰 余 金	170	170
	200	売　　　　　上	2,200	2,000
1,500	1,550	仕　　　　　入	50	
250	250	消　耗　品　費		
3,880	6,420	一致	6,420	3,880

一致

第3問で毎回出る！ これができないと受かりません！

60 日商3級で出題される試算表

STAGE 1
STAGE 2
STAGE 3
STAGE 4
STAGE 5
STAGE 6 ― ステージ6…伝票制度、試算表 ― テーマ15…試算表 ―
STAGE 7

> 日商3級で出題される試算表の
> 問題の解き方を見てみよう。

試験問題の
解き方を解説
します

1 日商3級の試算表問題の解答手順　解き方を見てみよう！

　日商3級の第3問では、毎回のように試算表の作成問題が出題されています。

　資料の与えられ方には、取引が**日付順**に記載されているパターンと、取引が**項目別**に記載されているパターンがあります。また、試算表のほか、**掛明細表**を作成することもあります。

　試算表の問題を解くときには、次の流れで解いていきましょう。

語句

掛明細表 （かけめいさいひょう）

売掛金や買掛金の残高を取引先別に把握するための表

こんな感じ
で解く！

●試算表の解答手順

Step0　問題文を確認する
・作成する試算表の種類を確認
・取引の並び方が**日付順**か**項目別**かを確認
・**掛明細表**も作成するかどうかを確認

Step1　取引の仕訳をする
・取引の並び方が項目別のとき→重複する取引に注意！
・掛明細表等も作成するとき→「売掛金」「買掛金」の後ろに
　　　　　　　　　　　　　　　取引先名を書く！

☆ここで、学習上はTフォーム（簡略化した勘定口座）を書
　いて、金額を集計していくが、その方法だと時間が
　かかるので、仕訳から金額を集計して、直接試算表
　に記入できるようにしておこう！

Step2　試算表に記入する

Step3　掛明細表等に記入する
☆掛明細表には、残高を記入する！

2　取引が日付順に記載されているパターン　掛明細表の作成
はある？

　取引が日付順に記載されているパターンでは、掛
明細表等を作成するかどうかを確認しましょう。そして、
掛明細表も作成する場合には、仕訳の「売掛金」、
「買掛金」の後ろに取引先名も書くようにしてください。

「買掛金・A社」
のように書いて
おきます

例60-1 次の資料にもとづいて、×1年10月末現在の合計試算表と掛明細表を作成しなさい。

[資料]

(1) ×1年10月25日現在の合計試算表

合 計 試 算 表

×1年10月25日

借方合計	勘 定 科 目	貸方合計
5,000	現　　　金	1,200
2,500	売　掛　金	700
800	買　掛　金	1,800
	資　本　金	2,000
	繰越利益剰余金	600
200	売　　　上	8,200
6,000	仕　　　入	
14,500		14,500

(2) ×1年10月26日から31日までの取引
　26日　A社より商品700円を掛けで仕入れた。
　27日　X社に商品950円を掛けで売り上げた。
　29日　B社より商品600円を仕入れ、代金のうち100円は現金で支払い、残額は掛けとした。
　30日　Y社に商品800円を売り上げ、代金のうち200円は先方振出の小切手で受け取り、残額は掛けとした。
　31日　X社に対する売掛金500円を現金で回収した。

STAGE 1
STAGE 2
STAGE 3
STAGE 4
STAGE 5

STAGE 6 ― ステージ6…伝票制度、試算表 ― テーマ15…試算表 ―

STAGE 7

309

合 計 試 算 表

×1年10月31日

借方合計	勘 定 科 目	貸方合計
	現　　　　　金	
	売　　掛　　金	
	買　　掛　　金	
	資　　本　　金	
	繰越利益剰余金	
	売　　　　　上	
	仕　　　　　入	

売掛金明細表

	10月25日	10月31日
X　社	1,000円	円
Y　社	800円	円
	1,800円	円

買掛金明細表

	10月25日	10月31日
A　社	600円	円
B　社	400円	円
	1,000円	円

● Step0　問題文を確認する

　この例題では、作成する試算表は**合計試算表**で、資料の並び方は**日付順**です。また、**掛明細表も作成**します。

掛明細表も作成する
ということは、

Step2の仕訳で
「売掛金」「買掛金」の
後ろに取引先名を書きますよ〜

● Step1　取引の仕訳をする

下書用紙に取引の仕訳をします。
26日から31日までの仕訳をすると、次のとおりです。

試験ではもっと
取引があります。

すばやく、正確に
仕訳する練習をしましょう

例60-1　仕訳				
26日	（仕　　入）	700	（買掛金・A社）	700
27日	（売掛金・X社）	950	（売　　上）	950
29日	（仕　　入）	600	（現　　金）	100
			（買掛金・B社）	500
30日	（現　　金）	200	（売　　上）	800
	（売掛金・Y社）	600		
31日	（現　　金）	500	（売掛金・X社）	500

● Step2　試算表に記入する

　10月25日現在の合計試算表の金額と下書用紙の
仕訳の金額を集計して、解答用紙の合計試算表に
金額を記入します。

[資料]

(1) ×1年10月25日現在の合計試算表

たとえば
現金の場合は…

合 計 試 算 表

×1年10月25日

借方合計	勘 定 科 目	貸方合計
5,000	現　　　金	1,200

例60-1　仕訳

26日	（仕　　　　　入）	700	（買掛金・A社）	700
27日	（売掛金・X社）	950	（売　　　　　上）	950
29日	（仕　　　　　入）	600	（現　　　　　金）	100✓
			（買掛金・B社）	500
30日	（現　　　　　金）	200✓	（売　　　　　上）	800
	（売掛金・Y社）	600		
31日	（現　　　　　金）	500✓	（売掛金・X社）	500

☆計算したら（電卓に金額を入れたら）✓マークを
つけておくと、あとで計算もれを見つけやすい！

現金（借方）：5,000円＋200円＋500円＝5,700円
　　（貸方）：1,200円＋100円＝1,300円

こうなります

〔解答用紙〕

合 計 試 算 表

×1年10月31日

借方合計	勘 定 科 目	貸方合計
5,700	現　　　金	1,300

STAGE 1
STAGE 2
STAGE 3
STAGE 4
STAGE 5
STAGE 6

ほかの勘定科目も
金額を集計して…

現　金（借方）：5,000円＋200円＋500円＝5,700円

　　　　（貸方）：1,200円＋100円＝1,300円

売掛金（借方）：2,500円＋950円＋600円＝4,050円

　　　　（貸方）：700円＋500円＝1,200円

買掛金（借方）：800円

　　　　（貸方）：1,800円＋700円＋500円＝3,000円

資本金（貸方）：2,000円

繰越利益剰余金（貸方）：600円

売　上（借方）：200円

　　　　（貸方）：8,200円＋950円＋800円＝9,950円

仕　入（借方）：6,000円＋700円＋600円＝7,300円

試算表に記入すると、
こうなります

これが答え

合　計　試　算　表

×1年10月31日

借方合計	勘 定 科 目	貸方合計
5,700	現　　　　　金	1,300
4,050	売　　掛　　金	1,200
800	買　　掛　　金	3,000
	資　　本　　金	2,000
	繰越利益剰余金	600
200	売　　　　上	9,950
7,300	仕　　　　入	
18,050		18,050

例60-1　Tフォームへの転記

現　　金			
25日	5,000	25日	1,200
30日	200	29日	100
31日	500		
	(5,700)		(1,300)

売　掛　金			
25日	2,500	25日	700
27日	950	31日	500
30日	600		
	(4,050)		(1,200)

買　掛　金			
25日	800	25日	1,800
		26日	700
		29日	500
	(800)		(3,000)

資　本　金			
		25日	2,000

繰越利益剰余金			
		25日	600

売　　上			
25日	200	25日	8,200
		27日	950
		30日	800
	(200)		(9,950)

仕　　入			
25日	6,000		
26日	700		
29日	600		
	(7,300)		(0)

● Step3　掛明細表に記入する

　掛明細表を作成するときは、下書用紙に取引先別のTフォームを作りましょう。そして、解答用紙の掛明細表から10月25日現在の残高を記入したあと、仕訳から取引先ごとに金額を集計します。

　最後に各勘定の借方合計と貸方合計から残高を計算し、解答用紙に記入します。

STAGE 1

STAGE 2

STAGE 3

STAGE 4

STAGE 5

STAGE 6 ── ステージ6…伝票制度、試算表 ── テーマ15…試算表 ──

STAGE 7

取引先別の
Tフォームを作って…

例60-1　取引先別のTフォーム

	X	社		
25日	1,000	31日		500
27日	950			
	⟮1,950⟯	←→	⟮500⟯	

残高 1,450

	Y	社		
25日	800			
30日	600			
	⟮1,400⟯	←→	⟮0⟯	

残高 1,400

	A	社		
		25日		600
		26日		700
⟮0⟯	←→	⟮1,300⟯		

残高 1,300

	B	社		
		25日		400
		29日		500
⟮0⟯	←→	⟮900⟯		

残高 900

		売掛金明細表					買掛金明細表	
		10月25日	10月31日				10月25日	10月31日
X	社	1,000円	**1,450円**	A	社		600円	**1,300円**
Y	社	800円	**1,400円**	B	社		400円	**900円**
		1,800円	**2,850円**				1,000円	**2,200円**

掛明細表に残高を
記入します

これが
答え

3 取引が項目別に記載されているパターン 重複する取引に注意!

取引が項目別に記載されているパターンでは、2か所に同じ取引の資料が記載されていることあります。

たとえば、「現金売上」の場合は「現金取引」の項目と、「売上取引」の項目の2か所に同じ金額で記載されていることがあります

このような**重複する取引がある場合には、いずれか一方を最初に鉛筆で線を引いて消しておきましょう**。

ちょっとやってみましょう

例 60-2 解答用紙の月初残高と次の〔資料：×1年10月中の取引〕にもとづいて、×1年10月末現在の残高試算表を作成しなさい。

〔資料：×1年10月中の取引〕

(1) 現金取引
- ①現金売上　　　　　200
- ②現金仕入　　　　　150
- ③売掛金の回収　　　500
- ④買掛金の支払い　　400

(2) 売上取引
- ①現金売上　　　　　　　200
- ②掛け売上　　　　　　1,600

(3) 仕入取引
- ①現金仕入　　　　　　　150
- ②掛け仕入　　　　　　　800

STAGE 1

STAGE 2

STAGE 3

STAGE 4

STAGE 5

STAGE 6

ステージ6…伝票制度、試算表 テーマ15…試算表

STAGE 7

解答用紙

残 高 試 算 表
×1年10月31日

10月末残高	月初残高	勘　定　科　目	月初残高	10月末残高
	3,800	現　　　　　金		
	1,800	売　　掛　　金		
		買　　掛　　金	1,000	
		資　　本　　金	2,000	
		繰越利益剰余金	600	
		売　　　　　上	8,000	
	6,000	仕　　　　　入		
	11,600		11,600	

● Step0　問題文を確認する

　この例題では、作成する試算表は**残高試算表**で、資料の並び方は**項目別**です。

　項目別の場合には、**重複する取引**に注意しましょう。

　この例題では、次の取引が重複する取引なので、いずれか一方を消しておきます。

[資料：×1年10月中の取引]

(1) 現金取引　　　　　　　　　　(2) 売上取引
　①現金売上　　　　200　　←→　①現金売上　　　　　200
　②現金仕入　　　　150　　　　　②掛け売上　　　　1,600
　③売掛金の回収　　500
　④買掛金の支払い　400　　　　(3) 仕入取引
　　　　　　　　　　　　　　　　　①現金仕入　　　　　150
　　　　　　　　　　　　　　　　　②掛け仕入　　　　　800

取引が項目別に記載されて
いる場合でも、重複する
取引がないこともあります

重複する取引がないときは、
そのまま仕訳しましょう

● Step1　取引の仕訳をする

下書用紙に取引の仕訳をします。

仕訳をすると
こうなります

例60-2　仕訳

(1)　①　（現　　　　金）　200（売　　　　上）　200
　　　②　（仕　　　　入）　150（現　　　　金）　150
　　　③　（現　　　　金）　500（売　掛　　金）　500
　　　④　（買　掛　　金）　400（現　　　　金）　400
(2)　①　重複する取引のため、仕訳しない
　　　②　（売　掛　　金）1,600（売　　　　上）1,600
(3)　①　重複する取引のため、仕訳しない
　　　②　（仕　　　　入）　800（買　掛　　金）　800

STAGE 1

STAGE 2

STAGE 3

STAGE 4

STAGE 5

STAGE 6

ステージ6…伝票制度、試算表 — テーマ15…試算表 —

STAGE 7

● Step2　試算表に記入する

　月初残高と下書用紙の仕訳の金額を集計して、解答用紙の10月末残高欄に金額を記入します。この場合も、借方なら借方の金額だけ合計し、貸方なら貸方の金額だけ合計したあと、借方合計と貸方合計の差額で残高を計算したほうがミスが少なくなります。

「借方だから足して、
貸方だから引いて…」って
考えているとミスが増えるので、

借方なら借方だけババ〜ッと足して
合計額を〆モしておき、貸方なら
貸方だけババ〜ッと足して合計額を
〆モしたあと、差額で残高を計算しましょう

　　　　　　　　　　　　　　　　　　　　　　　　　　　　　　　□は月初残高

現　金（借方）：3,800円 ＋200円＋500円＝4,500円
　　　　（貸方）：150円＋400円＝550円　　　　　　　　　残高3,950円

売掛金（借方）：1,800円 ＋1,600円＝3,400円
　　　　（貸方）：500円　　　　　　　　　　　　　　　　　残高2,900円

買掛金（借方）：400円
　　　　（貸方）：1,000円 ＋800円＝1,800円　　　　　　　残高1,400円

資本金（貸方）：2,000円

繰越利益剰余金（貸方）：600円

売　上（貸方）：8,000円 ＋200円＋1,600円＝9,800円

仕　入（借方）：6,000円 ＋150円＋800円＝6,950円

以上より、試算表に
記入すると、こうなります

残 高 試 算 表
×1年10月31日

10月末残高	月初残高	勘　定　科　目	月初残高	10月末残高
3,950	3,800	現　　　　　金		
2,900	1,800	売　　掛　　金		
		買　　掛　　金	1,000	**1,400**
		資　　本　　金	2,000	**2,000**
		繰越利益剰余金	600	**600**
		売　　　　　上	8,000	**9,800**
6,950	6,000	仕　　　　　入		
13,800	11,600		11,600	13,800

ちなみにTフォームを
作った場合は
このようになります

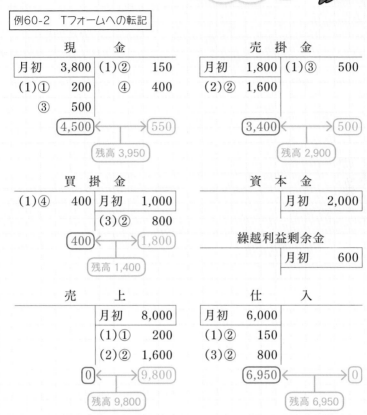

例60-2　Tフォームへの転記

現　　金	
月初　3,800	(1)②　　150
(1)①　　200	④　　400
③　　500	
4,500 ← → 550	
残高 3,950	

売　掛　金	
月初　1,800	(1)③　　500
(2)②　1,600	
3,400 ← → 500	
残高 2,900	

買　掛　金	
(1)④　　400	月初　1,000
	(3)②　　800
400 ← → 1,800	
残高 1,400	

資　本　金	
	月初　2,000

繰越利益剰余金	
	月初　600

売　　上	
	月初　8,000
	(1)①　　200
	(2)②　1,600
0 ← → 9,800	
残高 9,800	

仕　　入	
月初　6,000	
(1)②　　150	
(3)②　　800	
6,950 ← → 0	
残高 6,950	

STAGE 1
STAGE 2
STAGE 3
STAGE 4
STAGE 5
STAGE 6
STAGE 7
ステージ6…伝票制度、試算表　テーマ15…試算表

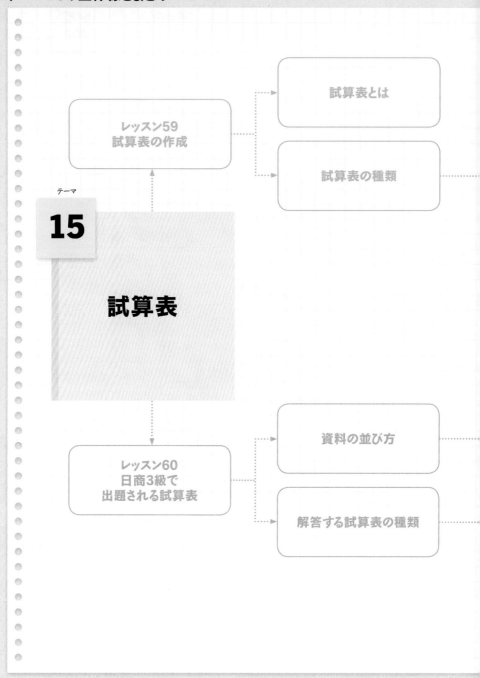

レッスン59
試算表の作成

試算表とは

試算表の種類

テーマ

15

試算表

レッスン60
日商3級で
出題される試算表

資料の並び方

解答する試算表の種類

合計試算表

残高試算表

合計残高試算表

日付順　　　←掛明細表も作る場合もある

項目別　　　←重複する取引に注意！

合計試算表

残高試算表　　＋　掛明細表

合計残高試算表

掛明細表も
作る場合は、仕訳するとき、
「売掛金」「買掛金」の後ろに
取引先名も書いておく

試算表は
試験で毎回出る！
問題編の問題を何回も
解いておこう！

STAGE 7

決算とその後

日々やること

取引が
あった
→ どちらか → 仕訳帳に
仕訳する
→ 総勘定元帳に
転記する
→ 試算表
を作る

伝票に
書く
→ 仕訳
日計表を
作る
→ 補助簿
を作る

当期が終わったら、1年間の総まとめとして
損益計算書や貸借対照表を作成します。
それに、次期の記入に備えて、
「当期の帳簿記入はここまで！」と区切っておく必要があります。
また、決算の結果、利益が出たら、
その一部を株主に配当する必要もあります。
ここでは決算とその後の処理について見ていきます。

テーマ
» P. 326

16 決算とその後❶

テーマ
» P. 346

17 決算とその後❷

これで最後！
がんばろう！

決算でやること 　　　　　　　　　　　　　　　　　　　　　　儲けが出たら

ここから

決算整理
をする ・・・▶ 精算表
を作る ・・・▶ 損益計算書、
貸借対照表
を作る ・・・▶ 勘定を
締め切る ・・・▶ 配当する

16　決算とその後❶ で学ぶ内容

決算でやること、
決算の流れを確認！

当期に仕入れた商品。
仕入[費用]で処理するけど、
当期末に在庫として残っていても
仕入[費用]のままっておかしくない？

主に、決算整理のまとめを見ていこう！

Lesson
63 法人税等の計上

利益が出たら法人税等を納めないと
いけないね！

仮払法人税等 さん

未払法人税等 くん

法人税、住民税
及び事業税 さん

↑
こんな勘定科目が出てきます

決算日になったらやること。
この時期、経理部は殺気立ちます……

決算手続き

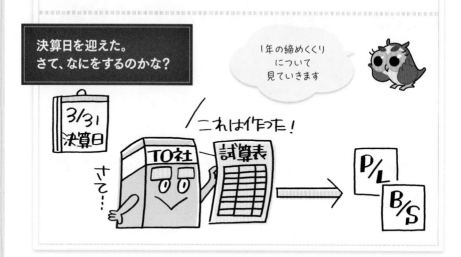

決算日を迎えた。
さて、なにをするのかな？

1年の締めくくり
について
見ていきます

1 決算とは　　　　　　　　会計期間の最後にやること

　決算とは、日々の取引の記録を一定期間で整理して、帳簿を締め切るとともに、財務諸表（損益計算書や貸借対照表）を作成する手続きをいいます。

2 決算手続きの流れ　　　　　決算整理が重要

　決算手続きの流れは、次のとおりです。

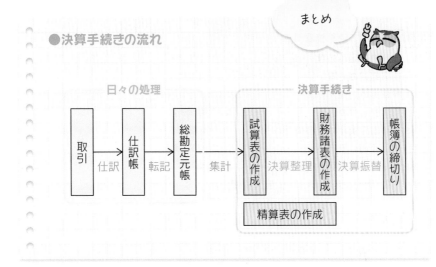

●決算手続きの流れ

まとめ

日々の処理

取引 → 仕訳帳 → 総勘定元帳 → 試算表の作成

仕訳　　転記　　集計

決算手続き

試算表の作成 → 財務諸表の作成 → 帳簿の締切り

決算整理　　決算振替

精算表の作成

このうち、試算表の作成については**レッスン59**で学習したので、ここでは決算整理から見ていきましょう。

3　決算整理

3級の決算整理事項は9つ

決算整理は、会社の経営成績や財政状態を適正に表すために、期中に行った記録を修正する手続きをいいます。

3級で学習する決算整理事項には次のものがあります。

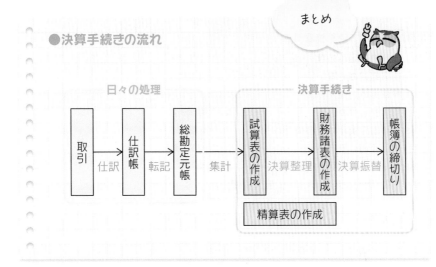

STAGE 1
STAGE 2
STAGE 3
STAGE 4
STAGE 5
STAGE 6
STAGE 7　｜ステージ7…決算とその後｜テーマ16…決算とその後❶｜

3級で学習する決算整理事項

① 現金過不足の処理 ··········· レッスン17で学習済み

② 当座借越の処理 ··········· レッスン20で学習済み

③ 貯蔵品の処理 ··········· レッスン43で学習済み

④ 貸倒引当金の設定 ··········· レッスン32で学習済み

⑤ 有形固定資産の減価償却 ······· レッスン36で学習済み

⑥ 売上原価の算定 ··········· レッスン62で学習します

⑦ 消費税の納付額の計算 ········ レッスン14で学習済み

⑧ 収益・費用の未収・未払い、前受け・前払い

··········· レッスン45、46で学習済み

⑨ 法人税等の計上 ··········· レッスン63で学習します

　このうち、⑥と⑨についてはまだ学習していないので、レッスン62、63で見ておきましょう。

「し～・くり」「くり・し～」……なにかの呪文ですか？

62 売上原価の算定

商品を仕入れたときに仕入[費用]で計上しているが
決算日に在庫として残っている……。

資産計上
したいですね…

1 売上原価とは

在庫は「仕入」から振り替える！

売上原価とは、当期に売り上げた商品の原価のこ
とをいい、当期の**売上**[収益]に対応する費用です。

三分法では、商品を仕入れたときに**仕入**[費用]で
計上していますが、決算日に商品が在庫として残って
いる場合には、その在庫分（の原価）については、**仕入**
[費用]から**繰越商品**[資産]に振り替えます。

たとえば、期末の在庫が100円であったときの仕
訳は次のようになります。

期末に残って
いる在庫は
「期末商品棚卸高」
といいます

費用が
減って…

（繰 越 商 品） 100 （仕　　　入） 100

資産が
増えた

また、期首に在庫がある場合、その在庫は当期に販売されているはずなので、こんどは**繰越商品[資産]**から**仕入[費用]**に振り替えます。

期首の在庫は「期首商品棚卸高」といいます

当期に販売されたのならば、

売上[収益]に対応させて費用計上する必要がありますよね

たとえば、期首の在庫が200円であったときの仕訳は次のようになります。

資産が減って…

（仕 入） 200（繰 越 商 品） 200

費用が増えた

説明の都合上、
①期末在庫の仕訳、
②期首在庫の仕訳
の順にしていますが、

問題を解くときには、
①期首在庫の仕訳
②期末在庫の仕訳
の順でやりましょう

期首分：	（仕 入）	200（繰 越 商 品）	200
期末分：	（繰 越 商 品）	100（仕 入）	100

上記の仕訳をすることにより、仕入勘定の残高が売上原価に修正されます。

STAGE 1

STAGE 2

STAGE 3

STAGE 4

STAGE 5

STAGE 6

STAGE 7

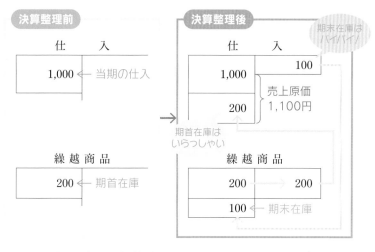

なお、売上原価の計算式は次のとおりです。

公式

$$売上原価 = \frac{期首商品}{棚卸高} + \frac{当期商品}{仕入高} - \frac{期末商品}{棚卸高}$$

では　取引例で
確認しましょう

例62-1 **決算において、売上原価を算定する。**
期首商品棚卸高は200円、期末商品棚卸高は100円
であった。なお、売上原価は仕入勘定で算定する。

期首分→	（仕	入）	200	（繰 越 商 品）	200
期末分→	（繰 越 商 品）	100	（仕	入）	100

2 売上原価勘定で算定する方法 たま〜に
出題される方法

1 では、売上原価を仕入勘定で算定しましたが、仕入勘定ではなく、売上原価勘定で算定する方法もあります。

この場合は、まずは期首商品棚卸高を**繰越商品**[資産]から**売上原価**[費用]に振り替えます。…❶

たとえば、期首商品棚卸高が200円であったときは次のようになります。

次に当期商品仕入高を**仕入**[費用]から**売上原価**[費用]に振り替えます。…❷

当期商品仕入高が1,000円であったときは次のようになります。

最後に期末商品棚卸高を**売上原価**[費用]から**繰越商品**[資産]に振り替えます。…❸

期末商品棚卸高が100円であったときは次のようになります。

STAGE 1

STAGE 2

STAGE 3

STAGE 4

STAGE 5

STAGE 6

STAGE 7

　この仕訳をすることにより、売上原価勘定に金額が
集計され、売上原価勘定で売上原価が計算されます。

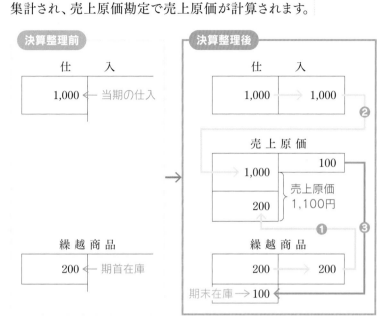

●売上原価の算定

① 売上原価を仕入勘定で算定する方法 ←こちらの
出題が圧倒的に多い

期首分→	（仕　　　　入）　200	（繰越商品）　200
期末分→	（繰越商品）　100	（仕　　　　入）　100

☆「し～・くり」「くり・し～」でおぼえる!!

② 売上原価を売上原価勘定で算定する方法 ←たまに出る

期首分→	（売上原価）　200	（繰越商品）　200
当期仕入→	（売上原価）1,000	（仕　　　　入）1,000
期末分→	（繰越商品）　100	（売上原価）　100

「し～・くり」「くり・し～」
3回唱えて覚えちゃって!

STAGE 1

STAGE 2

STAGE 3

STAGE 4

STAGE 5

STAGE 6

STAGE 7 ｜ ステージ7…決算とその後 ｜ テーマ16…決算とその後 ❶ ｜

Lesson

63

利益が出たら、持っていかれます……

法人税等の計上

決算において、利益が出た！
法人税とか税金を払わなきゃだよね。

法人税等の計上、
納付について
見ていきましょう

1　法人税等の計上

法人税だけではないよ

　決算において、会社の利益が確定したら、利益に対して法人税、住民税、事業税（まとめて**法人税等**といいます）が課されます。

2　法人税等を中間納付したとき

会計期間の途中で
概算額を納付！

　法人税等は、決算で利益が確定したあとに、申告・納付しますが、決算が年1回の会社においては会計期間の途中で半年分の概算額（がいさんがく）を計算し、申告・納付します（**中間申告・納付**（ちゅうかんしんこく のうふ））。

　中間申告によって納付した法人税等は、**仮払法人税等[資産]**で処理します。

確定した金額
ではなく、
仮払いしている
だけなので…

| （仮払法人税等）　　　×××（現 金 な ど）　　×××

資産が
増えた

仮払法人税等 さん

3　法人税等が確定したとき（決算時）

「仮払」が
なくなるね！

　決算において、会社の利益が計算され、法人税等の金額が確定したときは、確定した金額を**法人税、住民税及び事業税**[費用]で処理します。

| （ 法人税、住民税及び事業税 ）　　×××

費用が
増えた

法人税等で
処理することも
あります

　また、税額が確定したことにより、仮払いの状態が解消するので、中間申告時に計上した**仮払法人税等**[資産]を減額します。

| （ 法人税、住民税及び事業税 ）　　×××（ 仮 払 法 人 税 等 ）　　×××

資産が
減った

**法人税、住民税
及び事業税 さん**

　そして、決算時の確定額と中間申告時の概算額との差額は、これから納付しなければならないので、**未払法人税等**[負債]で処理します。

| （ 法人税、住民税及び事業税 ）　　×××（ 仮 払 法 人 税 等 ）　　×××
| 　　　　　　　　　　　　　　　　　　　（ 未 払 法 人 税 等 ）　　×××

負債が
増えた

未払法人税等 くん

STAGE 1

STAGE 2

STAGE 3

STAGE 4

STAGE 5

STAGE 6

STAGE 7

中間申告時と
決算時の仕訳を

取引例で確認して
おきましょう

| 例63-1 | ① | 法人税等の中間申告で、1,000円を現金で納付した。 |

（仮払法人税等）1,000（現　　　　金）1,000

② 決算において、当期の法人税等が2,500円と確定した。
なお、中間申告額1,000円は仮払法人税等で計上
されている。

（法人税,住民税及び事業税）2,500（仮払法人税等）1,000
貸借差額 →（未払法人税等）1,500

4　法人税等を納付したとき　納付したら「未払」がなくなるね！

　未払法人税等を納付したときは、**未払法人税等**
[負債]の減少で処理します。

（未払法人税等）xxx（現金など）xxx

負債が
減った

では、確認して
おきましょう

| 例63-2 | 未払法人税等1,500円を現金で納付した。 |

（未払法人税等）1,500（現　　　　金）1,500

5 証ひょうの読み取り

　法人税等を納付するとき、納付書（領収証書）を金融機関に持ち込み、納付書の記載にもとづいて現金や普通預金などによって納付します。

● 中間申告による納付

　中間申告による納付の場合、納付書（領収証書）の申告の区分が「**中間申告**」となります。

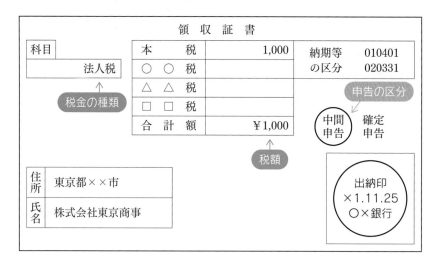

　したがって、上記の納付書にもとづいて、現金で納付した場合の仕訳は、次のようになります。

（仮払法人税等）1,000（現　　　　金）1,000

STAGE 1

STAGE 2

STAGE 3

STAGE 4

STAGE 5

STAGE 6

STAGE 7 ｜ステージ7…決算とその後 ｜ テーマ16…決算とその後❶｜

● 確定申告による納付

　確定申告による納付の場合、納付書（領収証書）の
申告の区分が「**確定申告**」となります。

```
　　　　　　　　　　　領　収　証　書

科目　　　　　　　 本　　　税　　　1,500    納期等　010401
　　　法人税      ○ ○ 税　　　　　　　     の区分　020331
               △ △ 税　　　　　　          申告の区分
               □ □ 税
               合 計 額　　　¥1,500        中間     確定
                                          申告     申告

住所  東京都××市                         出納印
氏名  株式会社東京商事                      ×2.5.28
                                          ○×銀行
```

　したがって、上記の納付書にもとづいて、現金で納
付した場合の仕訳は、次のようになります。

（未払法人税等）1,500（現　　　　金）1,500

「納付書にもとづいて納付した」
ときの仕訳ですからね

決算時の仕訳を
してしまわないように
注意！

● **法人税等の計上**

① 中間申告による納付時は、**仮払法人税等**[資産]で処理

　　└→納付書（「中間申告」に○がついている）に
　　　もとづいて納付

② 決算で税額が確定したときは

　ⓐ **法人税、住民税及び事業税**[費用]を計上

　ⓑ **仮払法人税等**[資産]を減額

　ⓒ ⓐとⓑの差額は**未払法人税等**[負債]で処理

③ 確定申告による納付時は、**未払法人税等**[負債]を減額

　　└→納付書（「確定申告」に○がついている）に
　　　もとづいて納付

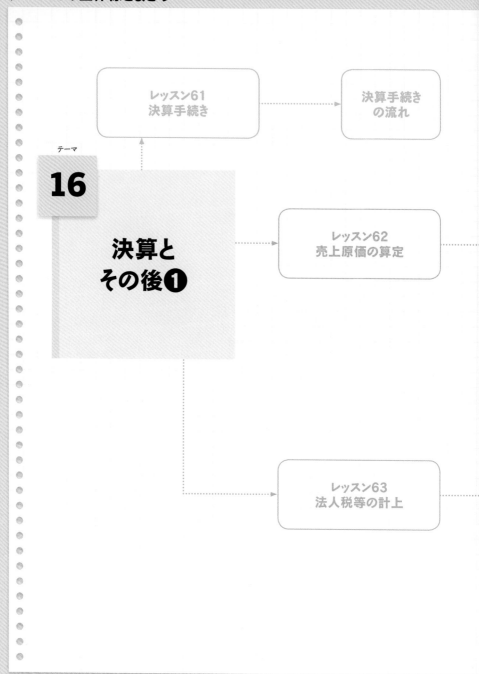

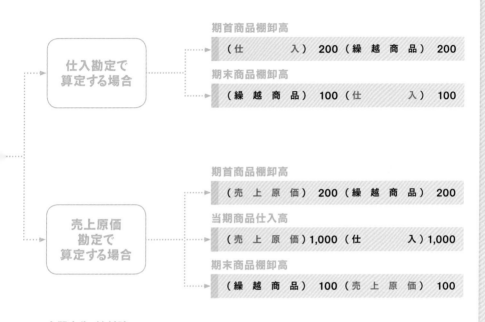

仕入勘定で算定する場合

期首商品棚卸高

（仕　　　　　入）200（繰 越 商 品）200

期末商品棚卸高

（繰 越 商 品）100（仕　　　　　入）100

売上原価勘定で算定する場合

期首商品棚卸高

（売 上 原 価）200（繰 越 商 品）200

当期商品仕入高

（売 上 原 価）1,000（仕　　　　　入）1,000

期末商品棚卸高

（繰 越 商 品）100（売 上 原 価）100

中間申告・納付時

（仮 払 法 人 税 等）1,000（現　金　な　ど）1,000

決算時

（法人税、住民税及び事業税）2,500（仮 払 法 人 税 等）1,000
（未 払 法 人 税 等）1,500

法人税等の納付時

（未 払 法 人 税 等）1,500（現　金　な　ど）1,500

はい、
問題編に行って、
問題を解いて!

STAGE 7

テーマ
17 決算とその後❷ で学ぶ内容

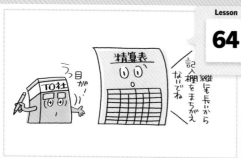

Lesson
64 精算表の作成

損益計算書や貸借対照表を作成
する準備をしよう!

Lesson
65 財務諸表の作成

これが簿記の最終目的。
損益計算書と貸借対照表を
作ろう!

Lesson
66 勘定の締め切り

「当期の記入はこれでおしまい!」
……って帳簿にどう書く?

さあ、財務諸表を作って
当期を締めくくろう!

Lesson

67 剰余金の配当
と処分

**株式会社の儲けは出資者である
株主に分配される!**

未払配当金 くん

繰越利益剰余金 くん

利益準備金 くん

↑
こんな勘定科目が出てきます

精算表の作成

決算において、
精算表を作成した。

表の埋め方を
しっかり確認！

うっ目が！

TO社

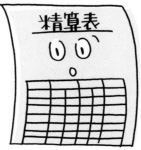

精算表

横にも縦にも長いから
記入欄をまちがえ
ないでね

1 決算整理仕訳の確認 精算表の作成に入る前に…

　レッスン63までに、3級で学習する決算整理仕訳
をすべて見終えたので、ここでまとめて確認しておきま
しょう。

まとめ

●決算整理仕訳のまとめ

① 現金過不足の処理

・実際有高（¥100）が帳簿残高（¥120）よりも少ない場合

| （雑　　　損） | 20 | （現　　　金） | 20 |

・実際有高（¥100）が帳簿残高（¥90）よりも多い場合

| （現　　　金） | 10 | （雑　　　益） | 10 |

STAGE 1

STAGE 2

STAGE 3

STAGE 4

STAGE 5

STAGE 6

STAGE 7 ｜ ステージ7…決算とその後 ｜ テーマ17…決算とその後❷ ｜

② 当座借越の処理

→当座預金の貸方残高を**当座借越**[負債]または**借入金**[負債]に振り替える

| （ 当 座 預 金 ） | ××× （ 当座借越または借入金 ） | ××× |

③ 貯蔵品の処理

→**通信費**[費用]で処理した郵便切手等や**租税公課**[費用]で処理した収入印紙等が決算日に残っている場合は、**貯蔵品**[資産]に振り替える

| （ 貯 蔵 品 ） | ××× （ 通 信 費 ） | ××× |
| （ 貯 蔵 品 ） | ××× （ 租 税 公 課 ） | ××× |

④ 貸倒引当金の設定

| （ 貸倒引当金繰入 ） | ××× （ 貸 倒 引 当 金 ） | ××× |

⑤ 有形固定資産の減価償却

| （ 減 価 償 却 費 ） | ××× （ 減価償却累計額 ） | ××× |

⑥ 売上原価の算定

| 期首分： | （ 仕 入 ） | ××× （ 繰 越 商 品 ） | ××× |
| 期末分： | （ 繰 越 商 品 ） | ××× （ 仕 入 ） | ××× |

⑦ 消費税の納付額の計算

| （ 仮 受 消 費 税 ） | ××× （ 仮 払 消 費 税 ） | ××× |
| | （ 未 払 消 費 税 ） | ××× |

⑧ 収益・費用の未収・未払い、前受け・前払い

収 益 の 未 収：	（ 未収利息など ）	××× （ 受取利息など ）	×××
費 用 の 未 払 い：	（ 支払利息など ）	××× （ 未払利息など ）	×××
収 益 の 前 受 け：	（ 受取家賃など ）	××× （ 前受家賃など ）	×××
費 用 の 前 払 い：	（ 前払保険料など ）	××× （ 保 険 料 な ど ）	×××

⑨ 法人税等の計上

| （ 法人税,住民税及び事業税 ） | ××× （ 仮 払 法 人 税 等 ） | ××× |
| | （ 未 払 法 人 税 等 ） | ××× |

1 精算表とは

試算表→決算整理→損益計算書・貸借対照表

精算表とは、決算整理前の試算表（決算整理前残高試
算表）に決算整理事項を加味し、損益計算書と貸借
対照表を作成するまでの流れを1つの表にまとめたも
のです。

❶ ❷ ❸ ❹
精 算 表

勘 定 科 目	残高試算表		修正記入		損益計算書		貸借対照表	
	借方	貸方	借方	貸方	借方	貸方	借方	貸方
現　　　　金	520			20			500	
当 座 預 金	2,800						2,800	
受 取 手 形	1,600						1,600	
売 　 掛 　 金	1,400						1,400	
繰 越 商 品	300		400	300			400	
備　　　　品	4,000						4,000	
支 払 手 形		900						900
買 　 掛 　 金		1,340						1,340
貸 倒 引 当 金		10		50				60
備品減価償却累計額		1,600		800				2,400
資 　 本 　 金		4,500						4,500
繰越利益剰余金		1,500						1,500
売 　 　 　 上		5,000				5,000		
受 取 手 数 料		300	100			200		
仕 　 　 　 入	2,300		300	400	2,200			
給 　 　 　 料	1,000				1,000			
支 払 家 賃	360			240	120			
通 　 信 　 費	150			60	90			
水 道 光 熱 費	720				720			
	15,150	15,150						
雑 　 　 　 損			20		20			
貸倒引当金繰入			50		50			
減 価 償 却 費			800		800			
貯 　 蔵 　 品			60				60	
前 払 家 賃			240				240	
前 受 手 数 料				100				100
当 期 純 利 益					200			200
			1,970	1,970	5,200	5,200	11,000	11,000

貸借差額 貸借差額
d 一致 一致
一致 一致 一致

350

STAGE 1

STAGE 2

STAGE 3

STAGE 4

STAGE 5

STAGE 6

STAGE 7

ステージ7…決算とその後 ｜ テーマ17…決算とその後❷ ｜

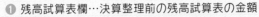

ポイント
だけ確認

●精算表の形式

❶ 残高試算表欄…決算整理前の残高試算表の金額

❷ 修正記入欄…決算整理仕訳の金額

❸ 損益計算書欄…損益計算書(収益、費用)の金額

❹ 貸借対照表欄…貸借対照表(資産、負債、資本)の金額

ⓐ 貸借対照表の項目

ⓑ 損益計算書の項目

ⓒ 決算整理であらたに生じた項目と当期純利益(または当期純損失)

ⓓ 損益計算書の貸借差額、貸借対照表の貸借差額で当期純利益
(または当期純損失)を計算

収益＞費用
のとき

収益＜費用
のとき

☆ 損益計算書の貸借差額で計算した当期純利益(または
当期純損失)と貸借対照表の貸借差額で計算した当期純
利益(または当期純損失)は、金額が一致する！

↑記入欄は貸借逆になる

2 精算表の記入方法　同じ側の金額は「＋」、逆側の金額は「－」

　精算表の記入方法について、売上原価を算定す
る決算整理仕訳を使って見ておきましょう。

　なお、残高試算表欄の「繰越商品」は期首商品棚
卸高を表します。

精　算　表

勘定科目	残高試算表		修正記入		損益計算書		貸借対照表	
	借方	貸方	借方	貸方	借方	貸方	借方	貸方
⋮								
繰 越 商 品	300							
⋮								
仕　　入	2,300							
⋮								

期首商品棚卸高

● Step1　決算整理仕訳をする

まずは決算整理仕訳をします。

試験では下書用紙に
決算整理仕訳を
書いてください

例64-1　決算整理仕訳

期首分:	（仕　　　　入）	300	（繰 越 商 品）	300
期末分:	（繰 越 商 品）	400	（仕　　　　入）	400

STAGE 1

STAGE 2

STAGE 3

STAGE 4

STAGE 5

STAGE 6

STAGE 7

一 ステージ 7 … 決算とその後 ─ テーマ 17 … 決算とその後 ❷ 一

● Step2　修正記入欄に記入する

　決算整理仕訳の借方の金額は、修正記入欄の借方に、決算整理仕訳の貸方の金額は修正記入欄の貸方に記入します。

精　算　表

勘 定 科 目	残高試算表		修正記入		損益計算書		貸借対照表	
	借方	貸方	借方	貸方	借方	貸方	借方	貸方
⋮								
繰 越 商 品	300		400	300				
⋮								
仕　　　入	2,300		300	400				
⋮								

● Step3　損益計算書欄または貸借対照表欄を埋める

　残高試算表欄の金額に修正記入欄の金額を加減して、損益計算書の項目については損益計算書欄に、貸借対照表の項目については貸借対照表欄に、金額を記入します。

　なお、残高試算表欄と**同じ側**に記入されている金額は残高試算表欄の金額に**加算**し、残高試算表欄の**逆側**に記入されている金額は残高試算表欄の金額から**減算**します。

精　算　表

勘 定 科 目	残高試算表		修正記入		損益計算書		貸借対照表	
	借方	貸方	借方	貸方	借方	貸方	借方	貸方
資産 ⋮	借方		借方	貸方				
繰 越 商 品	300		＋ 400	⊖ 300			400	
⋮	借方		借方	貸方			資産	
仕　　　入	2,300		＋ 300	⊖ 400	2,200			
費用 ⋮					費用			

このようにして、ほかの欄も記入します。

そして、最後に損益計算書欄、貸借対照表欄の貸借差額で当期純利益（または当期純損失）を計算します。

精算表の記入は
問題を解かないと
身につきません

問題編をしっかり
解いておくように！

3　決算整理後残高試算表 決算整理をしたあとの試算表

決算整理前の残高試算表に、決算整理仕訳を反映した試算表を**決算整理後残高試算表**といいます。

STAGE 1
STAGE 2
STAGE 3
STAGE 4
STAGE 5
STAGE 6
STAGE 7

ステージ7…決算とその後 ― テーマ17…決算とその後❷ ―

決算整理後残高試算表

借方残高	勘定科目	貸方残高
500	現　　　　　金	
2,800	当　座　預　金	
1,600	受　取　手　形	
1,400	売　　掛　　金	
400	繰　越　商　品	
4,000	備　　　　　品	
	支　払　手　形	900
	買　　掛　　金	1,340
	貸　倒　引　当　金	60
	備品減価償却累計額	2,400
	資　　本　　金	4,500
	繰　越　利　益　剰　余　金	1,500
	売　　　　　上	5,000
	受　取　手　数　料	200
2,200	仕　　　　　入	
1,000	給　　　　　料	
120	支　払　家　賃	
90	通　　信　　費	
720	水　道　光　熱　費	
20	雑　　　　　損	
50	貸　倒　引　当　金　繰　入	
800	減　価　償　却　費	
60	貯　　蔵　　品	
240	前　払　家　賃	
	前　受　手　数　料	100
80	法　人　税　等	
	未　払　法　人　税　等	80
16,080		16,080

決算整理で
あらたに出て
きた勘定科目

355

65 財務諸表の作成

損益計算書と貸借対照表を
作成する。

これが簿記の
最終目的です！

1　財務諸表とは

損益計算書と貸借対照表を作る！

　一会計期間が終わったら、**財務諸表**を作成します。
　3級で学習する財務諸表には、**損益計算書**と**貸借対照表**があります。

2　損益計算書の作成

名称が変わるものに注意！

　損益計算書は、会社の経営成績（どれだけ儲けたか）を明らかにするために作成する財務諸表です。
　損益計算書には、収益と費用を記載し、収益と費用の差額で当期純利益（または当期純損失）を計算します。

STAGE 1

STAGE 2

STAGE 3

STAGE 4

STAGE 5

STAGE 6

STAGE 7

ステージ7…決算とその後 ― テーマ17…決算とその後❷ ―

レッスン64の
決算整理後残高試算表から
損益計算書を作成すると、こうなります

損 益 計 算 書

×1年4月1日から×2年3月31日まで

費　　　用	金　　額	収　　　益	金　　額
売 上 原 価 ←❶	2,200	売　　上　　高 ←❷	5,000
給　　　料	1,000	受 取 手 数 料	200
支 払 家 賃	120		
通 信 費	90		
水 道 光 熱 費	720		
貸 倒 引 当 金 繰 入	50		
減 価 償 却 費	800		
雑　　　損	20		
法 人 税 等	80		
当 期 純 利 益 ←❸	120		
	5,200		5,200

ポイント
だけ確認

●損益計算書の作成

❶ 「仕入」ではなく、「売上原価」と記入

❷ 「売上」ではなく、「売上高」と記入

❸ 「収益－費用」→「＋の値」になったら、
　　　　　　「当期純利益」を借方に表示

　「収益－費用」→「－の値」になったら、
　　　　　　「当期純損失」を貸方に表示

3 貸借対照表の作成

繰越利益剰余金のところ、注意!

　貸借対照表は、会社の財政状態（決算日における会社の資産、負債、資本がどれだけあるか）を明らかにするために作成する財務諸表です。

　貸借対照表には、資産、負債、資本（純資産）を記載します。

> レッスン64の
> 決算整理後残高試算表から
> 貸借対照表を作成すると、こうなります

貸借対照表
×2年3月31日

資　　産	金　額		負債・純資産	金　額
現　　　　　金		500	支　払　手　形	900
当　座　預　金		2,800	買　　掛　　金	1,340
受　取　手　形	1,600		前　受　収　益 ←❸	100
売　　掛　　金	1,400		未 払 法 人 税 等	80
貸 倒 引 当 金 ←❶ 60		ⓐ 2,940	資　　本　　金	4,500
商　　　　　品 ←❷		400	繰越利益剰余金 ←❺	ⓒ 1,620
貯　　蔵　　品		60		
前　払　費　用 ←❸		240		
備　　　　　品	4,000			
減価償却累計額	2,400	ⓑ 1,600		
❹		8,540		8,540

●貸借対照表の作成

ポイント
だけ確認

① 貸倒引当金は、受取手形や売掛金の下に記載し、
受取手形や売掛金から控除

  ⓐ (1,600円＋1,400円)－60円＝2,940円
     受取手形   売掛金

② 「繰越商品」ではなく、「商品」と記入

③ 費用の前払額（前払家賃など）→「前払費用」
  収益の前受額（前受手数料など）→「前受収益」
  費用の未払額（未払給料など）→「未払費用」
  収益の未収額（未収利息など）→「未収収益」

通常、このように
記載するが、
そうでないとき
もある

④ 減価償却累計額は、各有形固定資産の下に記載し、
各有形固定資産の取得原価から控除

  ⓑ 4,000円－2,400円＝1,600円
     備品

⑤ 期末における繰越利益剰余金の金額を記入

    ↳残高試算表の金額(1,500円)に損益計算書の
     当期純利益（または当期純損失）を合算した金額

  ⓒ 1,500円＋120円＝1,620円
     当期純利益

66 勘定の締め切り

ここで当期はおしまい！　次期はここから……としておく

次期の帳簿記入に備えて、
帳簿を締め切る。

当期も
お疲れさまでした！

まだ途中なんで…
終わらせて
ください！！

1　勘定の締め切りとは　　当期の記帳はここまで！…とする手続き

　決算の最後に帳簿を締め切って、次期の記入に備えます。

　特に総勘定元帳の各勘定を締め切ることを、**勘定の締め切り**といいます。

　勘定の締め切りは、次の流れで行います。

> 勘定の締め切りの流れ
> ❶ 収益・費用の各勘定の振り替え
> ❷ 当期純利益（または当期純損失）の振り替え
> ❸ 各勘定の締め切り

順番に
見ていきましょう

STAGE 1
STAGE 2
STAGE 3
STAGE 4
STAGE 5
STAGE 6
STAGE 7 ｜ステージ7…決算とその後 ｜テーマ17…決算とその後❷｜

2　収益・費用の各勘定の振り替え

損益勘定に
金額を集めて!

　まず、損益勘定を設けて、収益・費用の各勘定残高を損益勘定に振り替えます。

　具体的には、**収益**の各勘定残高は損益勘定の**貸方**に、**費用**の各勘定残高は損益勘定の**借方**に振り替えます。

　仮に**仕入勘定**[**費用**]の残高が140円、**売上勘定**[**収益**]の残高が200円であったとしましょう。

```
　　　　仕　　　入　　　　　　　　　　売　　　上
残　　高　140 |　　　　　　　　　　　|　残　　高　200
```

　この場合の損益勘定の振り替えは、次のようになります。

```
　　　　仕　　　入　　　　　　　　　　売　　　上
残　　高　140 →損　益　140 |　損　益　200← 残　　高　200
　　　　　　　　　　↓　　　損　　　益　　　↓
　　　　　　　　　仕　入　140 | 売　上　200
```

費用の振り替え

（損　益）140（仕　入）140

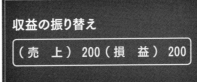

収益の振り替え

（売　上）200（損　益）200

3　当期純利益の振り替え

繰越利益剰余金勘定に行くよ!

　次に、損益勘定の貸借差額で当期純利益または当期純損失を計算し、この金額を繰越利益剰余金勘定に振り替えます。

具体的には、**当期純利益**の場合は、会社の元手の増加となるので、繰越利益剰余金勘定の**貸方**に振り替えます。

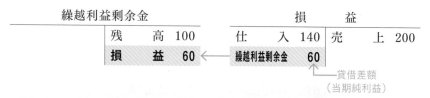

一方、**当期純損失**の場合は、会社の元手の減少となるので、繰越利益剰余金勘定の**借方**に振り替えます。

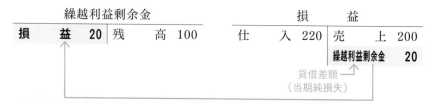

4　各勘定の締め切り　　締め切り＝二重線を引く

最後に各勘定を締め切ります。

STAGE 1
STAGE 2
STAGE 3
STAGE 4
STAGE 5
STAGE 6
STAGE 7 ──ステージ7…決算とその後──テーマ17…決算とその後❷──

● 収益・費用の各勘定の締め切り

収益と費用の各勘定は、借方合計と貸方合計を計算して、二重線を引いて締め切ります。

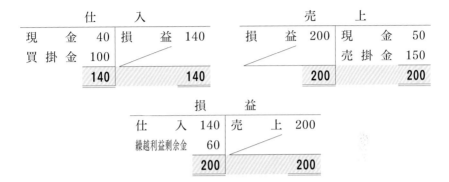

	仕	入				売	上		
現　金	40	損　益	140	損　益	200	現　金	50
買 掛 金	100					売 掛 金	150
	140		**140**		**200**		**200**

	損	益	
仕　入	140	売　上	200
繰越利益剰余金	60		
	200		**200**

● 資産・負債・資本の各勘定の締め切り

資産・負債・資本の各勘定の残高は次期に繰り越します。したがって、各勘定の残高を計算し、「**次期繰越**」として記入します。

そして、二重線を引いて締め切ったあと、「次期繰越」の逆側に「**前期繰越**」として記入します。

	現	金				買	掛	金	
前期繰越	120	仕　入	40	当座預金	60	前期繰越	80
売　上	50	**次期繰越**	**130**	**次期繰越**	**120**	仕　入	100
	170		**170**		**180**		**180**
前期繰越	130 ←					→ 前期繰越	**120**

	繰越利益剰余金		
次期繰越	**160**	残　高	100
		損　益	60
	160		**160**
		→ 前期繰越	**160**

剰余金の配当と処分

株主総会で、
株主への配当額が決定した。

ここの場面の
処理を
見ていきます

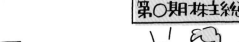

---

1 剰余金の配当 　会社が儲けた利益をどう使うか…って話

　株式会社は、これまでに稼いだ利益（**剰余金**といいます）のうち一部を、株主に**配当**という形で分配します。

　配当は基本的に繰越利益剰余金から行われ、決算後に開催される株主総会で配当額が決まります。

---

2 株主総会で配当額が決定したとき　まだ支払いはされていないから…

　株式会社で配当額が決定したときは、**繰越利益剰余金[資本]**を減額して、同額だけ**未払配当金[負債]**を計上します。

配当額が決まると、
会社に支払う
義務（負債）が
生じます

STAGE 1

STAGE 2

STAGE 3

STAGE 4

STAGE 5

STAGE 6

STAGE 7 ｜ステージ7…決算とその後 ｜テーマ17…決算とその後❷ ｜

（繰越利益剰余金）	×××（未払配当金）	×××

資本が減った

負債が増えた

未払配当金 くん

　なお、会社法の規定により、配当を行うごとに、一定額（原則として配当額の10分の1）を利益準備金 **[資本]** として積み立てなければなりません（剰余金の処分）。

3級の場合は、利益準備金の積立額は問題文に与えられます

繰越利益剰余金 くん

　そのため、繰越利益剰余金 **[資本]** を減額して利益準備金 **[資本]** を計上する処理も行います。

（繰越利益剰余金）	×××（利益準備金）	×××

資本が減った

資本が増えた

利益準備金 くん

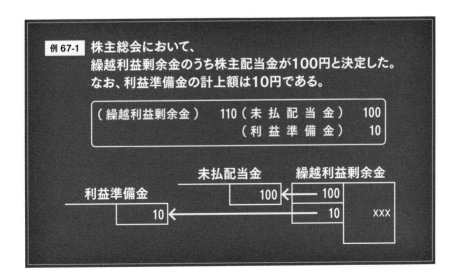

例 67-1　株主総会において、
繰越利益剰余金のうち株主配当金が100円と決定した。
なお、利益準備金の計上額は10円である。

（繰越利益剰余金）	110（未払配当金）	100
	（利益準備金）	10

3 配当金を支払ったとき 「未払」の状態がなくなるよね…

　株主総会後、株主に配当金を支払ったときは、**未払配当金[負債]**が減少します。

（未 払 配 当 金）　xxx（当 座 預 金 な ど）　xxx

負債が
減った

これは簡単ですね

例 67-2 株主総会で決定した株主配当金100円を
当座預金口座から支払った。

（未 払 配 当 金）　100（当 座 預 金）　100

STAGE 1
STAGE 2
STAGE 3
STAGE 4
STAGE 5
STAGE 6
STAGE 7 一ステージ7…決算とその後一テーマ17…決算とその後❷一

まとめ

● **剰余金の配当と処分**

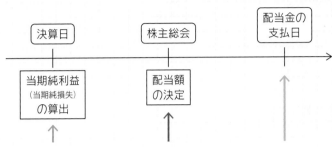

決算日	株主総会	配当金の支払日
当期純利益（当期純損失）の算出	配当額の決定	

損益勘定から
繰越利益剰余金勘定に
振り替え

・未払配当金の計上
・利益準備金の計上

未払配当金
の減少

未払配当金 くん

株主総会で配当額が決まると、
会社に支払義務が生じる。
その配当金の支払義務を
処理する勘定科目。
高配当（金の卵）だと
株主はうれしいよね……。

繰越利益剰余金 くん

過去に会社が稼いだ利益
のうち、まだ使い道が
決まっていないもの。
これを財源に配当が行われる。

利益準備金 くん

会社法の規定により積立てが
強制されている金額。
繰越利益剰余金を財源とした
配当をするときに、
一定額を利益準備金として
積み立てなければならない。

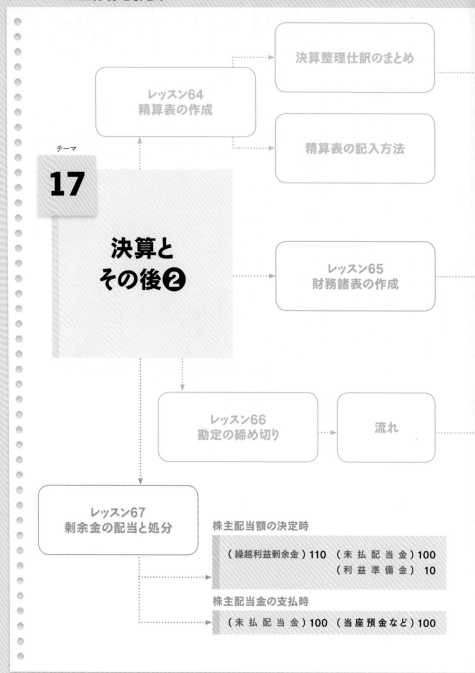

テーマ 17

決算と
その後❷

レッスン64
精算表の作成

決算整理仕訳のまとめ

精算表の記入方法

レッスン65
財務諸表の作成

レッスン66
勘定の締め切り

流れ

レッスン67
剰余金の配当と処分

株主配当額の決定時

（繰越利益剰余金）110 （未 払 配 当 金）100
（利 益 準 備 金） 10

株主配当金の支払時

（未 払 配 当 金）100 （当 座 預 金 な ど）100

❶ 現金過不足の処理

❷ 当座借越の処理

❸ 貯蔵品勘定への振り替え

❹ 貸倒引当金の設定

❺ 有形固定資産の減価償却

❻ 売上原価の算定

❼ 消費税の納付額の計算

❽ 収益・費用の未収・未払い、
　前受け・前払い

❾ 法人税等の計上

損益計算書の作成

「仕入」ではなく、「売上原価」と記入

「売上」ではなく、「売上高」と記入

「繰越商品」ではなく、「商品」と記入

貸借対照表の作成

貸倒引当金は受取手形や売掛金から控除

減価償却累計額は有形固定資産から控除

繰越利益剰余金の金額
＝試算表の金額＋当期純利益

❶ 収益・費用の各勘定の締め切り

収益の勘定残高
→損益勘定の貸方に振り替える

費用の勘定残高
→損益勘定の借方に振り替える

❷ 当期純利益（または当期純損失）の振り替え

当期純利益
→損益勘定から繰越利益剰余金
　勘定の貸方に振り替える

当期純損失
→損益勘定から繰越利益剰余金
　勘定の借方に振り替える

❸ 各勘定の締め切り

収益・費用
→借方合計、貸方合計を記入

資産・負債・資本
→期末の日付で「次期繰越」を記入
→翌期首の日付で「前期繰越」を記入

これで3級の内容はおしまい！
一服したら、問題編へ！
試験でよく出るところだから
しっかり問題を解いておこう

あとがきにかえて

これで日商簿記3級の内容はすべておしまいです。最後まで、よく頑張りましたね！

……でも、これからが本番です。

基礎的な力はついていることと思いますが、本試験に合格するため、このあとは次のような学習をしてみてください。

❶ 問題編のテーマ別問題をもう一度、解く

基礎力がしっかり身についているか、もう一度、テーマ別問題を解いて確認してください。なお、第2問〜第5問でよく出題される問題にはマークをつけているので、マークがついている問題は特にしっかり復習しましょう。

❷ 問題編の「本試験レベルの仕訳問題　完全攻略30題」を解く

ここには本試験で出題される第1問の形式で、本試験レベルの問題が6回分あります。本試験レベルの問題なので、これらの問題が解けるようになれば、本試験の第1問で8割程度得点できるはずです。だから、しっかり何度も解きなおしておいてくださいね。なお、問題は易しいものから順番に並べていますので、解き進めやすいと思います。

❸ 別売の「新しい日商簿記3級　過去＆予想問題セレクション」を解く

本試験の形式になれるため、本書と同シリーズの「新しい日商簿記3級　過去＆予想問題セレクション（別売）」を解いておきましょう。本試験と同様の気持ちで、時間（2時間）を計って解いてみてくださいね。

本試験では、下書用紙（計算用紙）として、一般的にA4サイズのコピー用紙が1枚配布されます。3級では少なくとも、第3問と第5問で仕訳を下書用紙に書くので、書く場所や書き方も練習しておきましょうね。

ちなみに、ここで間違えた内容をメモしておく、「まちがいノート」を作っておくといいと思いますよ。

❹ 本試験直前には…

本試験直前(試験1週間前くらいのこと。学習開始が遅かった人は3日前くらい)は、いままでやった問題を解きなおす時間にあてましょう。くれぐれも前日や当日に新しい問題を解いてしまわないように！

❺ 本試験前日には…

学習面では総復習を。それ以外に持ち物と試験会場までの行き方をチェックしておきましょう。

持ち物には次のものがあります。

・受験票 ・電卓 ・筆記用具(黒の鉛筆またはシャープペンシル、消しゴム)
・身分証明書(写真付き)

それ以外に、試験前にちょこっと確認できるもの(上記「まちがいノート」など)を持っていると、落ち着くかもしれません。

❻ 本試験当日には…

持ち物の再確認を！

時間があれば、これまで解いた問題のうち第5問を1問解いておくといいかもしれません。

また、「試験会場についたらこれをやる」というもの(「まちがいノート」を見るとか、問題を解く順序、時間配分をイメージするなど)を決めておくといいかな、と思います。

索引

索引

問 題 編

テーマ別問題
本試験レベルの仕訳問題 完全攻略30題

問　　題

各テーマの学習が終わったら、そのつど問題を解いておきましょう。
仕訳問題には解答用紙をつけていませんが、
ご自分でノートなどを用意して、仕訳を書いてくださいね。

テーマ1 簿記の基礎

問題 1-1　簿記とは　　　　　　　　　　　　　　→解答用紙（別冊）あり

次の［　　］にあてはまる用語を漢字で記入しなさい。

(1)　一定期間における企業の経営成績を表す書類を［　①　］という。
(2)　一定時点における企業の財政状態を表す書類を［　②　］という。

問題 1-2　簿記の基本用語　　　　　　　　　　　　→解答用紙（別冊）あり

次の［　　］にあてはまる用語を漢字で記入しなさい。

(1)　一定期間の儲けを計算するために区切った期間を［①］という。この
　　　［①］のはじめの日を［②］、おわりの日を［③］という。
(2)　簿記では左側のことを［④］、右側のことを［⑤］という。

問題 1-3　仕訳の作り方

次の各要素が増加または減少したとき、仕訳の借方と貸方のいずれに記入するか
答えなさい（借方または貸方に○をつけること）。

(1)　資産の増加→［借方・貸方］　　(2)　資産の減少→［借方・貸方］

(3)　負債の増加→［借方・貸方］　　(4)　負債の減少→［借方・貸方］

(5)　資本の増加→［借方・貸方］　　(6)　資本の減少→［借方・貸方］

(7)　収益の増加→［借方・貸方］　　(8)　費用の増加→［借方・貸方］

問題 1-4　簿記の5要素と貸借対照表、損益計算書　→解答用紙（別冊）あり

次の図の①～⑥に入る用語を以下から選んで記入しなさい。

［用語：資産、負債、資本、収益、費用、当期純利益］

貸借対照表

①	②
	③

損益計算書

④	⑥
⑤	

テーマ 2　商品売買①

問題 2-1　分記法と三分法

次の各取引について（A）分記法と（B）三分法によって仕訳しなさい。

［勘定科目：現金　商品　売上　商品売買益　仕入］

（1）　商品1,000円を仕入れ、代金は現金で支払った。

（2）　原価2,000円の商品を2,400円で売り上げ、代金は現金で受け取った。

問題 2-2　掛け取引

次の各取引について三分法によって仕訳しなさい。

［勘定科目：現金　売掛金　買掛金　売上　仕入］

（1）　商品1,000円を仕入れ、代金は掛けとした。

（2）　商品2,500円を売り上げ、代金は来月末日に受け取ることとした。

（3）　買掛金800円を現金で支払った。

（4）　売掛金1,500円を現金で受け取った。

次の各取引について三分法によって仕訳しなさい。

　　［勘定科目：現金　売掛金　クレジット売掛金　買掛金　売上　仕入

　　　　　　　　支払手数料］

(1)　商品5,000円を売り上げ、代金はクレジット払いとした。なお、信販会社に
　　対する手数料（代金の2％）は販売時に計上する。

(2)　(1)の代金を現金で回収した。

次の各取引について三分法によって仕訳しなさい。

　　［勘定科目：現金　受取商品券　売上］

(1)　商品2,500円を売り上げ、自治体発行の商品券を受け取った。

(2)　(1)の商品券を発行自治体に買い取ってもらい、現金を受け取った。

テーマ3　商品売買②

次の各取引について三分法によって仕訳しなさい。

　　［勘定科目：現金　売掛金　買掛金　売上　仕入］

(1)　商品1,000円を掛けで仕入れた。

(2)　(1)で仕入れた商品のうち、200円を仕入先に返品した。

(3)　商品2,000円を掛けで売り上げた。

(4)　(1)で売り上げた商品のうち、500円が得意先より返品された。

次の各取引について三分法によって仕訳しなさい。

　［勘定科目：現金　売掛金　買掛金　売上　仕入　発送費］

(1)　商品1,000円を仕入れ、代金は掛けとした。なお、当社負担の運賃100円を現金で支払った。

(2)　商品2,000円を仕入れ、代金は掛けとした。なお、仕入先負担の運賃150円を現金で支払い、掛け代金から減額することにした。

(3)　商品3,000円を売り上げ、代金は掛けとした。なお、当社負担の運賃200円を現金で支払った。

(4)　商品4,000円を売り上げ、代金は掛けとした。なお、得意先負担の運賃300円を現金で支払い、掛け代金に含めて処理することとした。

次の各取引について三分法によって仕訳しなさい。

　［勘定科目：現金　売掛金　前払金　買掛金　前受金　売上　仕入　発送費］

(1)　商品2,000円を注文し、手付金として500円を現金で支払った。

(2)　(1)で注文した商品を仕入れ、代金のうち500円はさきに支払った手付金と相殺し、残額は月末に支払うこととした。

(3)　商品3,000円の注文を受け、手付金として1,000円を現金で受け取った。

(4)　(3)の商品を販売し、代金はさきに受け取った手付金1,000円と相殺し、残額は月末に受け取ることとした。

次の各取引について三分法によって仕訳しなさい。なお、消費税の処理は税抜方式によること。

　　［勘定科目：現金　売掛金　仮払消費税　買掛金　仮受消費税　未払消費税
　　　　　売上　仕入］

(1)　商品1,000円（税抜価額）を仕入れ、代金は消費税（税率は10%）とともに掛けとした。
(2)　商品3,000円（税抜価額）を売り上げ、代金は消費税（税率は10%）とともに掛とした。
(3)　決算において、消費税の納付額を計算した。なお、仮払消費税が100円、仮受消費税は300円であった。
(4)　(3)で計上した未払消費税を現金で納付した。

テーマ 4　現金と預金

問題 4-1　簿記上の現金

次の各取引について三分法によって仕訳しなさい。

　　［勘定科目：現金　当座預金　売掛金　買掛金　売上　仕入］

(1)　東急商事に商品1,000円を売り上げ、代金は先方振出の小切手で受け取った。
(2)　売掛金2,000円の回収として送金小切手を受け取った。

次の各取引について仕訳しなさい。

[勘定科目：現金　売掛金　買掛金　雑益　水道光熱費　雑損　現金過不足]

(1)　現金の帳簿残高は2,500円であるが、現金の実際有高は2,000円であった。
(2)　(1)の現金過不足のうち、200円については水道光熱費の支払いの記帳漏れであることが判明した。
(3)　決算日において、現金過不足勘定の借方に300円が計上されているが、原因は不明なので、雑損または雑益に振り替える。
(4)　現金の帳簿残高は3,000円であるが、現金の実際有高は3,400円であった。
(5)　決算日において、(4)の現金過不足のうち300円は売掛金の回収の記帳漏れであることが判明したが、残額については原因が不明なので、適切な勘定に振り替える。

問題 4-3　普通預金と定期預金

次の各取引について仕訳しなさい。

[勘定科目：現金　普通預金　定期預金]

(1)　普通預金口座から現金1,000円を引き出した。
(2)　普通預金口座から定期預金口座に2,000円を預け替えた。

問題 4-4　当座預金

次の各取引について三分法によって仕訳しなさい。

[勘定科目：現金　当座預金　売掛金　買掛金　売上　仕入]

(1)　取引銀行と当座取引契約を結び、現金50,000円を当座預金口座に預け入れた。
(2)　買掛金10,000円の支払いのため、小切手を振り出した。
(3)　商品20,000円を売り上げ、代金は当社振出の小切手で受け取った。

次の各取引について三分法によって仕訳しなさい。

　［勘定科目：現金　当座預金　売掛金　買掛金　借入金］

(1)　買掛金10,000円を支払うため、小切手を振り出した。当社の当座預金口座の残高は6,000円であったが、取引銀行と限度額20,000円の当座借越契約を結んでいる。

(2)　決算日につき、当座預金が4,000円の貸方残高であった。よって、適切な勘定に振り替える。

(3)　期首につき、(2) の仕訳について、再振替仕訳を行う。

当社は小口現金について、定額資金前渡法（インプレスト・システム）を採用している。次の一連の取引について仕訳しなさい。

　［勘定科目：現金　小口現金　当座預金　水道光熱費　消耗品費　旅費交通費］

(1)　会計係は小口係に小口現金20,000円を、小切手を振り出して前渡しした。

(2)　週末になり、会計係は小口係より小口現金について、以下の支払報告を受けた。

　　　水道光熱費　10,000円　電車代　2,000円　文房具代　1,500円

(3)　会計係は、小口係に小切手13,500円を振り出して渡し、小口現金を補給した。

銀行のインターネットバンキングサービスから当座勘定照合表（入出金明細表）を参照したところ、次のとおりであった。各日付の仕訳をしなさい。なお、甲社および乙社はそれぞれ東京商事㈱の商品の取引先である。商品売買はすべて掛けで行っている。

　［勘定科目：現金　当座預金　売掛金　買掛金　支払手数料］

```
            当座勘定照合表（一部）        ×2年12月2日
P商事株式会社御中
                                    M銀行大阪支店
```

取引日	摘　要	支払金額	預入金額	残　高
×2.10.20	振込　甲社		80,000	
×2.10.25	振込　乙社	50,000		省略
×2.10.25	手数料	550		

テーマ5　手形と電子記録債権（債務）

問題 5-1　約束手形

次の各取引について三分法によって仕訳しなさい。

　　[勘定科目：現金　当座預金　売掛金　受取手形　買掛金　支払手形
　　　　　　　売上　仕入]

(1)　商品10,000円を仕入れ、代金は約束手形を振り出した。

(2)　買掛金15,000円の支払いのため、約束手形を振り出した。

(3)　かねて振り出していた約束手形20,000円が決済され、当座預金口座から支払われた。

(4)　商品30,000円を売り上げ、代金は先方振出の約束手形で受け取った。

(5)　売掛金40,000円の回収として、得意先振出の約束手形を受け取った。

(6)　かねて受け取っていた約束手形50,000円の期限が到来し、当座預金口座に入金された。

次の一連の取引について、東西商事と南北産業の仕訳を示しなさい。なお、商品
売買は三分法によって処理すること。

　　[勘定科目：普通預金　当座預金　売掛金　電子記録債権　買掛金

　　　　　　　電子記録債務　売上　仕入]

(1)　東西商事は、南北商事から商品60,000円を仕入れ、代金は掛けとした。

(2)　東西商事は、(1)の掛け代金につき、電子記録債務の発生記録を行った。

(3)　電子記録債権の支払期限が到来し、東西商事と南北商事はそれぞれ当座預
　　金口座で決済した。

テーマ6　貸付けと借入れ、仮払いと仮受け

問題 6-1　貸付金と借入金

次の一連の取引について仕訳しなさい。

　　[勘定科目：現金　普通預金　当座預金　貸付金　借入金　受取利息　支払利息]

(1)　甲商事に現金50,000円を貸し付けた。

(2)　甲商事より(1)の貸付金50,000円を回収し、利息1,000円とともに普通預金
　　口座に入金された。

(3)　5月1日、乙商事から現金80,000円を、借入期間8カ月、年利率3％、利息は
　　返済時に支払うという条件で借り入れた。なお、当社の決算日は年1回、3月
　　31日である。

(4)　11月30日、(3)の借入金80,000円の返済日となり、利息とともに当座預金
　　口座から乙商事の普通預金口座に振り込んだ。

10

問題 6-2　手形貸付金と手形借入金

次の一連の取引について、仕訳しなさい。

　[勘定科目：現金　当座預金　手形貸付金　手形借入金　受取利息　支払利息]

(1)　青森商事に現金60,000円を貸し付け、同額の約束手形を受け取った。

(2)　青森商事より、(1)の貸付金の返済を受け、当座預金口座に振り込まれた。

(3)　岩手商事から現金70,000円を借り入れ、同額の約束手形を渡した。

(4)　(3)の借入金70,000円の返済とともに、利息700円を合わせて当座預金口座から支払った。

問題 6-3　仮払金

次の一連の取引について仕訳しなさい。

　[勘定科目：現金　前払金　仮払金　前受金　仮受金　旅費交通費]

(1)　従業員の出張に先立ち、旅費交通費の概算額20,000円を現金で渡した。

(2)　従業員が帰社し、旅費交通費として16,000円を使ったと報告を受け、残額は現金で受け取った。

問題 6-4　仮受金

次の一連の取引について、仕訳しなさい。

[勘定科目：当座預金　売掛金　前払金　仮払金　前受金　仮受金　売上]

(1)　当座預金口座に80,000円の入金があったが、内容は不明である。

(2)　(1)の入金は得意先秋田商事に対する売掛金60,000円の回収分と、新たに注文を受けた分の手付金20,000円であることが判明した。

テーマ**7** 立替金と給料の支払い

問題 7-1 立替金と給料の支払い

次の一連の取引について仕訳しなさい。

[勘定科目：現金　当座預金　従業員立替金　給料]

(1) 従業員が支払うべき生命保険料4,000円を現金で立替払いした。

(2) 従業員に支払う給料総額60,000円のうち、(1)で立替払いした4,000円を差し引いた残額を当座預金口座から支払った。

問題 7-2 給料の支払い

次の一連の取引について、仕訳しなさい。

[勘定科目：現金　普通預金　当座預金　所得税預り金　社会保険料預り金
　　　　　　給料　法定福利費]

(1) 従業員に支払う給料総額80,000円のうち、源泉所得税5,000円と従業員負担の社会保険料3,000円を差し引いた残額を当座預金口座から従業員の普通預金口座に振り込んだ。

(2) (1)で給料から天引きした源泉所得税5,000円を現金で納付した。

(3) 社会保険料について、(1)の従業員負担分に会社負担分（3,000円）を加えて普通預金口座から支払った。

次の各取引について、仕訳しなさい。

　[勘定科目：現金　受取手形　売掛金　償却債権取立益　貸倒引当金繰入
　　　　　　貸倒損失　貸倒引当金]

(1)　決算において、売掛金の残高20,000円に対して2%の貸倒引当金を設定する（差額補充法）。なお、貸倒引当金の期末残高は100円である。

(2)　決算において、売掛金の残高30,000円と受取手形の残高10,000円に対して3%の貸倒引当金を設定する（差額補充法）。なお、貸倒引当金の期末残高は500円である。

(3)　当期において、前期に発生した売掛金1,000円が貸し倒れた。なお、貸倒引当金の残高は400円である。

(4)　当期に発生した売掛金800円が貸し倒れた。なお、貸倒引当金の残高は200円である。

(5)　前期に貸倒れ処理した売掛金500円のうち300円を現金で回収した。

有形固定資産と減価償却

問題 9-1　有形固定資産の購入

次の各取引について仕訳しなさい。

　　[勘定科目：現金　当座預金　普通預金　備品　車両運搬具　建物　土地]

(1)　営業用のトラック30,000円を購入し、代金は現金で支払った。
(2)　備品1,000円を購入し、代金は小切手を振り出して支払った。なお、設置費
　　用100円は現金で支払った。
(3)　建物50,000円を購入し、代金は仲介手数料1,000円とともに普通預金口座か
　　ら振り込んだ。
(4)　土地50㎡を1㎡につき300円で購入し、整地費用2,000円とともに小切手を振
　　り出して支払った。

問題 9-2　減価償却

次の各取引について仕訳しなさい。

　　[勘定科目：減価償却費　備品減価償却累計額　車両運搬具減価償却累計額
　　　　　　　建物減価償却累計額]

(1)　決算において、当期首に購入した車両（取得原価60,000円）について、定
　　額法（耐用年数は6年、残存価額は0円）により減価償却を行う。なお、記帳
　　方法は間接法である。
(2)　決算において、10年前に購入した建物（取得原価80,000円）について、定
　　額法（耐用年数は30年、残存価額は取得原価の10%）により減価償却を行う。
　　なお、記帳方法は間接法である。
(3)　決算において、当期の11月1日に購入した備品30,000円について、定額法（耐
　　用年数は5年、残存価額は0円）により月割りで減価償却を行う。なお、記帳
　　方法は間接法である。また、当社の決算日は年1回、3月31日である。

次の各取引について仕訳しなさい。

　［勘定科目：現金　普通預金　備品　車両運搬具　固定資産売却益

　　　　　　　減価償却費　固定資産売却損　備品減価償却累計額

　　　　　　　車両運搬具減価償却累計額］

(1)　当期首において、車両（取得原価60,000円、減価償却累計額40,000円、記帳方法は間接法）を30,000円で売却し、代金は現金で受け取った。

(2)　当期末において、備品（取得原価40,000円、期首減価償却累計額24,000円）を7,000円で売却し、代金は普通預金口座に振り込まれた。なお、当該備品は耐用年数5年、残存価額0円の定額法で減価償却をしており（記帳方法は間接法）、当期分の減価償却費も計上する。

(3)　当期の10月31日に、備品（取得原価36,000円、期首減価償却累計額21,000円）を12,000円で売却し、代金は普通預金口座に振り込まれた。なお、当該備品は耐用年数6年、残存価額0円の定額法で減価償却をしており（記帳方法は間接法）、期首から売却日までの減価償却費は月割りで計上する。また、当社の決算日は年1回、3月31日である。

次の各取引について仕訳しなさい。

　［勘定科目：現金　未収入金　備品　未払金　固定資産売却益　消耗品費

　　　　　　　固定資産売却損　備品減価償却累計額］

(1)　備品40,000円を購入し、代金は翌月末日払いとした。なお、配送費用500円は現金で支払った。

(2)　コピー用紙や文房具などを5,000円購入し、代金は今月末日払いとした。

(3)　当期首に備品（取得原価30,000円、減価償却累計額17,500円、記帳方法は間接法）を15,000円で売却し、代金は翌月末日に受け取ることとした。

次の各取引について仕訳しなさい。

　[勘定科目：現金　普通預金　差入保証金　支払家賃]

(1)　店舗用建物の賃借契約を結び、保証金10,000円を現金で差し入れた。

(2)　事務所の賃借契約にもとづき、当月1か月分の家賃30,000円と敷金（家賃の2か月分）を普通預金口座から振り込んだ。

テーマ 10　株式の発行

問題 10-1　株式の発行

次の各取引について仕訳しなさい。

　[勘定科目：現金　当座預金　普通預金　資本金]

(1)　株式会社の設立にあたって、株式200株を1株あたり600円で発行し、全株式について払い込みを受け、払込金額は普通預金とした。

(2)　増資のため、株式120株を1株あたり700円で発行し、全株式について払い込みを受け、払込金額は当座預金とした。

問題 11-1 消耗品

次の各取引について、仕訳しなさい。

　［勘定科目：現金　消耗品費］

（1）　ボールペンなどの文房具500円を購入し、現金で支払った。

（2）　トイレットペーパー450円を購入し、現金で支払った。

問題 11-2 通信費と租税公課

次の一連の取引について、仕訳しなさい。

　［勘定科目：現金　普通預金　貯蔵品　通信費　租税公課］

（1）　インターネットの使用代1,000円が普通預金口座から引き落とされた。

（2）　建物の固定資産税50,000円を納付書にもとづき、現金で納付した。

（3）　郵便切手500円と収入印紙2,000円を購入し、現金で支払った。

（4）　決算日において、（3）で費用計上した郵便切手100円と収入印紙200円が未使用で残っていた。

（5）　期首につき、（4）について再振替仕訳を行う。

次の各取引について仕訳しなさい。なお、当期は×1年4月1日から×2年3月31日までの1年である。

[勘定科目：未収地代　未収利息　未払給料　未払家賃　受取地代　受取利息
　　　　　給　　料　支払家賃]

(1) 決算において、当期の地代の未収分8,000円を計上した。

(2) 翌期首になり、(1) の再振替仕訳をした。

(3) 決算において、当期の給料の未払分4,000円を計上した。

(4) 翌期首になり、(3) の再振替仕訳をした。

(5) ×1年12月1日に現金30,000円を年利率2%、貸付期間1年、利息は返済時に受け取る条件で貸し付けた。決算において、当期の利息を未収計上する。

(6) ×2年2月1日に事務所用建物を賃借し、半年分の賃借料6,000円は×2年7月31日に支払うことにした。決算において、当期の家賃を未払計上する。

次の各取引について仕訳しなさい。なお、当期は×1年4月1日から×2年3月31日までの1年である。

　　[勘定科目：前払家賃　前払広告宣伝費　前受手数料　前受地代　受取手数料
　　　　　　　　受取地代　支払家賃　広告宣伝費]

(1)　決算において、受取手数料のうち、次期分3,000円を前受計上する。

(2)　翌期首になり、(1)の再振替仕訳をした。

(3)　決算において、支払家賃のうち、次期分4,000円を前払計上する。

(4)　翌期首になり、(3)の再振替仕訳をした。

(5)　決算において、地代の前受計上をする。なお、地代9,000円は×2年3月1日に向こう3か月分（×2年3月1日から×2年5月31日まで）を受け取ったものである。

(6)　決算において、広告宣伝費の前払計上をする。なお、広告宣伝費6,000円は×1年11月1日に、向こう半年分（×1年11月1日から×2年4月30日まで）を支払ったものである。

テーマ12　帳簿の記入①

次の各仕訳を総勘定元帳（略式）に転記しなさい。

4月2日	（仕		入）	500	（現		金）	500
8日	（現		金）	100	（売		上）	700
	（売	掛	金）	600				
15日	（買	掛	金）	200	（現		金）	200
25日	（現		金）	300	（売	掛	金）	300

19

次の取引を小口現金出納帳に記入しなさい。なお、週末における締め切りと小口現金の補給の記入も行うこと。当社は6月1日より定額資金前渡法（インプレスト・システム）を採用しており、小口現金として5,000円を受け入れている。また、小口現金の補給は小切手によって週明けに行われている。

6月1日（月）　バス代　　　　　　450円

2日（火）　ノート代　　　　800円

3日（水）　お茶代　　　　1,000円

4日（木）　ボールペン代　　600円

5日（金）　新聞代　　　　1,500円

第2問
対策

次の取引を（1）小口現金出納帳に記入しなさい。なお、週末における締め切りと小口現金の補給の記入も行うこと。また、（2）11日（金）における仕訳を示しなさい。当社は定額資金前渡法（インプレスト・システム）を採用しており、小口現金として6,000円を受け入れている。また、週末に支払報告を受けると同時に、小切手を振り出して小口現金を補給している。

7月7日（月）　切手代　　　　　　500円

8日（火）　コピー用紙代　　800円

〃　　　　電車代　　　　920円

9日（水）　はがき代　　　　600円

10日（木）　タクシー代　　1,800円

11日（金）　ノート代　　　　700円

第2問
対策

次の取引を仕入帳と売上帳に記入して、月末に締め切りなさい。

8月2日　茨城商店から次の商品を掛けで仕入れた。

　　　　　A商品　60個　@200円　　B商品　50個　@300円

　4日　上記の商品のうち、A商品5個を返品した。

　8日　福岡商店に次の商品を掛けで売り上げた。

　　　　　A商品　30個　@500円　　B商品　20個　@650円

　12日　栃木商店から次の商品を掛けで仕入れた。

　　　　　C商品　70個　@250円　　D商品　80個　@180円

　20日　宮崎商店に次の商品を掛けで売り上げた。

　　　　　C商品　40個　@480円　　D商品　50個　@360円

　22日　上記の商品のうち、D商品2個が返品された。

次の各手形記入帳から、解答用紙に示した日付の仕訳をしなさい。なお、手形代金の受け取りおよび支払いは当座預金口座にて行っている。

(1)

受 取 手 形 記 入 帳

×1年		手形種類	手形番号	摘要	支払人	振出人または裏書人	振出日		満期日		支払場所	手形金額	てん末		
							月	日	月	日			月	日	摘要
8	10	約手	15	売　上	X社	X社	8	10	11	10	甲銀行	3,000	11	10	入金
9	30	約手	52	売掛金	Y社	Y社	9	30	12	31	乙銀行	5,000			

(2)

支 払 手 形 記 入 帳

×1年		手形種類	手形番号	摘要	受取人	振出人	振出日		満期日		支払場所	手形金額	てん末		
							月	日	月	日			月	日	摘要
9	20	約手	35	仕　入	A社	当社	9	20	12	20	丙銀行	6,000	12	20	支払
10	15	約手	36	買掛金	B社	当社	10	15	1	15	丙銀行	7,000			

問題 13-1 売掛金元帳と買掛金元帳 →解答用紙（別冊）あり

次の取引を（1）仕訳し、（2）総勘定元帳（売掛金勘定と買掛金勘定）に転記するとともに、（3）売掛金元帳と買掛金元帳に記入しなさい。なお、10月末日における売掛金の残高は16,000円（内訳：福岡商店9,000円、宮崎商店7,000円）、買掛金の残高は11,500円（内訳：茨城商店5,000円、栃木商店6,500円）であった。

11月2日 茨城商店から商品12,000円を掛けで仕入れた。

4日 福岡商店に商品25,000円を掛けで売り上げた。

12日 栃木商店から商品14,000円を仕入れ、代金のうち3,000円は現金で支払い、残額は掛けとした。

14日 栃木商店から仕入れた商品のうち、2,000円分を返品した。なお、掛け代金を減額することとした。

15日 茨城商店に対する買掛金6,000円を当座預金口座から支払った。

18日 宮崎商店に商品27,000円を売り上げ、代金のうち5,000円は先方振出の小切手を受け取り、残額は掛けとした。

20日 宮崎商店に売り上げた商品のうち、3,000円分が返品された。なお、掛け代金を減額することとした。

25日 栃木商店に対する買掛金5,000円を当座預金口座から支払った。

30日 福岡商店に対する売掛金10,000円が当座預金口座に振り込まれた。

第2問
対策

問題 13-2　商品有高帳①　　　　　　　　　　　　→解答用紙（別冊）あり

次の資料にもとづいて、先入先出法により商品有高帳に記入しなさい。なお、仕入戻しは払出欄に記入すること。

11月1日　前月繰越　　50個　@150円
　　10日　仕　　入　200個　@160円
　　15日　売　　上　150個　@220円
　　20日　仕　　入　180個　@165円
　　22日　仕入戻し　　10個　@165円（20日仕入分）
　　25日　売　　上　250個　@225円

第2問対策

問題 13-3　商品有高帳②　　　　　　　　　　　　→解答用紙（別冊）あり

次の資料にもとづいて、(1) 移動平均法により商品有高帳に記入しなさい。また、(2) 売上高、売上原価、売上総利益を計算しなさい。

11月1日　前月繰越　　50個　@200円
　　8日　仕　　入　100個　@260円
　　19日　売　　上　120個　@500円
　　23日　仕　　入　170個　@280円
　　28日　売　　上　150個　@520円

第2問対策

問題 13-4　固定資産台帳　　　　　　　　　　　　→解答用紙（別冊）あり

解答用紙の固定資産台帳（一部記入済み）を完成しなさい。なお、当期は×2年4月1日から×3年3月31日までの1年間である。

　当社は解答用紙に示した補助簿を用いている。次の取引はどの補助簿に記入されるか、○印をつけなさい。

(1)　商品10,000円を仕入れ、代金は掛けとした。なお、引取運賃500円は現金で支払った。

(2)　商品20,000円を売り上げ、代金のうち15,000円は先方振出の約束手形で受け取り、残額は掛けとした。

(3)　買掛金6,000円の支払いのため、約束手形を振り出した。

(4)　さきに掛けで仕入れた商品のうち、1,000円分を返品した。

(5)　備品30,000円を購入し、代金は翌月末日に支払うこととした。なお、設置費用1,000円は現金で支払った。

第2問
対策

テーマ **14**　伝票制度

問題 14-1　三伝票制　　　　　　　　　　　→解答用紙（別冊）あり

　当社は入金伝票、出金伝票、振替伝票の3種類の伝票を用いている。次の（1）（2）の取引について、解答用紙の伝票に記入しなさい。

(1)　商品50,000円を仕入れ、代金は翌月末日に支払うこととした。なお、引取運賃1,000円は現金で支払った。

(2)　商品70,000円を売り上げ、代金のうち10,000円は先方振出の小切手で受け取り、残額は掛けとした。

第4問
対策

当社は入金伝票、出金伝票、振替伝票の3種類の伝票を用いており、1日分ずつ集計して仕訳日計表を作成している。当社の6月1日に作成された以下の各伝票にもとづいて、仕訳日計表を作成するとともに、各関係元帳へ転記しなさい。

入 金 伝 票	No.101
売掛金(東京商店)	2,000

入 金 伝 票	No.102
受取手形	3,000

出 金 伝 票	No.201
買掛金(熊本商店)	1,200

出 金 伝 票	No.202
旅費交通費	500

振 替 伝 票	No.301
売掛金(東京商店)	6,000
売　上	6,000

振 替 伝 票	No.302
売掛金(埼玉商店)	4,000
売　上	4,000

振 替 伝 票	No.303
仕　入	3,500
買掛金(熊本商店)	3,500

振 替 伝 票	No.304
仕　入	2,600
買掛金(長崎商店)	2,600

振 替 伝 票	No.305
備　品	7,200
未払金	7,200

第4問
対策

問題 15-1 | 試算表の作成① | →解答用紙（別冊）あり

次の〔資料：×1年11月中の取引〕にもとづいて、×1年11月30日現在の合計試算表を作成しなさい。なお、×1年10月31日現在の合計試算表は解答用紙の試算表に記載されている。

第3問
対策

〔資料：×1年11月中の取引〕

5日　青森商店より商品8,000円を仕入れ、発注時に支払った手付金1,000円を差し引いた残額を掛けとした。なお、引取運賃200円は現金で支払った。

8日　福岡商店に商品16,000円を売り上げ、代金は約束手形で受け取った。

12日　岩手商店に対する買掛金4,000円を約束手形を振り出して支払った。

15日　水道光熱費2,000円が当座預金口座から引き落とされた。

20日　長崎商店に商品12,000円を売り上げ、代金のうち5,000円は先方振出の小切手で受け取り、残額は掛けとした。なお、当社負担の発送費500円を現金で支払った。

22日　長崎商店に売り上げた商品のうち、300円について返品され、掛け代金から差し引くこととした。

23日　従業員の出張にあたり、旅費の概算額5,000円を現金で渡した。

24日　福岡商店に対する売掛金6,000円が当座預金口座に振り込まれた。

25日　給料7,000円について、所得税の源泉徴収額700円を差し引き、残額を当座預金口座から支払った。

26日　23日に出張した従業員が帰社し、旅費の精算を行うとともに残額450円を現金で受け取った。

27日　福岡商店に対して商品10,000円を売り上げ、代金は掛けとした。なお、先方負担の発送費300円を現金で立替払いし、売掛金に含めて処理した。

次の〔資料〕にもとづいて、解答用紙の×1年9月30日の合計残高試算表と売掛金および買掛金の明細表を作成しなさい。

第3問
対策

〔資料〕

(1) ×1年9月25日の時点の合計試算表

合 計 試 算 表

×1年9月25日

借　　　方	勘 定 科 目	貸　　　方
100,000	現　　　　　金	72,000
280,000	当 座 預 金	115,000
156,000	売 　 掛 　 金	124,000
14,000	繰 越 商 品	
16,000	前 　 払 　 金	12,000
12,000	備 　 　 　 品	
74,000	買 　 掛 　 金	97,000
15,000	前 　 受 　 金	20,000
500	所 得 税 預 り 金	500
	資 　 本 　 金	150,000
	繰 越 利 益 剰 余 金	48,500
2,500	売 　 　 　 上	212,000
136,000	仕 　 　 　 入	3,000
32,000	給 　 　 　 料	
12,000	支 払 家 賃	
4,000	水 道 光 熱 費	
854,000		854,000

(2) ×1年9月26日から30日までの取引 ※（ ）内は金額の内訳

26日 売　　　　上：九州商店　3,500円

（手付金500円と相殺、残額は掛け）

給　料　支　払：支給総額　8,000円

（所得税の源泉徴収額100円、残額は現金払い）

27日 仕　　　　入：東北商店　2,500円

（手付金600円と相殺、残額は掛け）

掛　　返　　品：26日の売上分より200円

28日 売　　　　上：四国商店　4,000円

（手付金800円と相殺、残額は掛け）

電子記録債権の発生：九州商店に対する売掛金1,000円について、取引銀
　　　　　　　　　　行より電子記録債権の発生記録が行われた旨の連
　　　　　　　　　　絡があった。

29日 掛　　返　　品：28日の売上分より300円

掛代金支払い：当座預金口座より振込み　14,000円

（東北商店8,000円、関東商店6,000円）

家賃の支払い：当座預金口座から引落し3,000円

30日 仕　　　　入：関東商店　1,000円（全額掛け）

当社負担の発送費100円を現金で支払った。

掛　代　金　回　収：当座預金口座に入金22,000円

（九州商店12,000円、四国商店10,000円）

　解答用紙の11月30日の残高試算表と、次の〔12月中の取引〕にもとづいて、解答用紙の12月31日の残高試算表を作成しなさい。また、重複する取引があるので注意すること。

第３問
対策

〔12月中の取引〕

　①　現金に関する事項
　　　a．売上代金の受取り　　　　　　23,000円
　　　b．郵便代の支払い　　　　　　　　100円
　　　c．収入印紙の購入（使用済み）　　120円
　　　d．普通預金口座への預入れ　　　24,000円

　②　普通預金に関する事項
　　　a．現金からの預入れ　　　　　　24,000円
　　　b．掛け代金の回収　　　　　　　 1,500円
　　　c．掛け代金の支払い　　　　　　10,000円
　　　d．備品の取得　　　　　　　　　 7,000円
　　　e．給料の支払い　　　　　　　　 5,500円（所得税の源泉徴収額500円控除後）
　　　f．所得税の源泉徴収額の支払い　　900円
　　　g．電話料金の支払い　　　　　　　200円

　③　売上に関する事項
　　　a．現金売上　　　　　　　　　　23,000円
　　　b．掛け売上　　　　　　　　　　 1,200円
　　　c．掛け売上戻り　　　　　　　　　150円

　④　仕入に関する事項
　　　a．約束手形の振出しによる仕入　 1,100円
　　　b．掛け仕入　　　　　　　　　　18,000円

　⑤　その他
　　消耗品300円を購入し、代金は1月末日払いとした。

テーマ 16 決算とその後①

問題 16-1 売上原価の算定

次の各問に答えなさい。なお、当社は商品売買について三分法により記帳している。

[勘定科目：繰越商品　仕入　売上原価]

(1) 当期商品仕入高は8,000円、期首商品棚卸高は500円、期末商品棚卸高は200円であった。売上原価を算定する決算整理仕訳をしなさい。なお、売上原価は仕入勘定で算定すること。

(2) 当期商品仕入高は10,000円、期首商品棚卸高は2,000円、期末商品棚卸高は3,000円であった。売上原価を算定する決算整理仕訳をしなさい。なお、売上原価は売上原価勘定で算定すること。

問題 16-2 法人税等の計上

次の一連の取引について仕訳しなさい。

[勘定科目：普通預金　仮払法人税等　未払法人税等
　　　　　　法人税、住民税及び事業税]

(1) 期中に法人税等の中間申告を行い、法人税等の概算額1,000円を普通預金口座から納付した。

(2) 決算において、当期の法人税、住民税及び事業税が4,000円と算定された。仮払法人税等との差額を未払法人税等として計上する。

(3) (2)で計上した未払法人税等を普通預金口座から納付した。

問題 17-1　精算表の作成①　　　　　　　　　→解答用紙（別冊）あり

次の［決算整理事項］にもとづいて、解答用紙の精算表を完成させなさい。

［決算整理事項］

(1) 現金の実際有高は1,000円であった。ただし、帳簿残高との不一致の原因は不明である。

(2) 通信費として計上した郵便切手代のうち60円は、期末現在未使用である。

(3) 売掛金の期末残高に対し2%の貸倒引当金を差額補充法により設定する。

(4) 商品の期末棚卸高は400円である。なお、売上原価は「仕入」の行で計算すること。

(5) 備品について定額法（耐用年数8年、残存価額0円）により減価償却を行う。なお、記帳方法は間接法である。

(6) 受取手数料の前受額は100円である。

次の［決算整理事項］にもとづいて、解答用紙の精算表を完成させなさい。なお、当期は×1年4月1日から×2年3月31日までの1年間である。

第5問
対策

［決算整理事項］

(1)　当座預金勘定の貸方残高を当座借越勘定に振り替える。

(2)　収入印紙60円が未使用である。

(3)　受取手形と売掛金の期末残高に対して3％の貸倒引当金を差額補充法により設定する。

(4)　商品の期末棚卸高は1,000円である。なお、売上原価は「仕入」の行で計算すること。

(5)　備品について定額法（耐用年数5年、残存価額は0円）により減価償却を行う。記帳方法は間接法である。なお、備品のうち4,800円は×1年11月1日に取得したもので、減価償却費は月割りで計上する。

(6)　仮払消費税と仮受消費税を相殺し、納付額を計算する。

(7)　保険料は×1年6月1日に向こう1年分の火災保険料を支払ったものである。

(8)　貸付金は×2年3月1日に貸付期間8か月、年利率3％で貸し付けたもので、利息は返済時に受け取ることとしている。

次の［決算整理事項等］にもとづいて、解答用紙の精算表を完成させなさい。なお、当期は×2年4月1日から×3年3月31日までの1年間である。

第5問 対策

［決算整理事項等］

（1） 現金の手許有高は9,200円である。なお、過不足の原因は不明であるため、適切な処理を行う。

（2） 売掛金のうち2,000円を回収し、当座預金口座に入金されていたが、この取引が未記帳であった。

（3） 仮払金は、全額備品の購入金額であることが判明した。なお、この備品は×3年2月1日から使用を開始している。

（4） 受取手形および売掛金の期末残高に対して2%の貸倒引当金を差額補充法により設定する。

（5） 期末商品棚卸高は5,000円である。なお、売上原価は「仕入」の行で計算すること。

（6） 建物および備品について定額法により、減価償却を行う。なお、当期中に取得した備品については月割りで計上する。

　建　物　残存価額：取得原価の10%　耐用年数30年

　備　品　残存価額：ゼロ　　　　　　耐用年数5年

（7） 家賃の前払額が3,600円ある。

（8） 借入金のうち15,000円は、×2年12月1日に期間1年、年利率1.2%で借り入れたもので、利息は元金とともに返済時に支払うことになっている。なお、利息の計算は月割りによる。

（9） 受取手数料のうち、240円は×2年11月1日に向こう半年分を受け取ったものである。

> この問題は
> ほぼ本試験
> レベルです

次の［決算整理前残高試算表］と［決算整理事項等］にもとづいて、解答用紙の損益計算書と貸借対照表を完成させなさい。なお、当期は×3年4月1日から×4年3月31日までの1年間である。

第5問対策

［決算整理前残高試算表］

決算整理前残高試算表

借　方	勘定科目	貸　方
4,280	現　　　　　金	
100	現 金 過 不 足	
84,800	普 通 預 金	
	当 座 預 金	6,000
14,000	売 　掛 　金	
4,000	仮 払 法 人 税 等	
7,200	繰 越 商 品	
42,000	備　　　　　品	
25,000	土　　　　　地	
	買 　掛 　金	10,900
	仮 　受 　金	4,000
	借 　入 　金	8,000
	貸 倒 引 当 金	20
	備品減価償却累計額	14,000
	資 　本 　金	67,000
	繰越利益剰余金	14,000
	売　　　　　上	201,200
	受 取 手 数 料	32,000
106,000	仕　　　　　入	
62,000	給　　　　　料	
1,160	通 　信 　費	
3,600	支 払 家 賃	
2,980	保 　険 　料	
357,120		357,120

［決算整理事項等］

(1) 現金過不足のうち60円は通信費の記帳漏れであった。残額は原因不明であるため、適切な処理を行う。

(2) 得意先から商品の内金1,200円を現金で受け取っていたが、これを売上として処理していたことが判明した。

(3) 仮受金は全額が得意先から売掛金を回収したものであることが判明した。

(4) 当座預金勘定の貸方残高を借入金勘定に振り替える。なお、取引銀行とは借越限度額40,000円とする当座借越契約を結んでいる。

(5) 売掛金の期末残高に対して3%の貸倒引当金を差額補充法により設定する。

(6) 期末商品棚卸高は8,000円である。

(7) 備品について、残存価額をゼロ、耐用年数を6年とする定額法により減価償却を行う。

(8) 家賃の前払額が400円ある。

(9) 受取手数料の前受額が8,000円ある。

(10) 借入金8,000円は×3年12月1日に期間1年、年利率3%で借り入れたもので、利息は元金とともに返済時に支払うことになっている。なお、利息の計算は月割りによる。

(11) 法人税等が15,000円と計算されたので、仮払法人税等との差額を未払法人税等として計上する。

次の各取引の仕訳をしなさい。

　［勘定科目：繰越利益剰余金　仕入　売上　受取手数料　損益］

(1)　売上勘定の残高5,000円と受取手数料勘定の残高1,000円を損益勘定に振り替えた。

(2)　仕入勘定で算定された売上原価2,800円を損益勘定に振り替えた。

(3)　損益勘定で算定された当期純利益1,000円を繰越利益剰余金勘定に振り替えた。

　　　　　　　　　　→解答用紙（別冊）あり

　当社では、当期の12月1日に向こう1年分の保険料4,800円を現金で支払っている。この保険料に関する解答用紙の勘定の空欄を埋めなさい。ただし、［　　］には以下に示した語群から適切な語句を選択し、（　　）には適切な金額を記入すること。なお、当期は×3年4月1日から×4年3月31日までである。

　［語群：前期繰越　次期繰越　保険料　前払保険料　未払保険料　損益］

第2問
対策

次の一連の取引について仕訳しなさい。

　［勘定科目：当座預金　普通預金　未払配当金　資本金　利益準備金
　　　　　　　繰越利益剰余金］

(1)　株主総会において、繰越利益剰余金から株主への配当金5,000円が決定した。なお、500円を利益準備金として積み立てる。

(2)　(1)で決定した株主配当金5,000円を普通預金口座から各株主に支払った。

本試験レベルの仕訳問題　完全攻略30題

| 1問目 | 易しめの問題 |

次の各取引について仕訳しなさい。ただし、勘定科目は次の中から最も適当と思われるものを選び、正確に記入すること。

現　　　　　金	当　座　預　金	普　通　預　金	売　　掛　　金
未　収　入　金	備　　　　　品	買　　掛　　金	未　　払　　金
社会保険料預り金	所得税預り金	売　　　　　上	仕　　　　　入
給　　　　　料	発　送　費	通　信　費	租　税　公　課

1. かねて購入した商品￥200,000の返品を行ったので、掛け代金から差し引くこととした。

2. オフィス用応接セット￥600,000を購入し、送料￥2,000とセッティング費用￥4,000とともに小切手を振り出して支払った。

3. 収入印紙￥8,000を購入し、代金は現金で支払った。なお、この収入印紙はただちに使用した。

4. 店舗にかかる固定資産税￥40,000を現金で納付した。

5. 従業員の給料から源泉徴収していた所得税￥1,500,000を、銀行において納付書とともに普通預金口座から納付した。

次の各取引について仕訳しなさい。ただし、勘定科目は次の中から最も適当と思われるものを選び、正確に記入すること。

現　　　　金	当 座 預 金	普 通 預 金	受 取 手 形
売　掛　金	電子記録債権	未 収 入 金	手 形 貸 付 金
建　　　　物	土　　　　地	支 払 手 形	買　掛　金
未　払　金	手 形 借 入 金	電子記録債務	売　　　　上
受 取 手 数 料	受 取 利 息	仕　　　　入	発　送　費
通　信　費	支 払 利 息	租 税 公 課	支 払 家 賃

1. 得意先秋田商店に商品￥300,000を売り上げ、代金は掛けとした。なお、当社負担の発送費￥2,000は現金で支払った。

2. 買掛金の支払いとして￥300,000の約束手形を振り出し、仕入先に郵送した。なお、郵送代金￥400は現金で支払った。

3. 土地400㎡を1㎡につき￥40,000で購入し、代金は後日支払うこととした。なお、土地の購入手数料￥450,000は仲介業者に現金で支払った。

4. 売掛金￥80,000について、取引銀行を通じて電子記録債権の発生記録が行われた旨の連絡を受けた。

5. 青森商店に￥400,000を貸し付け、同額の約束手形を受け取り、利息￥2,000を差し引いた残額を当社の当座預金口座から青森商店の普通預金口座に振り込んだ。

　次の各取引について仕訳しなさい。ただし、勘定科目は次の中から最も適当と思われるものを選び、正確に記入すること。

現　　　　　金	当 座 預 金	普 通 預 金	売 　 掛 　 金
未 収 入 金	備　　　　品	差 入 保 証 金	買 　 掛 　 金
未 　 払 　 金	社会保険料預り金	売　　　　　上	受 取 手 数 料
受 取 家 賃	受 取 利 息	固定資産売却益	償却債権取立益
仕 　 　 　 入	支 払 手 数 料	支 払 家 賃	租 税 公 課
法 定 福 利 費	貸倒引当金繰入	貸 倒 損 失	支 払 利 息
固定資産売却損	貸 倒 引 当 金	備品減価償却累計額	損 　 　 　 益

1. 不要になった備品（取得原価¥600,000、減価償却累計額¥200,000、間接法で記帳）を期首に¥450,000で売却し、代金は月末に受け取ることとした。

2. 宮城商店に対する売掛金¥700,000（前期発生分）のうち、¥400,000を現金で回収し、残額は貸倒れとして処理した。なお、貸倒引当金の残額は¥200,000である。

3. 売上勘定で算定された純売上高¥7,000,000と仕入勘定において算定された売上原価¥4,000,000を損益勘定に振り替えた。

4. 従業員にかかる健康保険料¥50,000を普通預金口座から納付した。なお、このうち従業員負担分¥25,000は社会保険料預り金からのものであり、残額は会社負担分である。

5. 店舗用建物（1か月分の賃料は¥100,000）の賃借契約をし、保証金（賃料の2か月分）と仲介手数料（賃料の1か月分）を現金で支払った。

次の各取引について仕訳しなさい。ただし、勘定科目は次の中から最も適当と思われるものを選び、正確に記入すること。

現　　　　　金	当 座 預 金	繰越利益剰余金	売　　掛　　金
利 益 準 備 金	未 払 手 数 料	未　　払　　金	仕　　　　　入
前 受 手 数 料	売　　　　　上	未 収 入 金	仮 払 消 費 税
前　　払　　金	仮 払 法 人 税 等	前　　受　　金	未 収 手 数 料
買　　掛　　金	前 払 手 数 料	支 払 利 息	資　　本　　金
未 払 消 費 税	受 取 手 数 料	受 取 利 息	支 払 手 数 料
法 人 税 等	支 払 家 賃	未 払 法 人 税 等	普 通 預 金

1. 株式100株を1株￥30,000で発行し、全額の払い込みを受け、株式会社を設立した。なお、払込金はすべて普通預金口座に預け入れた。

2. 商品を￥110,000（税込価額）で仕入れ、代金は掛けとした。なお、消費税率は10％とし、税抜方式で処理する。

3. 以前注文を受けていた商品￥550,000を引き渡し、受注したときに手付金として受け取っていた￥50,000を差し引いた残額を掛けとした。また、先方負担の発送費￥5,000を現金で支払い、これを掛け代金に含めることとした。

4. 前期の決算において未収手数料￥25,000を計上していたので、本日（当期首）に再振替仕訳を行った。

5. 株主総会において、繰越利益剰余金を下記のように処分することが決定した。なお、株主配当金はただちに普通預金口座から振り込んだ。

　　　株主配当金　￥3,000,000　　利益準備金　￥300,000

　次の各取引について仕訳しなさい。ただし、勘定科目は次の中から最も適当と思われるものを選び、正確に記入すること。

貸 倒 損 失	売 掛 金	当 座 預 金	仮 払 金
前 受 金	消 耗 品 費	支 払 利 息	償却債権取立益
貯 蔵 品	租 税 公 課	貸倒引当金繰入	現 金
仮 受 金	普 通 預 金	前 払 金	買 掛 金
売 上	備 品	未 収 入 金	仕 入
受 取 利 息	土 地	旅 費 交 通 費	借 入 金
支 払 手 数 料	貸 倒 引 当 金	建 物	通 信 費

1. 収入印紙¥20,000、郵便切手¥5,000を購入し、いずれも費用として処理していたが、決算日に収入印紙¥10,000と郵便切手¥2,000が未使用であったため、これらを貯蔵品勘定に振り替えることにした。

2. 取引銀行から借り入れていた¥1,500,000について、元利合計を当座預金口座から返済した。なお、借入れにともなう利率は年1.46%であり、借入期間は180日であった。利息は1年を365日として日割りで計算すること。

3. 従業員が出張から戻り、旅費の残額¥3,000と、得意先から注文を受けたさいに受け取った手付金¥20,000を現金で受け取った。なお、出張にあたって、この従業員には旅費の概算額¥30,000を渡している。

4. 土地付建物¥3,000,000（土地は¥2,000,000、建物は¥1,000,000）を購入し、売買手数料（それぞれ2%）を加算した合計額を普通預金口座から振り込んだ。

5. 昨年度に得意先が倒産し、売掛金¥100,000を貸倒れとして処理していたが、本日、得意先の清算にともない、¥20,000の分配を受け、同額が普通預金口座に振り込まれた。

次の各取引について仕訳しなさい。ただし、勘定科目は次の中から最も適当と思われるものを選び、正確に記入すること。

雑　　　　　益	仕　　　　　入	通　信　費	買　掛　金
売　　　　　上	現　金　過　不　足	雑　　　　損	受　取　手　数　料
減　価　償　却　費	売　　掛　　金	仮　払　法　人　税　等	車　両　運　搬　具
支　払　手　数　料	前　　払　　金	租　税　公　課	未　収　入　金
固　定　資　産　売　却　損	消　耗　品　費	現　　　　金	備　　　　品
当　座　預　金	未　　払　　金	備品減価償却累計額	未　払　法　人　税　等
前　　受　　金	普　通　預　金	法　人　税　等	固　定　資　産　売　却　益

1. 当社は中古車販売業を営んでいる。本日、販売用の中古車を¥780,000で購入し、代金は掛けとした。

2. 現金の帳簿残高が実際有高より¥5,000少なかったので、現金過不足として処理していたが、決算日において、受取手数料¥4,000と通信費¥2,000の計上漏れが判明した。なお、原因不明な金額は雑損または雑益として処理する。

3. かねて仕入先に注文していた商品¥150,000が到着した。商品代金のうち20%は手付金として注文時に支払っていたため相殺し、残額は掛けとした。なお、商品の引取運賃¥2,000は現金で支払った。

4. ×2年4月1日に購入した備品（取得原価¥600,000、残存価額ゼロ、耐用年数5年、定額法で計算、間接法で記帳）が不要となったので、×4年6月30日に¥250,000で売却し、代金は後日受け取ることとした。なお、決算日は年1回、3月31日で、減価償却費の計上は月割計算による。

5. 下記の納付書にもとづいて、普通預金口座から納付した。

納付書（領収証書）				
科目　　　法人税	本　　税	456,000	納期等 010401	
	○　○税		の区分 020331	
	△　△税			
	□　□税		中間 申告	確定 申告
	合　計　額	¥456,000		
住所 東京都××市			出納印 ×2.5.28 ○×銀行	
氏名 株式会社令和商事				

41

問 題 編

テーマ別問題
本試験レベルの仕訳問題 完全攻略30題

解答・解説

テーマ 1　簿記の基礎

問題 1-1

①	②
損益計算書	貸借対照表

問題 1-2

①	②	③	④	⑤
会計期間	期首	期末 （または決算日）	借方	貸方

問題 1-3

(1)　資産の増加→［借方・貸方］　　(2)　資産の減少→［借方・貸方］

(3)　負債の増加→［借方・貸方］　　(4)　負債の減少→［借方・貸方］

(5)　資本の増加→［借方・貸方］　　(6)　資本の減少→［借方・貸方］

(7)　収益の増加→［借方・貸方］　　(8)　費用の増加→［借方・貸方］

問題 1-4

①	②	③
資産	負債	資本
④	⑤	⑥
費用	当期純利益	収益

問題 2-1

（A）分記法

	借方科目	金 額	貸方科目	金 額
(1)	商　　　品	1,000	現　　　金	1,000
(2)	現　　　金	2,400	商　　　品 商品売買益	2,000 400

（B）三分法

	借方科目	金 額	貸方科目	金 額
(1)	仕　　　入	1,000	現　　　金	1,000
(2)	現　　　金	2,400	売　　　上	2,400

問題 2-2

	借方科目	金 額	貸方科目	金 額
(1)	仕　　　入	1,000	買　掛　金	1,000
(2)	売　掛　金	2,500	売　　　上	2,500
(3)	買　掛　金	800	現　　　金	800
(4)	現　　　金	1,500	売　掛　金	1,500

問題 2-3

	借方科目	金 額	貸方科目	金 額
(1)	クレジット売掛金 支払手数料	❷ 4,900 ❶ 100	売　　　上	5,000
(2)	現　　　金	4,900	クレジット売掛金	4,900

❶ 5,000円×2％＝100円
❷ 5,000円－100円＝4,900円

問題 2-4

	借方科目	金 額	貸方科目	金 額
(1)	受取商品券	2,500	売　　　上	2,500
(2)	現　　　金	2,500	受取商品券	2,500

問題 3-1

	借方科目	金 額	貸方科目	金 額
(1)	仕 入	1,000	買 掛 金	1,000
(2)	買 掛 金	200	仕 入	200
(3)	売 掛 金	2,000	売 上	2,000
(4)	売 上	500	売 掛 金	500

問題 3-2

	借方科目	金 額	貸方科目	金 額
(1)	仕 入	1,100	買 掛 金 現 金	1,000 100
(2)	仕 入	2,000	買 掛 金 現 金	1,850 150
(3)	売 掛 金 発 送 費	3,000 200	売 上 現 金	3,000 200
(4)	売 掛 金	4,300	売 上 現 金	4,000 300

問題 3-3

	借方科目	金 額	貸方科目	金 額
(1)	前 払 金	500	現 金	500
(2)	仕 入	2,000	前 払 金 買 掛 金	500 1,500
(3)	現 金	1,000	前 受 金	1,000
(4)	前 受 金 売 掛 金	1,000 2,000	売 上	3,000

問題 3-4

	借方科目	金 額	貸方科目	金 額
(1)	仕 入 仮払消費税	1,000 ❶ 100	買 掛 金	1,100
(2)	売 掛 金	3,300	売 上 仮受消費税	3,000 ❷ 300
(3)	仮受消費税	300	仮払消費税 未払消費税	100 200
(4)	未払消費税	200	現 金	200

❶ 1,000円×10％＝100円
❷ 3,000円×10％＝300円

46

問題 4-1

	借方科目	金 額	貸方科目	金 額
(1)	現 金	1,000	売 上	1,000
(2)	現 金	2,000	売 掛 金	2,000

問題 4-2

	借方科目	金 額	貸方科目	金 額
(1)	現 金 過 不 足	500	現 金	500
(2)	水 道 光 熱 費	200	現 金 過 不 足	200
(3)	雑 損	300	現 金 過 不 足	300
(4)	現 金	400	現 金 過 不 足	400
(5)	現 金 過 不 足	400	売 掛 金 雑 益	300 100

解 説

(1) 実際有高（2,000円）が帳簿残高（2,500円）よりも少ないので現金500円（2,500円－2,000円）を減額します。

(2) 原因が判明した分だけ、借方に計上されている**現金過不足**を減額し（貸方に記入し）、相手科目は正しい勘定科目（**水道光熱費**）で処理します。

(3) 借方に計上されている**現金過不足**を減額し（貸方に記入し）、借方は**雑損**［費用］で処理します。

(4) 実際有高（3,400円）が帳簿残高（3,000円）よりも多いので現金400円（3,400円－3,000円）を増額します。

(5) 貸方に計上されている**現金過不足**を減額し（借方に記入し）、原因が判明した分は正しい勘定科目（**売掛金**）で処理します。原因が不明な分は（貸方に記載されるので）**雑益**［収益］で処理します。

問題 4-3

	借方科目	金 額	貸方科目	金 額
(1)	現 金	1,000	普 通 預 金	1,000
(2)	定 期 預 金	2,000	普 通 預 金	2,000

問題 4-4

	借方科目	金 額	貸方科目	金 額
(1)	当 座 預 金	50,000	現　　　金	50,000
(2)	買 　掛　 金	10,000	当 座 預 金	10,000
(3)	当 座 預 金	20,000	売　　　上	20,000

問題 4-5

	借方科目	金 額	貸方科目	金 額
(1)	買 　掛　 金	10,000	当 座 預 金	10,000
(2)	当 座 預 金	4,000	借 　入　 金	4,000
(3)	借 　入　 金	4,000	当 座 預 金	4,000

問題 4-6

	借方科目	金 額	貸方科目	金 額
(1)	小 口 現 金	20,000	当 座 預 金	20,000
(2)	水 道 光 熱 費 旅 費 交 通 費 消 耗 品 費	10,000 2,000 1,500	小 口 現 金	13,500
(3)	小 口 現 金	13,500	当 座 預 金	13,500

問題 4-7

	借方科目	金 額	貸方科目	金 額
10/20	当 座 預 金	80,000	売 　掛　 金	80,000
10/25	買 　掛　 金 支 払 手 数 料	50,000 550	当 座 預 金	50,550

解 説

10/20　預入金額欄に金額があり（**当座預金[資産]**の増加）、甲社はP商事の取引先で、商品売買はすべて掛けで行っているため、甲社に対する売掛金を回収した取引であることがわかります。

10/25　支払金額欄に金額があり（**当座預金[資産]**の減少）、乙社はP商事の取引先で、商品売買はすべて掛けで行っているため、乙社に対する買掛金を返済した取引であることがわかります。

問題 5-1

	借方科目	金　額	貸方科目	金　額
(1)	仕　　　入	10,000	支 払 手 形	10,000
(2)	買　掛　金	15,000	支 払 手 形	15,000
(3)	支 払 手 形	20,000	当 座 預 金	20,000
(4)	受 取 手 形	30,000	売　　　上	30,000
(5)	受 取 手 形	40,000	売　掛　金	40,000
(6)	当 座 預 金	50,000	受 取 手 形	50,000

問題 5-2

東西商事の仕訳

	借方科目	金　額	貸方科目	金　額
(1)	仕　　　入	60,000	買　掛　金	60,000
(2)	買　掛　金	60,000	電子記録債務	60,000
(3)	電子記録債務	60,000	当 座 預 金	60,000

南北産業の仕訳

	借方科目	金　額	貸方科目	金　額
(1)	売　掛　金	60,000	売　　　上	60,000
(2)	電子記録債権	60,000	売　掛　金	60,000
(3)	当 座 預 金	60,000	電子記録債権	60,000

テーマ **6** 貸付けと借入れ、仮払いと仮受け

問題 6-1

	借方科目	金　額	貸方科目	金　額
(1)	貸　付　金	50,000	現　　　金	50,000
(2)	普 通 預 金	51,000	貸　付　金	50,000
			受 取 利 息	1,000
(3)	現　　　金	80,000	借　入　金	80,000
(4)	借　入　金	80,000	当 座 預 金	81,600
	支 払 利 息	★ 1,600		

★ 80,000円 × 3 % × $\dfrac{8か月}{12か月}$

＝ 1,600円

49

問題 6-2

	借方科目	金　額	貸方科目	金　額
(1)	手形貸付金	60,000	現　　　金	60,000
(2)	当 座 預 金	60,000	手形貸付金	60,000
(3)	現　　　金	70,000	手形借入金	70,000
(4)	手形借入金 支 払 利 息	70,000 700	当 座 預 金	70,700

問題 6-3

	借方科目	金　額	貸方科目	金　額
(1)	仮　払　金	20,000	現　　　金	20,000
(2)	旅費交通費 現　　　金	16,000 4,000	仮　払　金	20,000

問題 6-4

	借方科目	金　額	貸方科目	金　額
(1)	当 座 預 金	80,000	仮　受　金	80,000
(2)	仮　受　金	80,000	売　掛　金 前　受　金	60,000 20,000

テーマ7　立替金と給料の支払い

問題 7-1

	借方科目	金　額	貸方科目	金　額
(1)	従業員立替金	4,000	現　　　金	4,000
(2)	給　　　料	60,000	従業員立替金 当 座 預 金	4,000 56,000

問題 7-2

	借方科目	金　額	貸方科目	金　額
(1)	給　　　料	80,000	所得税預り金 社会保険料預り金 当 座 預 金	5,000 3,000 72,000
(2)	所得税預り金	5,000	現　　　金	5,000
(3)	社会保険料預り金 法 定 福 利 費	3,000 3,000	普 通 預 金	6,000

問題 8-1

	借方科目	金　額	貸方科目	金　額
(1)	貸倒引当金繰入	300	貸倒引当金	300
(2)	貸倒引当金繰入	700	貸倒引当金	700
(3)	貸倒引当金 貸倒損失	400 600	売　掛　金	1,000
(4)	貸倒損失	800	売　掛　金	800
(5)	現　　　金	300	償却債権取立益	300

(1) 貸倒引当金の設定額：20,000円×2％＝400円
　　貸倒引当金繰入：400円－100円＝300円
(2) 貸倒引当金の設定額：（30,000円＋10,000円）×3％＝1,200円
　　貸倒引当金繰入：1,200円－500円＝700円
(4) 当期に発生した売掛金等の貸倒れ→全額**貸倒損失**［費用］で処理

テーマ**9**　有形固定資産と減価償却

問題 9-1

	借方科目	金　額	貸方科目	金　額
(1)	車両運搬具	30,000	現　　　金	30,000
(2)	備　　　品	1,100	当座預金 現　　　金	1,000 100
(3)	建　　　物	51,000	普通預金	51,000
(4)	土　　　地	★ 17,000	当座預金	17,000

★ @300円×50㎡＋2,000円
　＝17,000円

問題 9-2

	借方科目	金　額	貸方科目	金　額
(1)	減価償却費	❶ 10,000	車両運搬具減価償却累計額	10,000
(2)	減価償却費	❷ 2,400	建物減価償却累計額	2,400
(3)	減価償却費	❸ 2,500	備品減価償却累計額	2,500

❶（60,000円－0円）÷6年＝10,000円
❷ 80,000円×0.9÷30年＝2,400円
❸ 11月1日（購入日）から3月31日（決算日）までの5か月分の減価償却費を計上

　（30,000円－0円）÷5年×$\frac{5か月}{12か月}$＝2,500円

	借方科目	金　額	貸方科目	金　額
(1)	現　　　　　　　金	30,000	車　両　運　搬　具	60,000
	車両運搬具減価償却累計額	40,000	固 定 資 産 売 却 益 ❶ 10,000	
(2)	普　通　預　金	7,000	備　　　　　　　品	40,000
	備品減価償却累計額	24,000		
	減　価　償　却　費 ❷	8,000		
	固 定 資 産 売 却 損 ❶	1,000		
(3)	普　通　預　金	12,000	備　　　　　　　品	36,000
	備品減価償却累計額	21,000	固 定 資 産 売 却 益 ❶	500
	減　価　償　却　費 ❸	3,500		

❶ 貸借差額

❷ （40,000円－0円）÷5年＝8,000円

❸ 期首（4月1日）から売却日（10月31日）までの7か月分の減価償却費を計上

$$（36,000円－0円）÷6年×\frac{7か月}{12か月}＝3,500円$$

	借方科目	金　額	貸方科目	金　額
(1)	備　　　　　　　品	40,500	未　　払　　金	40,000
			現　　　　　　　金	500
(2)	消　耗　品　費	5,000	未　　払　　金	5,000
(3)	未　収　入　金	15,000	備　　　　　　　品	30,000
	備品減価償却累計額	17,500	固 定 資 産 売 却 益 ★ 2,500	

★ 貸借差額

	借方科目	金　額	貸方科目	金　額
(1)	差 入 保 証 金	10,000	現　　　　　金	10,000
(2)	支　払　家　賃	30,000	普　通　預　金	90,000
	差 入 保 証 金	★ 60,000		

★ 30,000円×2か月＝60,000円

テーマ 10 株式の発行

問題 10-1

	借方科目	金 額	貸方科目	金 額
(1)	普 通 預 金	120,000	資 本 金	❶ 120,000
(2)	当 座 預 金	84,000	資 本 金	❷ 84,000

❶ @600円×200株
＝120,000円
❷ @700円×120株
＝84,000円

テーマ 11 その他の取引

問題 11-1

	借方科目	金 額	貸方科目	金 額
(1)	消 耗 品 費	500	現 金	500
(2)	消 耗 品 費	450	現 金	450

問題 11-2

	借方科目	金 額	貸方科目	金 額
(1)	通 信 費	1,000	普 通 預 金	1,000
(2)	租 税 公 課	50,000	現 金	50,000
(3)	通 信 費 租 税 公 課	500 2,000	現 金	2,500
(4)	貯 蔵 品	300	通 信 費 租 税 公 課	100 200
(5)	通 信 費 租 税 公 課	100 200	貯 蔵 品	300

問題 11-3

	借方科目	金 額	貸方科目	金 額
(1)	未 収 地 代	8,000	受 取 地 代	8,000
(2)	受 取 地 代	8,000	未 収 地 代	8,000
(3)	給 料	4,000	未 払 給 料	4,000
(4)	未 払 給 料	4,000	給 料	4,000
(5)	未 収 利 息	200	受 取 利 息	200
(6)	支 払 家 賃	2,000	未 払 家 賃	2,000

(5)　×1年12月1日から×2年3月31日までの4か月分の利息を未収計上します。

未収利息：30,000円×2%×$\frac{4か月}{12か月}$＝200円

(6)　×2年2月1日から3月31日までの2か月分の家賃を未払計上します。なお、6,000円は半年分であることに注意してください。

未払家賃：6,000円×$\frac{2か月}{6か月}$＝2,000円

問題 11-4

	借方科目	金　額	貸方科目	金　額
(1)	受取手数料	3,000	前受手数料	3,000
(2)	前受手数料	3,000	受取手数料	3,000
(3)	前払家賃	4,000	支払家賃	4,000
(4)	支払家賃	4,000	前払家賃	4,000
(5)	受取地代	6,000	前受地代	6,000
(6)	前払広告宣伝費	1,000	広告宣伝費	1,000

(5)　3か月分の地代9,000円のうち、×2年4月1日から5月31日までの2か月分を前受計上します。

前受地代：9,000円×$\frac{2か月}{3か月}$＝6,000円

(6)　6カ月分の広告宣伝費6,000円のうち、×2年4月1日から4月30日までの1か月分を前払計上します。

前払広告宣伝費：6,000円×$\frac{1か月}{6か月}$＝1,000円

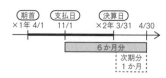

問題 12-1

現　　　金

4/ 1	前 月 繰 越		1,000	4/ 2	［仕　　　入］	（	500 ）
8	［売　　　上］	（	100 ）	15	［買　掛　金］	（	200 ）
25	［売　掛　金］	（	300 ）				

売　　掛　　金

4/ 1	前 月 繰 越		500	4/25	［現　　　金］	（	300 ）
8	［売　　　上］	（	600 ）				

買　　掛　　金

4/15	［現　　　金］	（	200 ）	4/ 1	前 月 繰 越		450

仕　　　入

4/ 2	［現　　　金］	（	500 ）	

売　　　上

		4/ 8	［諸　　　口］	（ 700 ）

小　口　現　金　出　納　帳

受　入	×1年		摘　　　要	支　払	内　　訳		
					旅費交通費	消耗品費	雑　　費
5,000	6	1	小口現金受入				
		〃	バス代	450	450		
		2	ノート代	800		800	
		3	お茶代	1,000			1,000
		4	ボールペン代	600		600	
		5	新聞代	1,500			1,500
			合　　　計	4,350	450	1,400	2,500
		5	次週繰越	650 ← 5,000円－4,350円			
5,000				5,000			
650		8	前週繰越				
4,350		〃	本日補給				

(1)

小　口　現　金　出　納　帳

受　入	×1年		摘　　　要	支　払	内　　訳		
					旅費交通費	消耗品費	通　信　費
6,000	7	7	小口現金受入				
		〃	切手代	500			500
		8	コピー用紙代	800		800	
		〃	電車代	920	920		
		9	はがき代	600			600
		10	タクシー代	1,800	1,800		
		11	ノート代	700		700	
			合　　　計	5,320	2,720	1,500	1,100
5,320		11	本日補給				
		〃	次週繰越	6,000			
11,320				11,320			
6,000		11	前週繰越				

56

(2)

借方科目	金　　額	貸方科目	金　　額
旅費交通費	2,720	当座預金	5,320
消耗品費	1,500		
通　信　費	1,100		

支払報告と同時に補給されているので、報告時の仕訳と補給時の仕訳を合わせた仕訳をする。

問題 12-4

仕　入　帳

×1年		摘　　　要	内　訳	金　　額
8	2	茨城商店　　　　　　掛け		
		A商品（　60個）（@　200　円）	（　12,000　）	
		B商品（　50個）（@　300　円）	（　15,000　）	（　27,000　）
	4	茨城商店　　　　　掛け返品		
		A商品（　5個）（@　200　円）		（　1,000　）
	12	栃木商店　　　　　　掛け		
		C商品（　70個）（@　250　円）	（　17,500　）	
		D商品（　80個）（@　180　円）	（　14,400　）	（　31,900　）
	31	〔総　仕　入　高〕		（　58,900　）
		返　品　高		（　1,000　）
		〔純　仕　入　高〕		（　57,900　）

58,900円－1,000円

売　上　帳

×1年		摘　　　要	内　訳	金　　額
8	8	福岡商店　　　　　　掛け		
		A商品（　30個）（@　500　円）	（　15,000　）	
		B商品（　20個）（@　650　円）	（　13,000　）	（　28,000　）
	20	宮崎商店　　　　　　掛け		
		C商品（　40個）（@　480　円）	（　19,200　）	
		D商品（　50個）（@　360　円）	（　18,000　）	（　37,200　）
	22	宮崎商店　　　　　掛け返品		
		D商品（　2個）（@　360　円）		（　720　）
	31	〔総　売　上　高〕		（　65,200　）
		返　品　高		（　720　）
		〔純　売　上　高〕		（　64,480　）

65,200円－720円

		借方科目	金　額	貸方科目	金　額
	8/10	受 取 手 形	3,000	売　　　　上	3,000
(1)	9/30	受 取 手 形	5,000	売　掛　金	5,000
	11/10	当 座 預 金	3,000	受 取 手 形	3,000
	9/20	仕　　　　入	6,000	支 払 手 形	6,000
(2)	10/15	買　掛　金	7,000	支 払 手 形	7,000
	12/20	支 払 手 形	6,000	当 座 預 金	6,000

テーマ13 帳簿の記入②

(1)

	借方科目	金　額	貸方科目	金　額
11/2	仕　　　　入	12,000	買　掛　金	12,000
4	売　掛　金	25,000	売　　　　上	25,000
12	仕　　　　入	14,000	現　　　　金 買　掛　金	3,000 11,000
14	買　掛　金	2,000	仕　　　　入	2,000
15	買　掛　金	6,000	当 座 預 金	6,000
18	現　　　　金 売　掛　金	5,000 22,000	売　　　　上	27,000
20	売　　　　上	3,000	売　掛　金	3,000
25	買　掛　金	5,000	当 座 預 金	5,000
30	当 座 預 金	10,000	売　掛　金	10,000

(2)

総 勘 定 元 帳

売 掛 金

11/ 1　前 月 繰 越　　16,000	11/20　[売　　　上]　（　　3,000 ）
4　[売　　　上]　（　25,000 ）	30　[当 座 預 金]　（　10,000 ）
18　[売　　　上]　（　22,000 ）	

買 掛 金

11/14　[仕　　　入]　（　　2,000 ）	11/ 1　前 月 繰 越　　11,500
15　[当 座 預 金]　（　　6,000 ）	2　[仕　　　入]　（　12,000 ）
25　[当 座 預 金]　（　　5,000 ）	12　[仕　　　入]　（　11,000 ）

(3)

売 掛 金 元 帳

福 岡 商 店

×1年		摘　　　要	借　　方	貸　　方	借/貸	残　高
11	1	前月繰越	9,000		借	9,000
	4	売上げ	25,000		〃	34,000
	30	当座預金で回収		10,000	〃	24,000
	〃	次月繰越		24,000		
			34,000	34,000		
12	1	前月繰越	24,000		借	24,000

宮 崎 商 店

×1年		摘　　　要	借　　方	貸　　方	借/貸	残　高
11	1	前月繰越	7,000		借	7,000
	18	売上げ	22,000		〃	29,000
	20	返品		3,000	〃	26,000
	30	次月繰越		26,000		
			29,000	29,000		
12	1	前月繰越	26,000		借	26,000

買 掛 金 元 帳

茨 城 商 店

×1年		摘　　要	借　方	貸　方	借/貸	残　高
11	1	前月繰越		5,000	貸	5,000
	2	仕入れ		12,000	〃	17,000
	15	当座預金から支払い	6,000		〃	11,000
	30	次月繰越	11,000			
			17,000	17,000		
12	1	前月繰越		11,000	貸	11,000

栃 木 商 店

×1年		摘　　要	借　方	貸　方	借/貸	残　高
11	1	前月繰越		6,500	貸	6,500
	12	仕入れ		11,000	〃	17,500
	14	返品	2,000		〃	15,500
	25	当座預金から支払い	5,000		〃	10,500
	30	次月繰越	10,500			
			17,500	17,500		
12	1	前月繰越		10,500	貸	10,500

商 品 有 高 帳

（先入先出法）

日付		摘要	受入			払出			残高		
			数量	単価	金額	数量	単価	金額	数量	単価	金額
11	1	前月繰越	50	150	7,500				50	150	7,500
	10	仕　入	200	160	32,000				⎰50	150	7,500
									⎱200	160	32,000
	15	売　上				⎰50	150	7,500			
						⎱100	160	16,000	100	160	16,000
	20	仕　入	180	165	29,700				⎰100	160	16,000
									⎱180	165	29,700
	22	仕入戻し				10	165	1,650	⎰100	160	16,000
									⎱170	165	28,050
	25	売　上				⎰100	160	16,000			
						⎱150	165	24,750	20	165	3,300
	30	次月繰越				20	165	3,300			
			430	－	69,200	430	－	69,200			

（1）

商 品 有 高 帳

（移動平均法）

日付		摘要	受入			払出			残高		
			数量	単価	金額	数量	単価	金額	数量	単価	金額
11	1	前月繰越	50	200	10,000				50	200	10,000
	8	仕　入	100	260	26,000				150	240	36,000
	19	売　上				120	240	28,800	30	240	7,200
	23	仕　入	170	280	47,600				200	274	54,800
	28	売　上				150	274	41,100	50	274	13,700
	30	次月繰越				50	274	13,700			
			320	－	83,600	320	－	83,600			
12	1	前月繰越	50	274	13,700				50	274	13,700

(2)　売　上　高：　138,000　円

　　　売　上　原　価：　69,900　円

　　　売 上 総 利 益：　68,100　円

問題 13-4

固 定 資 産 台 帳

取得年月日			種類	償却方法	耐用年数	取得原価	期　首減価償却累　計　額	当　　期減価償却費	期　　末減価償却累　計　額	期　　末帳簿価額
×1	4	1	備品A	定額法	5年	20,000	4,000	4,000	8,000	12,000
×2	4	1	備品B	定額法	6年	30,000	0	5,000	5,000	25,000

解 説

（1）　備品A

　備品A（耐用年数5年）は×1年4月1日（前期首）に取得しているので、前期に1年分の減価償却を行っています。したがって、1年分の減価償却費が期首減価償却累計額として計上されています。

　　①期首減価償却累計額：20,000円÷5年＝4,000円

　　②当 期 減 価 償 却 費：20,000円÷5年＝4,000円

　　③期末減価償却累計額：4,000円＋4,000円＝8,000円
　　　　　　　　　　　　　　　①　　　　②

　　④期 末 帳 簿 価 額：20,000円－8,000円＝12,000円
　　　　　　　　　　　　取得原価　　　③

(2) 備品B

備品B（耐用年数6年）は×2年4月1日（当期首）に取得しているので、当期から減価償却を行います。

①期首減価償却累計額：0円

②当 期 減 価 償 却 費：30,000円÷6年＝5,000円

③期末減価償却累計額：$\underset{①}{\underline{0円}}＋\underset{②}{\underline{5,000円}}＝5,000円$

④期 末 帳 簿 価 額：$\underset{取得原価}{\underline{30,000円}}－\underset{③}{\underline{5,000円}}＝25,000円$

問題 13-5

補助簿　＼　取引	(1)	(2)	(3)	(4)	(5)
現 金 出 納 帳	○				○
当 座 預 金 出 納 帳					
仕 　 入 　 帳	○			○	
売 　 上 　 帳		○			
受 取 手 形 記 入 帳		○			
支 払 手 形 記 入 帳			○		
売 掛 金 元 帳		○			
買 掛 金 元 帳	○		○	○	
商 品 有 高 帳	○	○		○	
固 定 資 産 台 帳					○

解 説

各取引の仕訳を示すと、次のとおりです。

「仕入」と「売上」が出てきたら、商品有高帳にも記入する点に注意しましょう。

(1)	（仕　　　入）	10,500	（買　掛　金）	10,000	
			（現　　　金）	500	
(2)	（受 取 手 形）	15,000	（売　　　上）	20,000	
	（売　掛　金）	5,000			
(3)	（買　掛　金）	6,000	（支 払 手 形）	6,000	
(4)	（買　掛　金）	1,000	（仕　　　入）	1,000	
(5)	（備　　　品）	31,000	（未　払　金）	30,000	
			（現　　　金）	1,000	

問題 14-1

(1)

出　金　伝　票	
科　　目	金　額
仕　　　　入	1,000

振　替　伝　票			
借方科目	金　額	貸方科目	金　額
仕　　　　入	50,000	買　掛　金	50,000

(2)

入　金　伝　票	
科　　目	金　額
売　　掛　　金	1,000

振　替　伝　票			
借方科目	金　額	貸方科目	金　額
売　　掛　　金	70,000	売　　　　上	70,000

解　説

(1) ① **取引の仕訳**

（仕　　　　入）　51,000　（買　掛　金）　50,000
　　　　　　　　　　　　　　（現　　　金）　1,000

② **取引を2つに分けて起票する方法…A**

振替伝票：（仕　　　入）　50,000　（買　掛　金）　50,000
出金伝票：（仕　　　入）　1,000　（現　　　金）　1,000

③ **2つの取引が同時にあったとみなして起票する方法…B**

振替伝票：（仕　　　入）　51,000　（買　掛　金）　51,000
出金伝票：（買　掛　金）　1,000　（現　　　金）　1,000

→ 解答用紙の出金伝票に「仕入 1,000」とあるので、Aの方法で起票していること

がわかります。

(2) ① 取引の仕訳

（現　　金）　10,000　（売　　　上）　70,000
（売 掛 金）　60,000

② 取引を2つに分けて起票する方法…A

入金伝票：（現　　金）　10,000　（売　　　上）　10,000
振替伝票：（売 掛 金）　60,000　（売　　　上）　60,000

③ 2つの取引が同時にあったとみなして起票する方法…B

振替伝票：（売 掛 金）　70,000　（売　　　上）　70,000
入金伝票：（現　　金）　10,000　（売 掛 金）　10,000

→ 解答用紙の振替伝票の金額が「70,000」とあるので、Bの方法で起票していることがわかります。

問題 14-2

仕　訳　日　計　表

×1年6月1日　　　　　　　　　　　　　25

借　　方	元丁	勘　定　科　目	元丁	貸　　方
5,000		現　　　　　金		1,700
		受　取　手　形		3,000
10,000	3	売　　掛　　金	3	2,000
7,200		備　　　　　品		
1,200	12	買　　掛　　金	12	6,100
		未　　払　　金		7,200
		売　　　　　上		10,000
6,100		仕　　　　　入		
500		旅　費　交　通　費		
30,000				30,000

65

総 勘 定 元 帳
売　掛　金　　　　　　　　3

日	付	摘　　要	仕丁	借　方	貸　方	借/貸	残　高
6	1	前 月 繰 越	✓	5,500		借	5,500
	〃	仕 訳 日 計 表	25	10,000		〃	15,500
	〃	〃	〃		2,000	〃	13,500

買　掛　金　　　　　　　　12

日	付	摘　　要	仕丁	借　方	貸　方	借/貸	残　高
6	1	前 月 繰 越	✓		3,000	貸	3,000
	〃	仕 訳 日 計 表	25		6,100	〃	9,100
	〃	〃	〃	1,200		〃	7,900

売　掛　金　元　帳
東　京　商　店

×1年		摘　　要	仕丁	借　方	貸　方	借/貸	残　高
6	1	前 月 繰 越	✓	3,700		借	3,700
	〃	入 金 伝 票	101		2,000	〃	1,700
	〃	振 替 伝 票	301	6,000		〃	7,700

埼　玉　商　店

×1年		摘　　要	仕丁	借　方	貸　方	借/貸	残　高
6	1	前 月 繰 越	✓	1,800		借	1,800
	〃	振 替 伝 票	302	4,000		〃	5,800

買 掛 金 元 帳

熊 本 商 店

×1年		摘　　　要	仕丁	借　方	貸　方	借/貸	残　高
6	1	前 月 繰 越	✓		2,000	貸	2,000
	〃	出 金 伝 票	201	1,200		〃	800
	〃	振 替 伝 票	303		3,500	〃	4,300

長 崎 商 店

×1年		摘　　　要	仕丁	借　方	貸　方	借/貸	残　高
6	1	前 月 繰 越	✓		1,000	貸	1,000
	〃	振 替 伝 票	304		2,600	〃	3,600

解　説

(1) 伝票の仕訳

入金伝票	№101：（現　　　　金）	2,000	（売掛金・東京）	2,000
	№102：（現　　　　金）	3,000	（受 取 手 形）	3,000
出金伝票	№201：（買掛金・熊本）	1,200	（現　　　　金）	1,200
	№202：（旅費交通費）	500	（現　　　　金）	500
振替伝票	№301：（売掛金・東京）	6,000	（売　　　上）	6,000
	№302：（売掛金・埼玉）	4,000	（売　　　上）	4,000
	№303：（仕　　　入）	3,500	（買掛金・熊本）	3,500
	№304：（仕　　　入）	2,600	（買掛金・長崎）	2,600
	№305：（備　　　品）	7,200	（未 払 金）	7,200

(2) 金額の集計

現　　　金（借方）：2,000円＋3,000円＝5,000円
　　　　　（貸方）：1,200円＋500円＝1,700円

受 取 手 形（貸方）：3,000円

売 掛 金（借方）：6,000円＋4,000円＝10,000円
　　　　　（貸方）：2,000円

備　　　品（借方）：7,200円

買 掛 金（借方）：1,200円
　　　　　（貸方）：3,500円＋2,600円＝6,100円

未 払 金（貸方）：7,200円

売　　　　上（貸方）：6,000円＋4,000円＝10,000円

仕　　　　入（借方）：3,500円＋2,600円＝6,100円

旅費交通費（借方）：500円

テーマ **15** 試算表

問題 15-1

合　計　試　算　表

借　　　方		勘　定　科　目	貸　　　方	
11 月 30 日 の 合　　　　　計	10 月 31 日 の 合　　　　　計		10 月 31 日 の 合　　　　　計	11 月 30 日 の 合　　　　　計
24,450	19,000	現　　　　　　金	8,200	14,200
292,050	286,050	当　座　預　金	175,000	183,300
78,000	62,000	受　取　手　形	46,000	46,000
152,300	135,000	売　掛　　金	82,000	88,300
10,200	10,200	前　払　　金	4,800	5,800
7,000	2,000	仮　払　　金	2,000	7,000
12,400	12,400	繰　越　商　品		
50,000	50,000	備　　　　　品		
40,000	40,000	支　払　手　形	58,000	62,000
134,000	130,000	買　掛　　金	140,000	147,000
1,950	1,950	所 得 税 預 り 金	4,500	5,200
		備品減価償却累計額	10,000	10,000
		資　本　　金	100,000	100,000
		繰 越 利 益 剰 余 金	40,000	40,000
300		売　　　　　　上	201,000	239,000
65,800	57,600	仕　　　　　　入		
61,000	54,000	給　　　　　　料		
9,200	7,200	水　道　光　熱　費		
1,000	500	発　送　　費		
8,150	3,600	旅　費　交　通　費		
947,800	871,500		871,500	947,800

68

本問は、合計試算表を作成する問題で、取引の並び方は日付順です。また、掛明細表等の作成はありません。

(1) 取引の仕訳

5日	(仕　　　入)	8,200	(前　払　金)	1,000
			(買　掛　金)	7,000
			(現　　　金)	200
8日	(受 取 手 形)	16,000	(売　　　上)	16,000
12日	(買　掛　金)	4,000	(支 払 手 形)	4,000
15日	(水道光熱費)	2,000	(当 座 預 金)	2,000
20日	(現　　　金)	5,000	(売　　　上)	12,000
	(売　掛　金)	7,000		
	(発　送　費)	500	(現　　　金)	500
22日	(売　　　上)	300	(売　掛　金)	300
23日	(仮　払　金)	5,000	(現　　　金)	5,000
24日	(当 座 預 金)	6,000	(売　掛　金)	6,000
25日	(給　　　料)	7,000	(所得税預り金)	700
			(当 座 預 金)	6,300
26日	(現　　　金)	450	(仮　払　金)	5,000
	(旅費交通費)	4,550		
27日	(売　掛　金)	10,300	(売　　　上)	10,000
			(現　　　金)	300

(2) 金額の集計（仕訳に出てきた勘定のみ、⬚は合計試算表より10月31日の合計金額）

現　　　金（借方）：19,000円＋5,000円＋450円＝24,450円
　　　　　（貸方）：8,200円＋200円＋500円＋5,000円＋300円＝14,200円
当 座 預 金（借方）：286,050円＋6,000円＝292,050円
　　　　　（貸方）：175,000円＋2,000円＋6,300円＝183,300円
受 取 手 形（借方）：62,000円＋16,000円＝78,000円
　　　　　（貸方）：46,000円
売　掛　金（借方）：135,000円＋7,000円＋10,300円＝152,300円
　　　　　（貸方）：82,000円＋300円＋6,000円＝88,300円
前　払　金（借方）：10,200円
　　　　　（貸方）：4,800円＋1,000円＝5,800円

仮　　払　　金（借方）：$\boxed{2,000円}$＋5,000円＝7,000円

　　　　　　　　（貸方）：$\boxed{2,000円}$＋5,000円＝7,000円

支　払　手　形（借方）：$\boxed{40,000円}$

　　　　　　　　（貸方）：$\boxed{58,000円}$＋4,000円＝62,000円

買　　掛　　金（借方）：$\boxed{130,000円}$＋4,000円＝134,000円

　　　　　　　　（貸方）：$\boxed{140,000円}$＋7,000円＝147,000円

所得税預り金（借方）：$\boxed{1,950円}$

　　　　　　　　（貸方）：$\boxed{4,500円}$＋700円＝5,200円

売　　　　　上（借方）：300円

　　　　　　　　（貸方）：$\boxed{201,000円}$＋16,000円＋12,000円＋10,000円＝239,000円

仕　　　　　入（借方）：$\boxed{57,600円}$＋8,200円＝65,800円

給　　　　　料（借方）：$\boxed{54,000円}$＋7,000円＝61,000円

水 道 光 熱 費（借方）：$\boxed{7,200円}$＋2,000円＝9,200円

発　送　費（借方）：$\boxed{500円}$＋500円＝1,000円

旅 費 交 通 費（借方）：$\boxed{3,600円}$＋4,550円＝8,150円

合 計 残 高 試 算 表

×1年9月30日

借 方		勘 定 科 目	貸 方	
残 高	合 計		合 計	残 高
20,000	100,000	現　　　　　金	80,000	
170,000	302,000	当 座 預 金	132,000	
14,700	162,200	売 　掛 　金	147,500	
1,000	1,000	(電子記録債権)		
14,000	14,000	繰 越 商 品		
3,400	16,000	前 　払 　金	12,600	
12,000	12,000	備　　　　　品		
	88,000	買 　掛 　金	99,900	11,900
	16,300	前 　受 　金	20,000	3,700
	500	所 得 税 預 り 金	600	100
		資 　本 　金	150,000	150,000
		繰 越 利 益 剰 余 金	48,500	48,500
	3,000	売　　　　　上	219,500	216,500
136,600	139,600	仕　　　　　入	3,000	
40,000	40,000	給　　　　　料		
15,000	15,000	支 払 家 賃		
4,000	4,000	水 道 光 熱 費		
430,700	913,600		913,600	430,700

	売掛金明細表			買掛金明細表	
	9月25日	9月30日		9月25日	9月30日
九州商店	17,000円	6,800円	東北商店	13,000円	6,900円
四国商店	15,000円	7,900円	関東商店	10,000円	5,000円
	32,000円	14,700円		23,000円	11,900円

解 説

　本問は、合計残高試算表を作成する問題で、取引の並び方は日付順です。また、掛明細表も作成するので、仕訳の「売掛金」と「買掛金」の後ろに取引先名を書きましょう。

(1)　取引の仕訳

26日	（前　受　金）	500		（売　　　上）	3,500	
	（売掛金・九州）	3,000				
	（給　　　料）	8,000		（所得税預り金）	100	
				（現　　　金）	7,900	
27日	（仕　　　入）	2,500		（前　払　金）	600	
				（買掛金・東北）	1,900	
	（売　　　上）	200		（売掛金・九州）	200	
28日	（前　受　金）	800		（売　　　上）	4,000	
	（売掛金・四国）	3,200				
	（電子記録債権）	1,000		（売掛金・九州）	1,000	
29日	（売　　　上）	300		（売掛金・四国）	300	
	（買掛金・東北）	8,000		（当 座 預 金）	14,000	
	（買掛金・関東）	6,000				
	（支 払 家 賃）	3,000		（当 座 預 金）	3,000	
30日	（仕　　　入）	1,100		（買掛金・関東）	1,000	
				（現　　　金）	100	
	（当 座 預 金）	22,000		（売掛金・九州）	12,000	
				（売掛金・四国）	10,000	

(2)　金額の集計（仕訳に出てきた勘定のみ、□は9月25日現在の合計金額）

　　合計残高試算表の作成なので、各勘定の借方合計と貸方合計を計算し、試算表に記入したあと、借方合計と貸方合計の差額で残高を計算します。各勘定の借方合計および貸方合計は次のとおりです。

　　現　　　　金（借方）：$\boxed{100,000円}$
　　　　　　　　（貸方）：$\boxed{72,000円}$＋7,900円＋100円＝80,000円
　　当 座 預 金（借方）：$\boxed{280,000円}$＋22,000円＝302,000円
　　　　　　　　（貸方）：$\boxed{115,000円}$＋14,000円＋3,000円＝132,000円
　　売　　　掛　　　金（借方）：$\boxed{156,000円}$＋3,000円＋3,200円＝162,200円
　　　　　　　　（貸方）：$\boxed{124,000円}$＋200円＋1,000円＋300円＋12,000円
　　　　　　　　　　　　＋10,000円＝147,500円
　　電子記録債権（借方）：1,000円
　　前　　払　　金（借方）：$\boxed{16,000円}$
　　　　　　　　（貸方）：$\boxed{12,000円}$＋600円＝12,600円
　　買　　掛　　金（借方）：$\boxed{74,000円}$＋8,000円＋6,000円＝88,000円

（貸方）：97,000円 ＋1,900円＋1,000円＝99,900円

前 受 金（借方）：15,000円 ＋500円＋800円＝16,300円

（貸方）：20,000円

所得税預り金（借方）：500円

（貸方）：500円 ＋100円＝600円

売 上（借方）：2,500円 ＋200円＋300円＝3,000円

（貸方）：212,000円 ＋3,500円＋4,000円＝219,500円

仕 入（借方）：136,000円 ＋2,500円＋1,100円＝139,600円

（貸方）：3,000円

給 料（借方）：32,000円 ＋8,000円＝40,000円

支 払 家 賃（借方）：12,000円 ＋3,000円＝15,000円

（3） 掛明細表の記入

取引先別に勘定を作成し、残高を求めます。

売掛金・九州

売掛金・四国

買掛金・東北

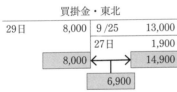

買掛金・関東

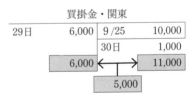

残 高 試 算 表

借 方		勘 定 科 目	貸 方	
12 月 31 日	11 月 30 日		11 月 30 日	12 月 31 日
6,280	7,500	現　　　　　金		
15,900	14,000	普 通 預 金		
550	1,000	売　　掛　　金		
5,400	5,400	繰 越 商 品		
26,000	26,000	建　　　　　物		
19,000	12,000	備　　　　　品		
45,000	45,000	土　　　　　地		
		支 払 手 形	2,000	3,100
		買　　掛　　金	18,200	26,200
		未　　払　　金		300
		所 得 税 預 り 金	900	500
		資　　本　　金	50,000	50,000
		繰 越 利 益 剰 余 金	28,000	28,000
		売　　　　　上	120,000	144,050
110,100	91,000	仕　　　　　入		
22,000	16,000	給　　　　　料		
900	600	通　　信　　費		
700	400	消 耗 品 費		
320	200	租 税 公 課		
252,150	219,100		219,100	252,150

解　説

　本問は、残高試算表を作成する問題で、取引の並び方は項目別です。重複する取引があるため、二重に集計しないように気をつけましょう。

(1) 取引の仕訳

① a. （現　　　金）　23,000　（売　　　上）　23,000

　　 b. （通 信 費）　　100　（現　　　金）　　 100

　　 c. （租 税 公 課）　 120　（現　　　金）　　 120

　　 d. （普 通 預 金）　24,000　（現　　　金）　24,000

② a. ①dと重複するため、仕訳なし

　　 b. （普 通 預 金）　1,500　（売 掛 金）　　1,500

　　 c. （買 掛 金）　　10,000　（普 通 預 金）　10,000

　　 d. （備　　　品）　 7,000　（普 通 預 金）　 7,000

　　 e. （給　　　料）　 6,000　（普 通 預 金）　 5,500

　　　　　　　　　　　　　　　（所得税預り金）　　500

　　 f. （所得税預り金）　 900　（普 通 預 金）　　 900

　　 g. （通 信 費）　　 200　（普 通 預 金）　　 200

③ a. ①aと重複するため、仕訳なし

　　 b. （売 掛 金）　　1,200　（売　　　上）　　1,200

　　 c. （売　　　上）　　150　（売 掛 金）　　　 150

④ a. （仕　　　入）　 1,100　（支 払 手 形）　 1,100

　　 b. （仕　　　入）　18,000　（買 掛 金）　　18,000

⑤ a. （消 耗 品 費）　　300　（未 払 金）　　　 300

(2) 金額の集計（仕訳に出てきた勘定のみ、□は残高試算表より11月30日現在の残高）

　　残高試算表の作成なので、各勘定の借方の合計金額と貸方の合計金額を計算したあと
差額で残高を計算して、試算表に記入します。

　　現　　　金（借方）：□7,500円□＋23,000円＝30,500円

　　　　　　　　（貸方）：100円＋120円＋24,000円＝24,220円

　　　　　　　　（残高）：30,500円－24,220円＝6,280円

　　普 通 預 金（借方）：□14,000円□＋24,000円＋1,500円＝39,500円

　　　　　　　　（貸方）：10,000円＋7,000円＋5,500円＋900円＋200円＝23,600円

　　　　　　　　（残高）：39,500円－23,600円＝15,900円

　　売 　掛　 金（借方）：□1,000円□＋1,200円＝2,200円

　　　　　　　　（貸方）：1,500円＋150円＝1,650円

　　　　　　　　（残高）：2,200円－1,650円＝550円

　　備　　　品（借方）：□12,000円□＋7,000円＝19,000円　→（残高）

　　支 払 手 形（貸方）：□2,000円□＋1,100円＝3,100円　→（残高）

　　買 　掛　 金（借方）：10,000円

（貸方）：18,200円＋18,000円＝36,200円

（残高）：36,200円－10,000円＝26,200円

未　払　金（貸方）：300円→（残高）

所得税預り金（借方）：900円

（貸方）：900円＋500円＝1,400円

（残高）：1,400円－900円＝500円

売　　　　上（借方）：150円

（貸方）：120,000円＋23,000円＋1,200円＝144,200円

（残高）：144,200円－150円＝144,050円

仕　　　　入（借方）：91,000円＋1,100円＋18,000円＝110,100円→（残高）

給　　　　料（借方）：16,000円＋6,000円＝22,000円→（残高）

通　信　費（借方）：600円＋100円＋200円＝900円→（残高）

消耗品費（借方）：400円＋300円＝700円→（残高）

租税公課（借方）：200円＋120円＝320円→（残高）

テーマ 16　決算とその後①

問題 16-1

	借方科目	金　額	貸方科目	金　額
(1)	仕　　　　入	500	繰 越 商 品	500
	繰 越 商 品	200	仕　　　　入	200
(2)	売 上 原 価	2,000	繰 越 商 品	2,000
	売 上 原 価	10,000	仕　　　　入	10,000
	繰 越 商 品	3,000	売 上 原 価	3,000

問題 16-2

	借方科目	金　額	貸方科目	金　額
(1)	仮 払 法 人 税 等	1,000	普 通 預 金	1,000
(2)	法人税、住民税及び事業税	4,000	仮 払 法 人 税 等	1,000
			未 払 法 人 税 等	3,000
(3)	未 払 法 人 税 等	3,000	普 通 預 金	3,000

問題 17-1

精 算 表

勘　定　科　目	残高試算表 借方	残高試算表 貸方	修正記入 借方	修正記入 貸方	損益計算書 借方	損益計算書 貸方	貸借対照表 借方	貸借対照表 貸方
現　　　　　　　金	1,120			120			1,000	
当　座　預　金	2,900						2,900	
売　　掛　　金	1,500						1,500	
繰　越　商　品	200		400	200			400	
備　　　　　品	4,000						4,000	
買　　掛　　金		1,440						1,440
貸　倒　引　当　金		10		20				30
備品減価償却累計額		1,500		500				2,000
資　　本　　金		4,500						4,500
繰越利益剰余金		1,500						1,500
売　　　　　上		5,000				5,000		
受　取　手　数　料		300	100			200		
仕　　　　　入	2,300		200	400	2,100			
給　　　　　料	1,000				1,000			
支　払　家　賃	360				360			
通　　信　　費	150			60	90			
水　道　光　熱　費	720				720			
	14,250	14,250						
雑　（　損　）			120		120			
（貯　蔵　品）			60				60	
貸倒引当金繰入			20		20			
減　価　償　却　費			500		500			
（前　受）手　数　料				100				100
当　期　純　利　益					290			290
			1,400	1,400	5,200	5,200	9,860	9,860

解　説

決算整理仕訳を示すと、次のとおりです。

(1) 現金過不足の処理

| （雑 損） | 120 | （現 金） | 120 |

① 帳簿残高（残高試算表の金額）が1,120円で実際有高が1,000円→現金の帳簿残高を120円減らす

② 借方が空欄→雑損［費用］

勘定科目	残高試算表	
	借方	貸方
現 金	1,120 ← 帳簿残高	

(2) 貯蔵品の処理

| （貯 蔵 品） | 60 | （通 信 費） | 60 |

(3) 貸倒引当金の設定

| （貸倒引当金繰入） | 20 | （貸倒引当金） | 20 |

① 貸倒引当金の設定額：1,500円×2％＝30円

② 貸倒引当金繰入：30円－10円＝20円

勘 定 科 目	残高試算表	
	借方	貸方
売 掛 金	1,500	
貸 倒 引 当 金		10

(4) 売上原価の算定

| （仕 入） | 200 | （繰 越 商 品） | 200 |
| （繰 越 商 品） | 400 | （仕 入） | 400 |

勘 定 科 目	残高試算表	
	借方	貸方
繰 越 商 品	200	

期首商品棚卸高

(5) 有形固定資産の減価償却

| （減価償却費） | 500 | （備品減価償却累計額） | 500 |

減価償却費：（4,000円－0円）÷8年＝500円

勘 定 科 目	残高試算表	
	借方	貸方
備 品	4,000 ← 取得原価	

(6) 収益の前受け

| （受取手数料） | 100 | （前受手数料） | 100 |

① 受取手数料［収益］の前受け→次期分を受け取っている
→受取手数料［収益］を減額

② 相手科目は前受手数料［負債］

精　算　表

勘 定 科 目	残高試算表 借方	残高試算表 貸方	修 正 記 入 借方	修 正 記 入 貸方	損益計算書 借方	損益計算書 貸方	貸借対照表 借方	貸借対照表 貸方
現　　　　　金	1,700						1,700	
当 座 預 金		700	700					
受 取 手 形	3,600						3,600	
売 　掛　 金	4,400						4,400	
繰 越 商 品	800		1,000	800			1,000	
仮 払 消 費 税	1,700			1,700				
貸 　付　 金	4,000						4,000	
備　　　　　品	7,800						7,800	
買 　掛　 金		1,930						1,930
仮 受 消 費 税		2,500	2,500					
貸 倒 引 当 金		40		200				240
備品減価償却累計額		1,200		1,000				2,200
資 　本　 金		12,000						12,000
繰越利益剰余金		3,500						3,500
売 　　　 上		25,000				25,000		
受 取 手 数 料		1,500				1,500		
仕 　　　 入	17,000		800	1,000	16,800			
給 　　　 料	5,000				5,000			
保 　険　 料	1,200			200	1,000			
租 税 公 課	450			60	390			
水 道 光 熱 費	720				720			
	48,370	48,370						
当 座（ 借 越 ）				700				700
貯 　蔵　 品			60				60	
貸倒引当金繰入			200		200			
減 価 償 却 費			1,000		1,000			
未 払 消 費 税				800				800
（前　払）保険料			200				200	
受 　取　 利 　息				10		10		
（未　収）利 　息			10				10	
当 期 純 利 益					1,400			1,400
			6,470	6,470	26,510	26,510	22,770	22,770

決算整理仕訳を示すと、次のとおりです。

（1）当座借越の処理

（当 座 預 金）　　　700　　　（当 座 借 越）　　　700

> ① 貸方の**当座預金** [資産] を借方に記入
> ② 勘定科目欄に「当座（　　）」とある
> 　→**当座借越** [負債] で処理

勘 定 科 目	残高試算表	
	借方	貸方
当 座 預 金		700
当 座（　　）		

（2）貯蔵品の処理

（貯 蔵 品）　　　60　　　（租 税 公 課）　　　60

（3）貸倒引当金の設定

（貸倒引当金繰入）　　　200　　　（貸 倒 引 当 金）　　　200

> ① 貸倒引当金の設定額：（3,600円＋4,400円）×3%
> 　＝240円
> ② 貸倒引当金繰入：240円－40円＝200円

勘 定 科 目	残高試算表	
	借方	貸方
受 取 手 形	3,600	
売 掛 金	4,400	
貸 倒 引 当 金		40

（4）売上原価の算定

（仕　　　　　入）　　　800　　　（繰 越 商 品）　　　800

（繰 越 商 品）　　　1,000　　　（仕　　　　　入）　　　1,000

勘 定 科 目	残高試算表	
	借方	貸方
繰 越 商 品	800	

→ 期首商品棚卸高

（5）有形固定資産の減価償却

（減 価 償 却 費）　　　1,000　　　（備品減価償却累計額）　　　1,000

> ① 既 存 分：（7,800円－4,800円）÷5年＝600円
> ② 当期取得分：×1年11月1日から×2年3月31日ま
> 　での5か月分を計上
> $$4,800円÷5年×\frac{5か月}{12か月}＝400円$$
> ③ 合　　　計：600円＋400円＝1,000円

勘 定 科 目	残高試算表	
	借方	貸方
備　　　品	7,800	

既 存 分：3,000円
当期取得分：4,800円

（6） 消費税の納付額の計算

（仮受消費税）　　　2,500　　（仮払消費税）　　　1,700

（未払消費税）　　　800

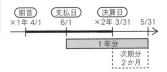

勘 定 科 目	残高試算表	
	借方	貸方
仮 払 消 費 税	1,700	
仮 受 消 費 税		2,500

（7） 費用の前払い

（前払保険料）　　　200　　（保　険　料）　　　200

① ×1年6月1日に1年分（×1年6月1日～×2年5月31日）
　の保険料を支払っている
　→×2年4月1日から5月31日までの2か月は次期分
　→2か月分の**保険料［費用］**を減額

次期分：1,200円×$\dfrac{2か月}{12か月}$＝200円

② 相手科目は**前払保険料［資産］**

勘 定 科 目	残高試算表	
	借方	貸方
保　険　料	1,200	

（8） 収益の未収

（未 収 利 息）　　　10　　（受 取 利 息）　　　10

① ×2年3月1日に貸付け、利息は返済時に受け取る
　→×2年3月1日から3月31日までの1か月分は当
　　期の利息
　→1か月分の**受取利息［収益］**を計上

当期分：4,000円×3%×$\dfrac{1か月}{12か月}$＝10円

② 相手科目は**未収利息［資産］**

勘 定 科 目	残高試算表	
	借方	貸方
貸　付　金	4,000	

精　算　表

勘　定　科　目	残高試算表 借方	残高試算表 貸方	修正記入 借方	修正記入 貸方	損益計算書 借方	損益計算書 貸方	貸借対照表 借方	貸借対照表 貸方
現　　　　　金	8,900		300				9,200	
当　座　預　金	56,000		2,000				58,000	
受　取　手　形	22,000						22,000	
売　　掛　　金	18,000			2,000			16,000	
繰　越　商　品	5,600		5,000	5,600			5,000	
仮　　払　　金	12,000			12,000				
建　　　　　物	50,000						50,000	
備　　　　　品	10,000		12,000				22,000	
支　払　手　形		24,000						24,000
買　　掛　　金		16,000						16,000
貸　倒　引　当　金		400		360				760
建物減価償却累計額		18,000		1,500				19,500
備品減価償却累計額		4,000		2,400				6,400
借　　入　　金		20,000						20,000
資　　本　　金		48,000						48,000
繰越利益剰余金		24,000						24,000
売　　　　　上		200,000				200,000		
受　取　手　数　料		500	40			460		
仕　　　　　入	147,000		5,600	5,000	147,600			
給　　　　　料	15,000				15,000			
支　払　家　賃	9,600			3,600	6,000			
水　道　光　熱　費	700				700			
支　払　利　息	100		60		160			
	354,900	354,900						
雑　（　益　）				300		300		
貸倒引当金繰入			360		360			
減　価　償　却　費			3,900		3,900			
（前　払）家　賃			3,600				3,600	
（未　払）利　息				60				60
（前　受）手　数　料				40				40
当　期　純　利　益					27,040			27,040
			32,860	32,860	200,760	200,760	185,800	185,800

解　説

決算整理仕訳を示すと、次のとおりです。

(1) 現金過不足の処理

（現　　　金）　　300　　（雑　　　益）　　300

① 帳簿残高（残高試算表の金額）が8,900円で実際有高が9,200円→現金の帳簿残高を300円増やす
② 貸方が空欄→**雑益 [収益]**

勘定科目	残高試算表	
	借方	貸方
現　　　金	8,900 ← 帳簿残高	

(2) 売掛金の回収

（当座預金）　　2,000　　（売　掛　金）　　2,000

(3) 仮払金の処理

（備　　　品）　　12,000　　（仮　払　金）　　12,000

勘定科目	残高試算表	
	借方	貸方
仮　払　金	12,000	

(4) 貸倒引当金の設定

（貸倒引当金繰入）　　360　　（貸倒引当金）　　360

① 受取手形と売掛金の帳簿残高から(2)の回収額を差し引いた残額に貸倒引当金を設定する。
　貸倒引当金の設定額：（22,000円＋18,000円－2,000円）×2％＝760円
② 貸倒引当金繰入：760円－400円＝360円

勘定科目	残高試算表		修正記入	
	借方	貸方	借方	貸方
受取手形	22,000			
売　掛　金	18,000			2,000
貸倒引当金		400		

(5) 売上原価の算定

（仕　　　入）　　5,600　　（繰越商品）　　5,600
（繰越商品）　　5,000　　（仕　　　入）　　5,000

勘定科目	残高試算表	
	借方	貸方
繰越商品	5,600	

期首商品棚卸高

(6) 有形固定資産の減価償却

（減価償却費）　　　3,900　　　（建物減価償却累計額）　　　1,500

（備品減価償却累計額）　　　2,400

> ① 建物：50,000円×0.9÷30年＝1,500円
> ② 備品：既　存　分：（10,000円－0円）÷5年＝2,000円
> 　　　　当期取得分：(3) の備品について×3年2月1日から3月31
> 　　　　　　　　　　日までの2か月分を計上
> 　　　　　　　　　　$12,000円÷5年×\dfrac{2か月}{12か月}＝400円$
> 　　　　合　　　計：2,000円＋400円＝2,400円

勘 定 科 目	残高試算表		修 正 記 入	
	借方	貸方	借方	貸方
建　　　　物	50,000			
備　　　　品	10,000		12,000	

既存分　　　当期取得分

(7) 費用の前払い

（前 払 家 賃）　　　3,600　　　（支 払 家 賃）　　　3,600

(8) 費用の未払い

（支 払 利 息）　　　60　　　（未 払 利 息）　　　60

> ① ×2年12月1日に15,000円を借入れ、利息は返
> 　済時に支払う
> 　→×2年12月1日から×3年3月31日までの4か
> 　　月分は当期の利息
> 　→4か月分の**支払利息［費用］**を計上
> 　当期分：$15,000円×1.2\%×\dfrac{4か月}{12か月}＝60円$
> ② 相手科目は**未払利息［負債］**

(9) 収益の前受け

（受取手数料）	40	（前受手数料）	40

① 受取手数料のうち240円は×2年11月1日から
　×3年4月30日までの6カ月分
　→×3年4月1日から4月30日までの1か月分は
　　次期分
　→1か月分の**受取手数料［収益］**を減額

　次期分：240円 × $\dfrac{1か月}{6か月}$ ＝40円

② 相手科目は**前受手数料［負債］**

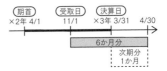

問題 17-4

損 益 計 算 書
×3年4月1日から×4年3月31日まで

費　　　　用	金　　額	収　　益	金　　額
売 上 原 価	（　　105,200）	売　上　高	（　　200,000）
給　　　　料	（　　62,000）	受 取 手 数 料	（　　24,000）
通　信　費	（　　1,220）		
支 払 家 賃	（　　3,200）		
保　険　料	（　　2,980）		
貸倒引当金繰入	（　　280）		
減 価 償 却 費	（　　7,000）		
支 払 利 息	（　　80）		
雑　　　　損	（　　40）		
法 人 税 等	（　　15,000）		
当 期 純 利 益	（　　27,000）		
	（　　224,000）		（　　224,000）

貸 借 対 照 表

×4年3月31日

資　　　産	金　　額	負債・純資産	金　　額
現　　　　　金	（　4,280）	買　　掛　　金	（　10,900）
普　通　預　金	（　84,800）	前　　受　　金	（　1,200）
売　　掛　　金 （　10,000）		前　受　収　益	（　8,000）
貸倒引当金 （　300）	（　9,700）	未　払　費　用	（　80）
商　　　　　品	（　8,000）	未払法人税等	（　11,000）
前　払　費　用	（　400）	借　　入　　金	（　14,000）
備　　　　　品 （　42,000）		資　　本　　金	（　67,000）
減価償却累計額 （　21,000）	（　21,000）	繰越利益剰余金	（　41,000）
土　　　　　地	（　25,000）		
	（153,180）		（153,180）

解　説

1. 決算整理仕訳

決算整理仕訳を示すと、次のとおりです。

> 前T/B…決算整理前残高試算表　P/L…損益計算書　B/S…貸借対照表

（1）現金過不足の処理

（通　信　費）　　60　　（現金過不足）　　100

（雑　　　損）　　40

① 前T/Bの借方に現金過不足がある 　→貸方に記入 ② 通信費［費用］の計上 ③ 借方に40円が計上される→雑損［費用］	決算整理前残高試算表

借　　方	勘 定 科 目	貸　　方
100	現 金 過 不 足	

P/L　通　信　費：1,160円＋60円＝1,220円
　　　　　　　　　　前T/B

P/L　雑　　　損：40円

(2) 訂正仕訳

①誤った仕訳：（現　　　　金）　1,200　（売　　　　上）　1,200

②①の逆仕訳：（売　　　　上）　1,200　（現　　　　金）　1,200

＋

③正しい仕訳：（現　　　　金）　1,200　（前　受　金）　1,200

↓

④訂正仕訳（②＋③）：| （売　　　　上）　1,200　（前　受　金）　1,200 |

$\boxed{\text{P/L}}$　売　上　高：201,200円－1,200円＝200,000円

　　　　　　　　　　　　前T/B

$\boxed{\text{B/S}}$　前　受　金：1,200円

(3) 仮受金の処理

（仮　受　金）　4,000　（売　掛　金）　4,000

決算整理前残高試算表

借　方	勘 定 科 目	貸　方
	仮　受　金	4,000

$\boxed{\text{B/S}}$　売　掛　金：14,000円－4,000円＝10,000円

　　　　　　　　　　　前T/B

(4) 当座借越の処理

（当　座　預　金）　6,000　（借　入　金）　6,000

① 貸方の**当座預金**［資産］を借方に記入
② 問題文の指示より、貸方は**借入金**［負債］で処理

決算整理前残高試算表

借　方	勘 定 科 目	貸　方
	当　座　預　金	6,000

$\boxed{\text{B/S}}$　借　入　金：8,000円＋6,000円＝14,000円

　　　　　　　　　　　前T/B

(5) 貸倒引当金の設定

（貸倒引当金繰入）　280　（貸倒引当金）　280

① 売掛金の帳簿残高から（3）の回収額を
　差し引いた残額に貸倒引当金を設定する。
　貸倒引当金の設定額：
　　（14,000円－4,000円）×3％＝300円
② 貸倒引当金繰入：300円－20円＝280円

借　方	勘 定 科 目	貸　方
14,000	売　掛　金	
	貸 倒 引 当 金	20

決算整理前残高試算表

P/L　貸倒引当金繰入：280円

B/S　貸 倒 引 当 金：20円＋280円＝300円
　　　　　　　　　　　前T/B

（6）売上原価の算定

（仕　　　入）　　7,200　　（繰 越 商 品）　　7,200

（繰 越 商 品）　　8,000　　（仕　　　入）　　8,000

決算整理前残高試算表

	借　方	勘 定 科 目	貸　方
期首商品棚卸高 →	7,200	繰 越 商 品	
当期商品仕入高 →	106,000	仕　　　入	

P/L　売 上 原 価：7,200円＋106,000円－8,000円＝105,200円

B/S　商　　　品：8,000円（期末商品棚卸高）

（7）有形固定資産の減価償却

（減価償却費）　　7,000　　（備品減価償却累計額）　　7,000

減価償却費：（42,000円－0円）÷6年
　　　　　　＝7,000円

決算整理前残高試算表

借　方	勘 定 科 目	貸　方
42,000	備　　　品	

P/L　減価償却費：7,000円

B/S　備品減価償却累計額：14,000円＋7,000円＝21,000円
　　　　　　　　　　　　　前T/B

（8）費用の前払い

（前 払 家 賃）　　400　　（支 払 家 賃）　　400

P/L　支 払 家 賃：3,600円－400円＝3,200円
　　　　　　　　　前T/B

B/S　前 払 費 用：400円

(9) 収益の前受け

（受取手数料）　　　8,000　　（前受手数料）　　　8,000

P/L　受取手数料：32,000円－8,000円＝24,000円
　　　　　　　　　　　前T/B

B/S　前 受 収 益：8,000円

(10) 費用の未払い

（支 払 利 息）　　　　80　　（未 払 利 息）　　　　80

> ① ×3年12月1日に8,000円を借入れ、利息は
> 　返済時に支払う
> 　→×3年12月1日から×4年3月31日までの4
> 　か月分は当期の利息
> 　→4か月分の**支払利息〔費用〕**を計上
>
> 　当期分：8,000円×3%×$\dfrac{4か月}{12か月}$＝80円
>
> ② 相手科目は**未払利息〔負債〕**

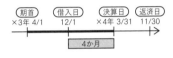

P/L　支 払 利 息：80円
B/S　未 払 費 用：80円

(11) 法人税等の計上

（法 人 税 等）　　　15,000　　（仮払法人税等）　　　4,000
　　　　　　　　　　　　　　　　（未払法人税等）　　　11,000

決算整理前残高試算表

借　　　方	勘 定 科 目	貸　　　方
4,000	仮 払 法 人 税 等	

P/L　法 人 税 等：15,000円
B/S　未払法人税等：11,000円

2. 当期純利益の計算

損益計算書の貸借差額で当期純利益を計算します。

3. 繰越利益剰余金の計算

決算整理前残高試算表の繰越利益剰余金に当期純利益を足して、期末の繰越利益剰余金を計算します。

決算整理前残高試算表

借　方	勘 定 科 目	貸　方
	繰越利益剰余金	14,000

B/S　繰越利益剰余金：14,000円 ＋ 27,000円 ＝ 41,000円
　　　　　　　　　　　　　前T/B　　P/L当期純利益

問題 17-5

	借方科目	金　額	貸方科目	金　額
(1)	売　　　　　上	5,000	損　　　　益	6,000
	受 取 手 数 料	1,000		
(2)	損　　　　益	2,800	仕　　　　入	2,800
(3)	損　　　　益	1,000	繰越利益剰余金	1,000

問題 17-6

保　険　料

12/ 1	現　　　金		4,800	3/31	［前 払 保 険 料］	（**ⓐ**	3,200 ）
				〃	［損　　　益］	（**ⓑ**	1,600 ）
			4,800				4,800
4/ 1	［前 払 保 険 料］	（**ⓔ**	3,200）				

前 払 保 険 料

3/31	［保　険　料］	（**ⓐ**	3,200）	3/31	［次 期 繰 越］	（**ⓒ**	3,200 ）
4/ 1	［前 期 繰 越］	（**ⓓ**	3,200）	4/ 1	［保　険　料］	（**ⓔ**	3,200 ）

解　説

各日付の仕訳等を示すと、次のとおりです。

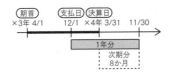

12/1 保険料の支払い（×3年12月1日から×4年11月30日までの1年分）

（保 険 料） 4,800 （現 　 金） 4,800

3/31 決算時

① **保険料の前払計上…ⓐ**

×4年4月1日から11月30日までの8か月分は次期の保険料なので、8か月分について前払計上します。

（前払保険料） 3,200 （保 険 料） ★ 3,200

> ★ $4,800円 \times \dfrac{8か月}{12か月}$
> $=3,200円$

② **損益勘定への振り替え…ⓑ**

保険料勘定の残額を損益勘定に振り替えます。

（損 　 益） 1,600 （保 険 料） 1,600

③ **前払保険料勘定の締め切り…ⓒ**

前払保険料は資産の勘定科目なので、期末残高を「次期繰越」として記入します。

4/1 期首

① **前払保険料勘定の記入…ⓓ**

前期から繰り越した金額を「前期繰越」として借方に記入します。

② **再振替仕訳…ⓔ**

決算において計上した保険料の前払額について、再振替仕訳をします。

（保 険 料） 3,200 （前払保険料） 3,200

問題 17-7

	借方科目	金　　額	貸方科目	金　　額
(1)	繰越利益剰余金	5,500	未 払 配 当 金 利 益 準 備 金	5,000 500
(2)	未 払 配 当 金	5,000	普 通 預 金	5,000

1問目

	借方科目	金　額	貸方科目	金　額
1	買　掛　金	200,000	仕　　　入	200,000
2	備　　　品	606,000	当 座 預 金	606,000
3	租 税 公 課	8,000	現　　　金	8,000
4	租 税 公 課	40,000	現　　　金	40,000
5	所得税預り金	1,500,000	普 通 預 金	1,500,000

このレベルは
全問正解
してほしい…

解　説

1. 仕入戻し

商品を返品したときは、仕入時の逆仕訳をします。

仕入時：（仕　　　　　入）　×× 　（買　掛　金）　　××

返品時：（買　掛　金）　200,000 　（仕　　　　　入）　200,000

----

2. 備品の購入

購入したときにかかった送料やセッティング費用は備品の取得原価に含めて処理します。

備品：600,000円＋2,000円＋4,000円＝606,000円

----

3. 収入印紙の購入

収入印紙を購入したとき（使ったとき）は、**租税公課 [費用]** で処理します。

確認！ ➡ 郵便切手代や通話料を支払ったときの勘定科目は？

----

4. 固定資産税の納付

固定資産税や自動車税などを納付したときは、**租税公課 [費用]** で処理します。

----

5. 源泉所得税の納付

源泉所得税を納付したときは、給料支払時に **所得税預り金 [負債]** として処理していた金額を減額します。

	借方科目	金　額	貸方科目	金　額
1	売　掛　金	300,000	売　　　　上	300,000
	発　送　費	2,000	現　　　　金	2,000
2	買　掛　金	300,000	支　払　手　形	300,000
	通　信　費	400	現　　　　金	400
3	土　　　　地	16,450,000	未　払　金	16,000,000
			現　　　　金	450,000
4	電子記録債権	80,000	売　掛　金	80,000
5	手形貸付金	400,000	当　座　預　金	398,000
			受　取　利　息	2,000

これもわりと
易しめの
問題ですよ

解　説

1．商品の売上げ、売上諸掛り

当社負担の売上諸掛りは**発送費 [費用]** で処理します。

2．約束手形の振り出し、郵送代金

約束手形を振り出したときは、**支払手形 [負債]** で処理します。なお、郵送代金は**通信費 [費用]** で処理します。

3．土地の購入

購入したときにかかった購入手数料は土地の取得原価に含めて処理します。なお、商品以外のものを購入した際の後払額は**未払金 [負債]** で処理します。

未払金：@40,000円×400㎡＝16,000,000円

土　地：16,000,000円＋450,000円＝16,450,000円

4．電子記録債権

電子記録債権が発生したときは、**電子記録債権 [資産]** で処理します。

5．手形貸付金

資金を貸し付け、約束手形を受け取ったときは**手形貸付金 [資産]** で処理します。なお、受け取った利息は**受取利息 [収益]** で処理します。

振り込んだ金額：400,000円－2,000円＝398,000円

	借方科目	金　額	貸方科目	金　額
1	未 収 入 金	450,000	備　　　品	600,000
	備品減価償却累計額	200,000	固定資産売却益	50,000
2	現　　　金	400,000	売 　掛 　金	700,000
	貸 倒 引 当 金	200,000		
	貸 倒 損 失	100,000		
3	売　　　上	7,000,000	損　　　益	7,000,000
	損　　　益	4,000,000	仕　　　入	4,000,000
4	社会保険料預り金	25,000	普 通 預 金	50,000
	法 定 福 利 費	25,000		
5	差 入 保 証 金	200,000	現　　　金	300,000
	支 払 手 数 料	100,000		

3問目は
ふつうレベルの
問題を集めました！

解　説

1. 備品の売却

　備品を売却したときは、取得原価と減価償却累計額を減額します。また、売却代金を
あとで受け取るとしたときは、**未収入金 [資産]** で処理します。そして帳簿価額（取得原
価－減価償却累計額）と売却価額の差額は **固定資産売却損 [費用]** または**固定資産売却益
[収益]** で処理します。

----

2. 貸倒れ

　前期に発生した売掛金が貸し倒れたときは、貸倒引当金を取り崩し、不足する分は**貸
倒損失 [費用]** で処理します。本問では、回収額があることに気をつけましょう。

確認！ → 全額、当期に発生した売掛金が貸し倒れたときは？

----

3. 損益振替

　決算において、収益の各勘定残高は損益勘定の貸方に、費用の各勘定残高は損益勘定
の借方に振り替えます。

確認！ → 損益勘定の貸借差額を繰越利益剰余金勘定に振り替える仕訳は？

----

4. 健康保険料の納付

　健康保険料について、従業員負担分は給料支払時に**社会保険料預り金 [負債]** で処理
しているので、納付時には**社会保険料預り金 [負債]** を減額します。また、会社負担分
は**法定福利費 [費用]** で処理します。

----

5. 建物の賃借

建物の賃借時に差し入れた敷金や保証金は**差入保証金［資産］**で処理します。

差入保証金：@100,000円×2か月＝200,000円

また、仲介手数料は**支払手数料［費用］**で処理します。

	借方科目	金　額	貸方科目	金　額
1	普通預金	3,000,000	資　本　金	3,000,000
2	仕　　　入 仮払消費税	100,000 10,000	買　掛　金	110,000
3	前　受　金 売　掛　金	50,000 505,000	売　　　上 現　　　金	550,000 5,000
4	受取手数料	25,000	未収手数料	25,000
5	繰越利益剰余金	3,300,000	普　通　預　金 利　益　準　備　金	3,000,000 300,000

ふつうレベルの
問題ですが、
少し考える問題も
ありましたね

解　説

1. 株式の発行

株式を発行したときは、払込金額を**資本金［資本］**で処理します。

資本金：@30,000円×100株＝3,000,000円

- -

2. 消費税の処理

商品を仕入れたときにかかった消費税は**仮払消費税［資産］**で処理します。なお、商品代金110,000円は税込価額であることに注意しましょう。

税抜価額：$110{,}000円 \times \dfrac{1}{1.1} = 100{,}000円$

消費税額：100,000円×10％＝10,000円

　確認！➡商品を売り上げたときにかかった消費税額を処理する勘定科目は？

- -

3. 商品の売上げ、前受金の処理

商品の注文があったときに受け取っていた手付金は**前受金［負債］**で処理しています。したがって、商品を引き渡したときには、**前受金［負債］**を減額します。なお、先方負担の発送費を立替払いしたときは、問題文の指示にしたがって**売掛金［資産］**に含めて処理します。

売掛金：550,000円－50,000円＋5,000円＝505,000円

4. 再振替仕訳

　前期の決算において行った収益・費用の未収・未払い、前受け・前払いは当期の期首において逆仕訳をしてもとの勘定に戻します（再振替仕訳）。

　決算日の仕訳：（未 収 手 数 料）　25,000　（受 取 手 数 料）　25,000

　再振替仕訳：（受 取 手 数 料）　25,000　（未 収 手 数 料）　25,000

- -

5. 剰余金の配当

　株主総会において、株主配当額が決定したときは**未払配当金［負債］**で処理します。なお、本問では株主配当金がただちに支払われているので、株主配当金の支払時の処理も合わせて行います。

　株主総会時：（繰越利益剰余金）　3,300,000　（未 払 配 当 金）　3,000,000
　　　　　　　　　　　　　　　　　　　　　　（利 益 準 備 金）　 300,000

＋

　配当金支払時：（未 払 配 当 金）　3,000,000　（普 通 預 金）　3,000,000

↓

　解 答 の 仕 訳：（繰越利益剰余金）　3,300,000　（普 通 預 金）　3,000,000
　　　　　　　　　　　　　　　　　　　　　　（利 益 準 備 金）　 300,000

5問目

	借方科目	金 額	貸方科目	金 額
1	貯 蔵 品	12,000	租 税 公 課 通 信 費	10,000 2,000
2	借 入 金 支 払 利 息	1,500,000 10,800	当 座 預 金	1,510,800
3	旅費交通費 現 金	27,000 23,000	仮 払 金 前 受 金	30,000 20,000
4	土 地 建 物	2,040,000 1,020,000	普 通 預 金	3,060,000
5	普 通 預 金	20,000	償却債権取立益	20,000

ちょっと考える問題を集めてみました。現時点で3問くらいはできているといいですね

解 説

1. 貯蔵品勘定への振り替え

　決算において、未使用の収入印紙は**租税公課［費用］**から**貯蔵品［資産］**に振り替えま

す。また、未使用の郵便切手は**通信費〔費用〕**から**貯蔵品〔資産〕**に振り替えます。

---

2. 借入金の返済、利息の計上

借入金を返済したときは、**借入金〔負債〕**を減額します。また、借入金にかかる利息は**支払利息〔費用〕**で処理します。

支払利息：$1,500,000円 \times 1.46\% \times \dfrac{180日}{365日} = 10,800円$

---

3. 仮払金、前受金

旅費の概算額を渡したときに、**仮払金〔資産〕**で処理しているので、旅費の精算時には**仮払金〔資産〕**を減額し、使った分だけ**旅費交通費〔費用〕**を計上します。

旅費交通費：$30,000円 - 3,000円 = 27,000円$

また、得意先から注文を受けたさいに受け取った手付金は**前受金〔負債〕**で処理します。

受け取った現金：$3,000円 + 20,000円 = 23,000円$

---

4. 土地、建物の購入

有形固定資産を購入するさいにかかった付随費用は取得原価に含めて処理します。

土地：$2,000,000円 + 2,000,000円 \times 2\% = 2,040,000円$

建物：$1,000,000円 + 1,000,000円 \times 2\% = 1,020,000円$

---

5. 償却債権取立益

過年度に貸倒れ処理した売掛金等を当期に回収したときは、回収額を**償却債権取立益〔収益〕**で処理します。

	借方科目	金　　額	貸方科目	金　　額
1	仕　　　　入	780,000	買　掛　金	780,000
2	現 金 過 不 足	5,000	受 取 手 数 料	4,000
	通　信　費	2,000	雑　　　益	3,000
3	仕　　　　入	152,000	前　払　金	30,000
			買　掛　金	120,000
			現　　　金	2,000
4	未 収 入 金	250,000	備　　　品	600,000
	備品減価償却累計額	240,000		
	減 価 償 却 費	30,000		
	固定資産売却損	80,000		
5	未払法人税等	456,000	普 通 預 金	456,000

わりと難しめの問題を
そろえました。
いまはできなくてもいいので、
試験までにはできるように
しておいてくださいね

1. 商品の仕入れ

中古車販売業者にとって、中古車は商品です。商品を掛けで仕入れたので、**仕入 [費用]** を計上するとともに、**買掛金 [負債]** で処理します。

-----

2. 現金過不足の処理

現金の帳簿残高が実際有高より5,000円少ないということは、実際有高のほうが多いので、現金過不足が生じたとき、現金の帳簿残高を5,000円増やして、実際有高に合わせる処理をしています。

現金過不足発生時：(現　　　　金)　5,000　(現 金 過 不 足)　5,000

したがって、決算において、まずは貸方に計上している現金過不足を借方に計上します。

決　算　時❶：(現 金 過 不 足)　5,000　(　　　　　　　)

そして、原因が判明したものは適切な勘定科目で処理します。

決　算　時❷：(現 金 過 不 足)　5,000　(受 取 手 数 料)　4,000
　　　　　　　(通　信　費)　2,000

そうすると、貸方に差額が生じるので、**雑益 [収益]** で処理することがわかります。

決　算　時❸：(現 金 過 不 足)　5,000　(受 取 手 数 料)　4,000
　　　　　　　(通　信　費)　2,000　(雑　　　益)　3,000

-----

3. 商品の仕入れ、前払金

商品を注文したときに支払った手付金は**前払金[資産]**で処理しているので、商品を仕入れたときは、**前払金[資産]**を減額します。

前払金：150,000円×20%＝30,000円

また、仕入諸掛りは特に指示がない場合には、**仕入[費用]**に含めて処理します。

----

4. 備品の期中売却

備品は×2年4月1日に購入しており、前期末が×4年3月31日なので、前期末までに2年分、減価償却をしています。

減価償却累計額：(600,000円－0円)÷5年×2年＝240,000円

また、当期首（×4年4月1日）から売却日（6月30日）まで3か月経過しているので、当期3カ月分の減価償却費を計上します。

減価償却費：$(600,000円－0円)÷5年×\dfrac{3か月}{12か月}＝30,000円$

最後に帳簿価額と売却価額の差額（貸借差額）を**固定資産売却損[費用]**または**固定資産売却益[収益]**で処理します。

----

5. 法人税等の納付

納付書に「科目：法人税」とあり、確定申告に〇がついているので、法人税の確定申告にもとづく納付であることがわかります。これは、決算で法人税等の額が確定したさいに計上した未払法人税等の額を納付したということです。

決算時の仕訳：(法人税,住民税及び事業税) ×× 　(仮払法人税等) ××

　　　　　　　　　　　　　　　　　(未払法人税等) 456,000

したがって、**未払法人税等[負債]**を減少させます。

滝澤ななみ （たきざわ・ななみ）

資格試験受験書のベストセラー著者として、日商簿記、FP、宅建士などで多くの著作を行っている。主な著作は『スッキリわかる日商簿記』シリーズ、『みんなが欲しかった簿記の教科書・問題集』シリーズ、『みんなが欲しかったFPの教科書・問題集』シリーズ、『みんなが欲しかった宅建士の教科書・問題集』シリーズ（以上TAC出版）『スカッと！解ける日商簿記』シリーズ（中央経済社）などがある。独学で資格試験に挑戦する一人ひとりに寄り添った「やさしくわかりやすい説明手法」に定評がある。「いかに専門用語の羅列をなくし、視覚や知識の定着にやさしくアプローチできるか」といった表現手法を日々研究し、著作活動に生かしている。一方で、日商簿記、FP、宅建士以外にも、多くの資格試験に精通し、「やさしくわかりやすい」資格試験書籍のフィールドを広げるべく、他分野での監修活動も行っている。主な監修分野には、「介護福祉士」「ケアマネージャー」などの医療福祉分野、「中小企業診断士」「社会保険労務士」などの経営・労務分野などがある。

〈facebook〉http://www.facebook.com/773taki

カバー・本文デザイン／鍋田哲平
本文DTP／図書印刷株式会社
本文イラスト／福田玲子
ふくろうイラスト／いぐちかなえ
編集／佐藤真由美
企画制作／株式会社SAMURAI Office

ベストライセンスシリーズ Let's Start!

新しい日商簿記3級
テキスト&問題集 2020年度版

2020年3月30日　第1刷発行

著　者	滝澤ななみ
発 行 者	川端下誠／峰岸延也
編集発行	株式会社講談社ビーシー
	〒112-0013 東京都文京区音羽1-2-2
	電話 03-3943-5771（事業開発局）
発売発行	株式会社講談社
	〒112-8001 東京都文京区音羽1-12-21
	電話 03-5395-4415（販売）
	電話 03-5395-3615（業務）
印 刷 所	図書印刷株式会社
製 本 所	図書印刷株式会社

ISBN 978-4-06-518818-7　ⓒ Nanami Takizawa 2020　Printed in Japan　476p 21cm

Let's Start!

新しい日商簿記3級　テキスト&問題集　2020年度版

別　冊

○テーマ別問題　解答用紙
○本試験レベルの仕訳問題　完全攻略30題　解答用紙

この冊子には、「テーマ別問題（答案用紙ありの問題）」と、「本試験レベルの仕訳問題完全攻略30題」の解答用紙が収録されています。

〈別冊の使い方〉

この用紙を残したまま、冊子をていねいに抜き取ってください。

色紙は本体から取れませんのでご注意ください。また、冊子をコピーすれば、何度でも活用することができます。

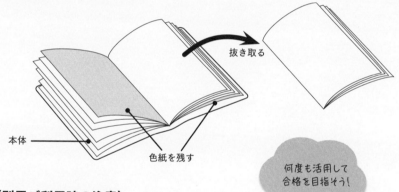

抜き取る

本体

色紙を残す

何度も活用して
合格を目指そう！

〈別冊ご利用時の注意〉

抜き取りの際の損傷についてのお取替えは
ご遠慮願います。

冊子内容は下記からもダウンロードすることができます。

https://bestlicense.jp/boki

※ダウンロードデータを許可なく配布したり Web サイト等に転載したりすることはできません。また、本データは予告なく終了することがあります。あらかじめご了承ください。

Let's Start!
新しい日商簿記3級　テキスト＆問題集　2020年度版

解答用紙

本冊子には、以下の解答用紙が収録されています。

○テーマ別問題　解答用紙
○本試験レベルの仕訳問題　完全攻略30題　解答用紙

冊子内容は下記からもダウンロードすることができます。

https://bestlicense.jp/boki

※ダウンロードデータを許可なく配布したり Web サイト等に転載したりすることはできません。
　また、本データは予告なく終了することがあります。あらかじめご了承ください。

テーマ別問題

問題 1-1　簿記とは

①	②

問題 1-2　簿記の基本用語

①	②	③	④	⑤

問題 1-4　簿記の5要素と貸借対照表、損益計算書

①	②	③
④	⑤	⑥

問題 12-1　仕訳帳と総勘定元帳

現　　　金

4/ 1　前 月 繰 越	1,000	4/ 2 〔　　　〕	（　　　）
8 〔　　　〕	（　　　）	15 〔　　　〕	（　　　）
25 〔　　　〕	（　　　）		

売　掛　金

4/ 1　前 月 繰 越	500	4/25 〔　　　〕	（　　　）
8 〔　　　〕	（　　　）		

買　掛　金

4/15 〔　　　　〕	（　　　　）		4/ 1　前 月 繰 越			450

仕　　　入

4/ 2 〔　　　　〕	（　　　　）	

売　　　上

		4/ 8 〔　　　　〕	（　　　　）

問題 12-2　小口現金出納帳①

小 口 現 金 出 納 帳

受　入	×1年		摘　　　　要	支　払	内　　　訳		
					旅費交通費	消耗品費	雑　　費
5,000	6	1	小口現金受入				
		〃					
		2					
		3					
		4					
		5					
			合　　計				
		5	次週繰越				
		8	前週繰越				
		〃	本日補給				

3

(1)

小 口 現 金 出 納 帳

受　　入	×1年		摘　　　要	支　　払	内　　訳		
					旅費交通費	消耗品費	通 信 費
6,000	7	7	小口現金受入				
		〃					
		8					
		〃					
		9					
		10					
		11					
			合　　　計				
		11	本日補給				
		〃	次週繰越				
		11	前週繰越				

(2)

借方科目	金　　額	貸方科目	金　　額

4

仕　入　帳

×1年		摘　　要	内　訳	金　額
8	2	茨城商店　　　　　　　　掛け		
		A商品（　　個）（@　　円）	（　　　　　）	
		B商品（　　個）（@　　円）	（　　　　　）	（　　　　　）
	4	茨城商店　　　　　　掛け返品		
		A商品（　　個）（@　　円）		（　　　　　）
	12	栃木商店　　　　　　　　掛け		
		C商品（　　個）（@　　円）	（　　　　　）	
		D商品（　　個）（@　　円）	（　　　　　）	（　　　　　）
	31	〔　　　　　〕		（　　　　　）
		返　品　高		（　　　　　）
		〔　　　　　〕		（　　　　　）

売　上　帳

×1年		摘　　要	内　訳	金　額
8	8	福岡商店　　　　　　　　掛け		
		A商品（　　個）（@　　円）	（　　　　　）	
		B商品（　　個）（@　　円）	（　　　　　）	（　　　　　）
	20	宮崎商店　　　　　　　　掛け		
		C商品（　　個）（@　　円）	（　　　　　）	
		D商品（　　個）（@　　円）	（　　　　　）	（　　　　　）
	22	宮崎商店　　　　　　掛け返品		
		D商品（　　個）（@　　円）		（　　　　　）
	31	〔　　　　　〕		（　　　　　）
		返　品　高		（　　　　　）
		〔　　　　　〕		（　　　　　）

		借方科目	金　額	貸方科目	金　額
(1)	8/10				
	9/30				
	11/10				
(2)	9/20				
	10/15				
	12/20				

問題 13-1　売掛金元帳と買掛金元帳

(1)

	借方科目	金　額	貸方科目	金　額
11/2				
4				
12				
14				
15				
18				
20				
25				
30				

(2)

総 勘 定 元 帳

売 掛 金

11/ 1	前 月 繰 越	16,000	11/20	[	]	(	)
4	[	]	(	)	30	[	]	(	)
18	[	]	(	)			

買 掛 金

11/14	[	]	(	)	11/ 1	前 月 繰 越	11,500
15	[	]	(	)	2	[	]	(	)
25	[	]	(	)	12	[	]	(	)

(3)

売 掛 金 元 帳

福 岡 商 店

×1年		摘　　　要	借　方	貸　方	借/貸	残　高
11	1	前月繰越				
	4	売上げ				
	30	当座預金で回収				
	〃	次月繰越				
12	1	前月繰越				

宮 崎 商 店

×1年		摘　　　要	借　方	貸　方	借/貸	残　高
11	1	前月繰越				
	18	売上げ				
	20	返品				
	30	次月繰越				
12	1	前月繰越				

買 掛 金 元 帳

茨 城 商 店

×1年		摘　　要	借　方	貸　方	借/貸	残　高
11	1	前月繰越				
	2	仕入れ				
	15	当座預金から支払い				
	30	次月繰越				
12	1	前月繰越				

栃 木 商 店

×1年		摘　　要	借　方	貸　方	借/貸	残　高
11	1	前月繰越				
	12	仕入れ				
	14	返品				
	25	当座預金から支払い				
	30	次月繰越				
12	1	前月繰越				

商　品　有　高　帳

（先入先出法）

日付		摘　要	受　入			払　出			残　高		
			数量	単価	金額	数量	単価	金額	数量	単価	金額
11	1	前 月 繰 越									
	30	次 月 繰 越									
				—			—				

（1）

商　品　有　高　帳

（移動平均法）

日付		摘　要	受　入			払　出			残　高		
			数量	単価	金額	数量	単価	金額	数量	単価	金額
11	1	前 月 繰 越									
	30										
				—			—				
12	1	前 月 繰 越									

9

(2) 売　上　高：＿＿＿＿＿＿＿　円

　　売　上　原　価：＿＿＿＿＿＿＿　円

　　売上総利益：＿＿＿＿＿＿＿　円

問題 13-4　固定資産台帳

固 定 資 産 台 帳

取得年月日			種類	償却方法	耐用年数	取得原価	期　首減価償却累　計　額	当　期減価償却費	期　末減価償却累　計　額	期　末帳簿価額
×1	4	1	備品A	定額法	5年	20,000				
×2	4	1	備品B	定額法	6年	30,000				

問題 13-5　補助簿の選択

補助簿＼取引	(1)	(2)	(3)	(4)	(5)
現 金 出 納 帳					
当座預金出納帳					
仕　　　入　　　帳					
売　　　上　　　帳					
受取手形記入帳					
支払手形記入帳					
売 掛 金 元 帳					
買 掛 金 元 帳					
商 品 有 高 帳					
固 定 資 産 台 帳					

(1)

出 金 伝 票	
科　　目	金　額
仕　　　　入	1,000

振　替　伝　票			
借方科目	金　　額	貸方科目	金　　額

(2)

入 金 伝 票	
科　　目	金　額

振　替　伝　票			
借方科目	金　　額	貸方科目	金　　額
	70,000		70,000

仕 訳 日 計 表

×1年6月1日　　　　　　　　　　　25

借　　方	元丁	勘　定　科　目	元丁	貸　　方
		現　　　　　金		
		受　取　手　形		
		売　　掛　　金		
		備　　　　　品		
		買　　掛　　金		
		未　　払　　金		
		売　　　　　上		
		仕　　　　　入		
		旅　費　交　通　費		

総 勘 定 元 帳

売　掛　金　　　　　　　　　　　3

日 付	摘　　　　　要	仕丁	借　　方	貸　　方	借／貸	残　高
6 1	前　月　繰　越	✓	5,500		借	5,500

買　掛　金　　　　　　　　　　　12

日 付	摘　　　　　要	仕丁	借　　方	貸　　方	借／貸	残　高
6 1	前　月　繰　越	✓		3,000	貸	3,000

売 掛 金 元 帳

東 京 商 店

×1年		摘　　　　　　要	仕丁	借 方	貸 方	借/貸	残 高
6	1	前 月 繰 越	✓	3,700		借	3,700

埼 玉 商 店

×1年		摘　　　　　　要	仕丁	借 方	貸 方	借/貸	残 高
6	1	前 月 繰 越	✓	1,800		借	1,800

買 掛 金 元 帳

熊 本 商 店

×1年		摘　　　　　　要	仕丁	借 方	貸 方	借/貸	残 高
6	1	前 月 繰 越	✓		2,000	貸	2,000

長 崎 商 店

×1年		摘　　　　　　要	仕丁	借 方	貸 方	借/貸	残 高
6	1	前 月 繰 越	✓		1,000	貸	1,000

合 計 試 算 表

借　方		勘　定　科　目	貸　方	
11 月 30 日 の 合　　　　計	10 月 31 日 の 合　　　　計		10 月 31 日 の 合　　　　計	11 月 30 日 の 合　　　　計
	19,000	現　　　　　　金	8,200	
	286,050	当　座　預　金	175,000	
	62,000	受　取　手　形	46,000	
	135,000	売　　掛　　金	82,000	
	10,200	前　　払　　金	4,800	
	2,000	仮　　払　　金	2,000	
	12,400	繰　越　商　品		
	50,000	備　　　　　品		
	40,000	支　払　手　形	58,000	
	130,000	買　　掛　　金	140,000	
	1,950	所 得 税 預 り 金	4,500	
		備品減価償却累計額	10,000	
		資　　本　　金	100,000	
		繰 越 利 益 剰 余 金	40,000	
		売　　　　　上	201,000	
	57,600	仕　　　　　入		
	54,000	給　　　　　料		
	7,200	水　道　光　熱　費		
	500	発　　送　　費		
	3,600	旅　費　交　通　費		
	871,500		871,500	

14

合 計 残 高 試 算 表

×1年9月30日

借　　方		勘　定　科　目	貸　　方	
残　　高	合　　計		合　　計	残　　高
		現　　　　　金		
		当　座　預　金		
		売　　掛　　金		
		(　　　　　　　)		
		繰　越　商　品		
		前　　払　　金		
		備　　　　　品		
		買　　掛　　金		
		前　　受　　金		
		所 得 税 預 り 金		
		資　　本　　金		
		繰 越 利 益 剰 余 金		
		売　　　　　上		
		仕　　　　　入		
		給　　　　　料		
		支　払　家　賃		
		水 道 光 熱 費		

売掛金明細表

	9月25日	9月30日
九州商店	17,000円	円
四国商店	15,000円	円
	32,000円	円

買掛金明細表

	9月25日	9月30日
東北商店	13,000円	円
関東商店	10,000円	円
	23,000円	円

残 高 試 算 表

借 方		勘 定 科 目	貸 方	
12 月 31 日	11 月 30 日		11 月 30 日	12 月 31 日
	7,500	現　　　　金		
	14,000	普 通 預 金		
	1,000	売　　掛　　金		
	5,400	繰 越 商 品		
	26,000	建　　　　物		
	12,000	備　　　　品		
	45,000	土　　　　地		
		支 払 手 形	2,000	
		買　　掛　　金	18,200	
		未　　払　　金		
		所 得 税 預 り 金	900	
		資　　本　　金	50,000	
		繰 越 利 益 剰 余 金	28,000	
		売　　　　上	120,000	
	91,000	仕　　　　入		
	16,000	給　　　　料		
	600	通　信　費		
	400	消 耗 品 費		
	200	租 税 公 課		
	219,100		219,100	

精 算 表

勘 定 科 目	残高試算表		修 正 記 入		損益計算書		貸借対照表	
	借方	貸方	借方	貸方	借方	貸方	借方	貸方
現　　　　　金	1,120							
当 座 預 金	2,900							
売　　掛　　金	1,500							
繰 越 商 品	200							
備　　　　　品	4,000							
買　　掛　　金		1,440						
貸 倒 引 当 金		10						
備品減価償却累計額		1,500						
資　　本　　金		4,500						
繰越利益剰余金		1,500						
売　　　　　上		5,000						
受 取 手 数 料		300						
仕　　　　　入	2,300							
給　　　　　料	1,000							
支 払 家 賃	360							
通　信　　費	150							
水 道 光 熱 費	720							
	14,250	14,250						
雑　（　　　　）								
（　　　　　　）								
貸倒引当金繰入								
減 価 償 却 費								
（　　）手 数 料								
当 期 純 利 益								

17

精　算　表

勘　定　科　目	残高試算表		修 正 記 入		損益計算書		貸借対照表	
	借方	貸方	借方	貸方	借方	貸方	借方	貸方
現　　　　　金	1,700							
当 座 預 金		700						
受 取 手 形	3,600							
売 　 掛 　 金	4,400							
繰 越 商 品	800							
仮 払 消 費 税	1,700							
貸 　 付 　 金	4,000							
備 　 　 　 品	7,800							
買 　 掛 　 金		1,930						
仮 受 消 費 税		2,500						
貸 倒 引 当 金		40						
備品減価償却累計額		1,200						
資 　 本 　 金		12,000						
繰 越 利 益 剰 余 金		3,500						
売 　 　 　 上		25,000						
受 取 手 数 料		1,500						
仕 　 　 　 入	17,000							
給 　 　 　 料	5,000							
保 　 険 　 料	1,200							
租 税 公 課	450							
水 道 光 熱 費	720							
	48,370	48,370						
当 座 （　　　　）								
貯 　 蔵 　 品								
貸 倒 引 当 金 繰 入								
減 価 償 却 費								
未 払 消 費 税								
（　　　）保 険 料								
受 取 利 息								
（　　　）利 　 息								
当 期 純 利 益								

精　算　表

勘　定　科　目	残高試算表		修 正 記 入		損益計算書		貸借対照表	
	借方	貸方	借方	貸方	借方	貸方	借方	貸方
現　　　　　　金	8,900							
当　座　預　金	56,000							
受　取　手　形	22,000							
売　　掛　　金	18,000							
繰　越　商　品	5,600							
仮　　払　　金	12,000							
建　　　　　物	50,000							
備　　　　　品	10,000							
支　払　手　形		24,000						
買　　掛　　金		16,000						
貸　倒　引　当　金		400						
建物減価償却累計額		18,000						
備品減価償却累計額		4,000						
借　　入　　金		20,000						
資　　本　　金		48,000						
繰越利益剰余金		24,000						
売　　　　　上		200,000						
受　取　手　数　料		500						
仕　　　　　入	147,000							
給　　　　　料	15,000							
支　払　家　賃	9,600							
水　道　光　熱　費	700							
支　払　利　息	100							
	354,900	354,900						
雑　（　　　　）								
貸倒引当金繰入								
減　価　償　却　費								
（　　）家　賃								
（　　）利　息								
（　　）手　数　料								
当　期　純　利　益								

損 益 計 算 書
×3年4月1日から×4年3月31日まで

費　　用	金　　額	収　　益	金　　額
売 上 原 価	（　　　　　　）	売 上 高	（　　　　　　）
給 料	（　　　　　　）	受 取 手 数 料	（　　　　　　）
通 信 費	（　　　　　　）		
支 払 家 賃	（　　　　　　）		
保 険 料	（　　　　　　）		
貸倒引当金繰入	（　　　　　　）		
減 価 償 却 費	（　　　　　　）		
支 払 利 息	（　　　　　　）		
雑 損	（　　　　　　）		
法 人 税 等	（　　　　　　）		
当 期 純 利 益	（　　　　　　）		
	（　　　　　　）		（　　　　　　）

貸 借 対 照 表
×4年3月31日

資　　産	金　　額	負債・純資産	金　　額
現 金	（　　　　）	買 掛 金	（　　　　）
普 通 預 金	（　　　　）	前 受 金	（　　　　）
売 掛 金 （　　　）		前 受 収 益	（　　　　）
貸 倒 引 当 金 （　　　）	（　　　　）	未 払 費 用	（　　　　）
商 品	（　　　　）	未 払 法 人 税 等	（　　　　）
前 払 費 用	（　　　　）	借 入 金	（　　　　）
備 品 （　　　）		資 本 金	（　　　　）
減価償却累計額 （　　　）	（　　　　）	繰越利益剰余金	（　　　　）
土 地	（　　　　）		
	（　　　　）		（　　　　）

20

保　険　料

12/ 1	現　　　　金	4,800	3/31	[　　　　　]	(　　　　　)
			〃	[　　　　　]	(　　　　　)
		4,800			4,800
4/ 1	[　　　　　]	(　　　　)			

☐　保　険　料

3/31	[　　　　　]	(　　　　)	3/31	[　　　　　]	(　　　　　)
4/ 1	[　　　　　]	(　　　　)	4/ 1	[　　　　　]	(　　　　　)

本試験レベルの仕訳問題　完全攻略 30 題

1問目

	借方科目	金　　額	貸方科目	金　　額
1				
2				
3				
4				
5				

2問目

	借方科目	金　　額	貸方科目	金　　額
1				
2				
3				
4				
5				

	借方科目	金　　額	貸方科目	金　　額
1				
2				
3				
4				
5				

4問目

	借方科目	金　　額	貸方科目	金　　額
1				
2				
3				
4				
5				

	借方科目	金　　額	貸方科目	金　　額
1				
2				
3				
4				
5				

	借方科目	金　　額	貸方科目	金　　額
1				
2				
3				
4				
5